VENEDIG
Ein literarischer Reiseführer

VENEDIG

Ein literarischer Reiseführer

Herausgegeben von
Franz Peter Waiblinger

Mit Fotos des Herausgebers

Wissenschaftliche Buchgesellschaft

Für Florentine, Julian und Cornelius

Einbandgestaltung: Neil McBeath, Stuttgart.
Umschlagabbildung: Pescheria.

Die Deutsche Bibliothek verzeichnet diese Publikation
in der Deutschen Nationalbibliografie;
detaillierte bibliografische Daten sind im Internet über
http://dnb.ddb.de abrufbar.

Veränderte Neuausgabe 2003

Gedruckt auf säurefreiem und alterungsbeständigem Papier
Printed in Germany

Besuchen Sie uns im Internet: www.wbg-darmstadt.de

ISBN 3-534-16589-6

INHALTSVERZEICHNIS

VORWORT

„Von Venedig ist alles gesagt und gedruckt, was man sagen kann“, schrieb Goethe am 29. September 1786 in sein Tagebuch. Henry James präzisiert ein Jahrhundert später: „Man kann nichts Neues mehr darüber sagen, aber das Alte, das man darüber sagen kann, ist besser als alle Neuigkeiten der Welt.“ So ist Venedig ein literarisches Thema geblieben, ein bis heute unerschöpflicher Gegenstand. Das vorliegende Buch möchte etwas von dieser Fülle vermitteln, auch wenn vieles Schöne keinen Platz darin finden konnte und vieles der Aufmerksamkeit des Herausgebers entgangen sein mag.

Die Form der Anthologie scheint dieser Stadt in besonderer Weise zu entsprechen: Texte verschiedener Herkunft und unterschiedlichen Alters sind aus ihrer Umgebung herausgenommen und, in der Art einer Collage, zu einem neuen Ganzen zusammengefügt worden – so wie das unverwechselbare Bild Venedigs gerade aus dem Nebeneinander des ursprünglich nicht Zusammengehörigen entstanden ist. Die Bronzepferde, die Säulen und die Pfeiler, der Löwe und der Heilige: lauter einzelne Schmuck- und Beutestücke, die untrennbar zum Markusplatz gehören. Der Canal Grande: ein einzigartiges Ensemble verschiedener Stile und Epochen.

Der literarische Reiseführer unterscheidet sich von anderen Textsammlungen dadurch, daß er topographisch angelegt ist. Die Texte werden den Sehenswürdigkeiten zugeordnet, so daß sich Spazierwege ergeben, die dem Venedig-Neuling die Erkundung der Stadt erleichtern.

Die vorgeschlagenen Routen führen zu weltberühmten Monumenten und in unscheinbare Gassen, die keinen Stern im Reiseführer haben und die doch oft für die Geschichte und das Leben der Stadt bedeutsam sind. Mancher Ort ist nur noch als Erinnerung gegenwärtig, so daß die Phantasie das Vorgefundene lebendig machen muß.

Die Wege beginnen stets an Stellen, die kein Besucher verfehlen kann: Markusplatz, Rialtobrücke, Akademie, Bahnhof. Die Fortsetzung im Labyrinth der Gassen und Kanäle ist dagegen nicht immer leicht zu finden. Man sollte jedoch nicht verzweifeln, wenn man zum fünften Mal in dieselbe Sackgasse gerät! In diesem Fall lese man in der nächsten Bar, was Herzmanovsky-Orlando über die Schwierigkeit, sich in Venedig zurechtzufinden, gesagt hat!

Zu den Texten für unterwegs kommen Kapitel, die sich nicht auf einen bestimmten Ort beziehen. Sie schildern, wie die „unwahrscheinlichste der Städte“ (Thomas Mann) Besucher aus verschiedenen Jahrhunderten empfangen hat und mit welchen Gefühlen empfindsame Reisende von ihr geschieden sind. Sie beschreiben ihre Bewohner und ihr merkwürdiges Verkehrsmittel und versuchen, auch die Nachtseiten der Lagunenstadt wiederzugeben.

Nach zwei Auflagen im Deutschen Taschenbuch Verlag erscheint der literarische Venedigführer nun mit leicht veränderter Textauswahl in der Wissenschaftlichen Buchgesellschaft, Darmstadt. Für Übersetzungen danke ich Edith Peschke, Josef Schmidtlein und Patrick Lang.

München, Juli 2002 Franz Peter Waiblinger

ANNÄHERUNGEN

Erblicken, betreten, besuchen

So stand es denn im Buche des Schicksals auf meinem Blatte geschrieben, daß ich 1786 den achtundzwanzigsten September, abends, nach unserer Uhr um fünfe, Venedig zum erstenmal, aus der Brenta in die Lagunen einfahrend, erblicken und bald darauf diese wunderbare Inselstadt, diese Biberrepublik betreten und besuchen sollte. So ist denn auch, Gott sei Dank, Venedig mir kein bloßes Wort mehr, kein hohler Name, der mich so oft, mich, den Todfeind von Wortschällen, geängstiget hat.

Johann Wolfgang Goethe (1749–1832)

Nicht durch die Hintertür

So sah er ihn denn wieder, den erstaunlichsten Landungsplatz, jene blendende Komposition phantastischen Bauwerks, welche die Republik den ehrfürchtigen Blicken nahender Seefahrer entgegenstellte: die leichte Herrlichkeit des Palastes und die Seufzerbrücke, die Säulen mit Löw' und Heiligem am Ufer, die prunkend vortretende Flanke des Märchentempels, den Durchblick auf Torweg und Riesenuhr, und anschauend bedachte er, daß zu Lande, auf dem Bahnhof in Venedig anlangen einen Palast durch eine Hintertür betreten heiße, und daß man nicht anders, als wie nun er, als zu Schiffe, als über das hohe Meer die unwahrscheinlichste der Städte erreichen sollte.

Thomas Mann (1875–1955)

Da bin ich nun

10. Oktober 1830

So gelangten wir gestern in finstrer Nacht nach Mestre, stiegen in eine Barke und fuhren bei stillem Wetter nach Venedig ruhig hinüber. Da ist unterwegs, wo man nur Wasser und weit vor sich Lichter sieht, mitten im Meer ein kleiner Fels; darauf brannte eine Lampe; die Schiffer nahmen alle den Hut ab, und einer sagte dann, das sei die Madonna für den großen Sturm, der hier zuweilen sehr gefährlich und bös sei. Nun ging es ohne Posthorn oder Wagenrasseln oder Torschreiber in die große Stadt, unter unzähligen Brücken durch; die Stege wurden belebter, viele Schiffe liegen umher, beim Theater vorbei, wo die Gondeln, wie bei uns die Wagen, in langen Reihen auf ihre Herrschaften warten, in den großen Kanal bei dem Markusturm, dem Löwen, dem Dogenpalast, der Seufzerbrücke vorüber. Die Undeutlichkeit der Nacht erhöhte nur meine Freude, als ich die wohlbekannten Namen hörte und die dunklen Umrisse sah, und da bin ich denn in Venedig.

Felix Mendelssohn Bartholdy (1809–1847)

Großartig und märchenhaft

Ich erinnere mich in meinem Leben nicht leicht, in 24 Stunden soviel Erstaunen, Bewunderung, Rührung, Freude empfunden zu haben als in diesem wunderbaren Venedig! Seit wir hier sind, hab' ich fast noch keine trocknen Augen gehabt – völlig bezaubernd ist der Anblick dieser Wunderstadt. Schon wenn man sich nähert und sie auf dem Wasser schwimmend erblickt, sieht es sich großartig und märchenhaft zugleich an. Wenn man nun in die ersten Wasserstraßen hineinfährt und rechts und links die andern Wasserquerstraßen weitergehn, da muß man die Hemden und Schürzen ansehn, die in den Vorstädten von allen Häusern zum Trocknen hängen, um sich zu überzeugen, daß man nicht träumt.

Fanny Mendelssohn (1805–1847)

Salut für die Seefahrer

Als die Sonne aufging, glänzte die prächtige Stadt Venedig wie Gold; ein unbeschreibliches Freudengeschrei und allgemeiner Jubel erhob sich, als wir sie erblickten. Als die Matrosen die Stadt sahen, warfen sie Lumpen, Säcke und zerrissene Kleider, die sie auf See gewöhnlich trugen, unter Geschrei und Gesang ins Meer, und alle alten und unbrauchbaren Dinge wurden mit derselben Festfreude über Bord geschleudert. (...)

Bevor wir Venedig sahen, wurden wir von den Wächtern auf dem Markusturm gesichtet, die eilends die Seile zogen und alle Glocken des Campanile läuteten. Als man das hörte, geschah dasselbe auf allen Glockentürmen in der ganzen Stadt. So war es nämlich Brauch bei der Ankunft einer Flotte.

Als man den Grund für das Läuten erkannt hatte, wollten alle, die Freunde und Güter auf den Schiffen hatten, Neuigkeiten hören, und diejenigen, die als Führer Geld gewinnen wollten, und die Beamten, die den Zoll in der Stadt eintreiben mußten, liefen zum Meer, bestiegen Schiffe und Boote und fuhren uns eilig entgegen, und noch bevor wir zum Hafen gelangt waren, kamen viele tausend kleiner Schiffe aus der Stadt zu unserer Flotte.

Aber als wir mit der Flotte nach Porto Lio kamen, fuhren wir nicht ein, sondern gingen vor Anker. Wir Pilger aber, die wir außer unserem Pilgergepäck nichts auf den Schiffen hatten, zahlten das Fahrgeld, beglichen unsere Rechnungen, zeigten uns dem Personal, das uns bedient hatte, gefällig, nahmen von allen auf unserer Galeere, Herren und Dienern, Abschied, verstauten unsere Habe in einem Boot, stiegen ein und übergaben die Galeere und alle unsere Ansprüche dem Herrn Sebastian Contarin. Und obwohl wir über unsere Befreiung aus diesem qualvollen Gefängnis froh waren, mischte sich in unsere Freude Trauer wegen der Kameradschaft mit der Besatzung und den anderen Passagieren.

So fuhren wir also von der Galeere zum Hafen, sofort aber kamen Zollbeamte, die uns fragten, ob wir Waren mit uns führten. Als sie alles durchsucht und nichts gefunden hatten, ließen sie uns weiterfahren.

So fuhren wir zwischen den beiden Kastellen durch die Meeresmündung, und zum zweiten Mal hielten uns Zollbeamte fest, die alles durchsuchten. Ohne einen Pfennig zu bezahlen, durften wir weiterfahren, mußten ihnen aber trotzdem unser Wort geben, daß wir keine Waren mit uns führten.

Als wir nach S. Andrea gekommen waren, verließen wir den gewöhnlichen Kanal, durch den alle Schiffe ein- und ausfahren, und steuerten die Stadt durch andere Lagunen an. Wir fanden aber folgende Schwierigkeit: Wegen des Frostes waren die Lagunen, durch die man fahren mußte, zugefroren, und deswegen mußte man mit den Rudern das Eis brechen und dem Schiff einen Weg bahnen, und so kamen wir nur in langsamer Fahrt in die normalen Kanäle und zu unserer Herberge, die S. Georg heißt, und stiegen vom Schiff.

Alle, die uns kannten, liefen uns aus dem Haus entgegen und begrüßten uns mit ungeheurer Freude.

Felix Faber (1441–1502)

Im Leichenwagen zum Hotel

Wir erreichten Venedig um acht Uhr abends und bestiegen einen Leichenwagen, der zum Grand Hotel d'Europe gehörte. Zumindest glich es mehr einem Leichenwagen als etwas anderem, obwohl es, wenigstens auf dem Papier, eine Gondel war. Und das war also die gefeierte Gondel von Venedig! – das Märchenboot, in dem die fürstlichen Kavaliere der guten alten Zeit die Wasser der mondbeschienenen Kanäle durchpflügten und mit der Beredsamkeit der Liebe in die sanften Augen patrizischer Schönheiten blickten, während der fröhliche Gondoliere in seidenem Wams seine Gitarre zupfte und sang, wie eben nur Gondolieri singen können! Das also ist die berühmte Gondel und das der prächtige Gondoliere! – das eine ein tintenschwarzes, verschossenes altes Kanu mit einem mitten daraufgesetzten düsteren Leichenwagenaufbau, und der andere ein schäbiger, barfüßiger Gassenjunge, an dem Teile der Kleidung zur Schau gestellt waren, die einer öffentlichen Untersuchung hätten vorenthalten bleiben sollen. Während er um eine Ecke bog und seinen Leichenwagen in einen schaurigen Graben zwischen zwei Reihen hochaufragender, unbewohnter Gebäude schießen ließ, begann der fröhliche Gondoliere plötzlich, getreu den Traditionen seiner Gattung, zu singen. Ich hielt es eine kurze Zeit aus. Dann sagte ich:

„Jetzt hör mal her, Rodrigo Gonzales Michelangelo, ich bin ein Pilger, und ich bin ein Fremder, aber ich bin nicht gewillt, meine Gefühle von einem solchen Gejaule zerfleischen zu lassen. Wenn das nicht aufhört, muß einer von uns ins Wasser. Es genügt, daß meine langgehegten Träume von Venedig für immer dahin sind, was die romantische Gondel und den prächtigen Gondoliere angeht; diese systematische Vernichtung soll nicht weiterschreiten; ich werde unter Protest den Leichenwagen akzeptieren, und du magst unbehelligt deine Parlamentärsflagge wehen lassen, aber hiermit verkünde ich einen finsteren und blutigen Schwur, daß du nicht mehr singst. Ein einziger Laut noch, und du gehst über Bord."

Ich begann zu glauben, daß es mit dem alten Venedig der Lieder und Geschichten für immer vorbei sei. Aber ich war zu voreilig. Binnen weniger Minuten trieben wir elegant hinaus auf den Canale Grande, und da lag im milden Mondlicht das Venedig der Dichtung und Romantik vor uns. Direkt vom Rand des Wassers erhoben sich lange Reihen stattlicher Marmorpaläste; Gondeln glitten schnell hierhin und dahin und verschwanden plötzlich durch unvermutete Tore und Gäßchen; schwere Steinbrücken warfen ihre Schatten quer über die glitzernden Wellen. Überall herrschte ein Leben und Treiben, und doch lag über allem eine Stille, eine Art verstohlener Stille, die an heimliche Geschäfte gedungener Mörder und Liebender denken ließ; und halb in Mondstrahlen und halb in geheimnisvolle Schatten gehüllt, schienen die düsteren, alten, herrschaftlichen Häuser der Republik einen Ausdruck zu haben, als blickten sie im selben Moment mit einem Auge solchen Ereignissen entgegen. Musik schwebte über dem Wasser – Venedig war vollkommen.

Mark Twain (1835–1910)

Bedenkliches Kopfschütteln

Bald erblickten wir vor uns zur Rechten die ersehnte angebliche Wunderstadt. Wie ein grauer Streifen, aus dem mehrere Türme, grauen Stiften gleich, emporstiegen, lag Venedig am Horizont. Ich stand vorn im Schiffe; Haar und Mantel flatterten im kalten Winde, und dennoch war ich in Italien und der Juni sollte beginnen! Ich wollte die glänzenden Kuppeln, von denen ich so viel gehört, zuerst sehen und begrüßen. Näher und näher schwebte das Schiff (eine Barke mit einer Kajüte), deutlich konnte man bereits die Stadt unterscheiden; aber glänzende Kuppeln wollten nicht erscheinen; – ich sah zwar einige Kuppeln und Türme, allein sie blieben grau, ungeachtet sie die Sonne beleuchtete. Venedig nahm sich aus wie eine größere Stadt am Horizont einer Ebene, etwa wie Leipzig oder Breslau. Ich schüttelte schon bedenklich den Kopf. – Wir hatten inzwischen die Barriere erreicht, ein Haus in den Lagunen, wo wir anhielten und die Pässe abgeben mußten. Mit großer Schnelligkeit legten wir dann den Weg nach der Stadt zurück. Unterweges kamen wir an einer kleinen Kapelle vorüber, die mitten im Wasser steht, und zu der eine hölzerne Treppe aus den Wellen emporführt. Als Venedig nahe vor uns lag, fanden wir uns in unsern Erwartungen noch mehr betrogen. Die Häuser der Stadt sind an dieser Seite besonders schmutzig und elend. Aber wie ward uns, als wir in den ersten Kanal Venedigs einbogen, und wir nun ein wüstes Grab, von einer Kloake durchspült, zu sehen wähnten? – Der Geruch des stinkenden Kanals benahm uns fast den Atem. Bald erreichen wir den berühmten großen Kanal, der quer durch die Stadt läuft. Allerdings bespült er die Grundmauern einer Menge von Palästen; allein der Eindruck, den die letztern machen, ist ein schmerzlicher. Es sind rußige, wüste, ausgestorbene, verfallene Ruinen! Nirgend zeigte sich ein Bewohner; überall herrschte Grabesstille; nirgend sahen wir anständig gekleidete Menschen, sondern nur schmutzige Gondelführer.

Gustav Nicolai (1795–1852)

Nicht Land, nicht Stadt, nicht Schiff

Es ist nicht das Land, denn man sieht keinen Baum; es ist nicht die Stadt, denn man vernimmt nicht die mindeste Bewegung; es ist auch nicht ein Schiff, denn man geht nicht weiter; der Sturm macht ein Gefängnis aus diesem Wohnort, es gibt Augenblicke, in denen man weder aus der Stadt noch aus dem Hause gehen kann. Es gibt in Venedig Leute aus dem geringen Volke, welche nie von einem Viertel der Stadt zum andren gegangen sind, die den St. Markus-Platz nicht gesehen haben (…)

Germaine de Staël (1766–1817)

Alles unerträglich

Es war Sonntag und auf der Gegenfahrbahn stauten sich die Autos. Wir fuhren Venedig an, die Landschaft hatte sich verändert. Vor zehn Tagen gegen Mitternacht, als die Hochöfen von Mestre den Himmel gelb färbten und ein lauer Wind über die Lagune strich. Damals kehrte ich um, weil ich mit Ruth zurückkommen wollte, überzeugt, daß es zutrifft: Venedig *ist* jene Stadt! In den fünfziger Jahren gab es wirklich sehr viele Schlager über Venedig und auf der Schaukel am Parkrand *sang* ich sie alle. Ein Auto aus Paris parkte auf der Brücke und im Schimmer der abgeblendeten Scheinwerfer erschien das „engumschlungene Liebespaar". Die Kuppel des Dogenpalastes lag weiß im Scheinwerferlicht, und das Meer schien warm zu atmen. Alles war unerträglich: die Hitze, die Menschen. Aus dem Parkplatz stürmten die Touristen zur Fähre, Schulklassen, Pfadfinder, Reisegesellschaften, drängelten sich auf dem Gehsteig, hielten sich Hand in Hand. Wir ließen uns einweisen, rollten noch hundert Meter, und dann gab ich Gas, fuhr so scharf an den Polizisten heran, daß der zurücksprang und uns wild gestikulierend in den Parkplatz hineinzwingen wollte. Kehrt. Mit Vollgas die Lagune entlang.

„Diese stinkenden, vergammelten Orte!" sagte Burton.

„Ich glaube nicht, daß es irgend etwas gibt, was uns in Venedig interessieren könnte", sagte ich.

„Ich wollte einen Trip einwerfen dort –"

Diese Stadt ist wie ein Gefängnis, man kommt nicht heraus, ohne mit Menschen in Berührung zu kommen, wirf dich in den Kanal – es dauert Stunden, bis du in Jesolo bist oder an irgendeinem gottverdammten Ort, wo sie dich in Ruhe lassen. Also, nach Verona.

Bernward Vesper (1938–1971)

Sonett

Mein Auge ließ das hohe Meer zurücke,
Als aus der Flut Palladios Tempel stiegen,
An deren Staffeln sich die Wellen schmiegen,
Die uns getragen ohne Falsch und Tücke.

Wir landen an, wir danken es dem Glücke,
Und die Lagune scheint zurückzufliegen,
Der Dogen alte Säulengänge liegen
Vor uns gigantisch mit der Seufzerbrücke.

Venedigs Löwen, sonst Venedigs Wonne,
Mit ehrnen Flügeln sehen wir ihn ragen
Auf seiner kolossalischen Kolonne.

Ich steig ans Land, nicht ohne Furcht und Zagen,
Da glänzt der Markusplatz im Licht der Sonne:
Soll ich ihn wirklich zu betreten wagen?

August Graf von Platen (1796–1835)

HENRI MATISSE

MARKUSPLATZ UND PIAZZETTA

Herzklopfen

Wer nicht sein Herz stärker klopfen fühlt, wenn er auf dem Markusplatz steht, der lasse sich begraben, denn er ist tot, unwiederbringlich tot.

Franz Grillparzer (1791–1872)

Kein Platz, ein Salon

Der schönste Salon Europas, dem als Decke zu dienen nur der Himmel würdig ist.

Napoleon Bonaparte (1769–1821)

Freudensaal

(...) endlich durch einen dumpfen finsteren Schwibbogen hinaus auf den großen Platz, der dalag wie ein Freudensaal, mit dem Himmel als Decke, dessen Farbe unbeschreiblich war: denn es wölbte sich das nackte Blau und trug keine Wolke, aber die Luft war gesättigt von aufgelöstem Gold, und wie ein Niederschlag aus der Luft hing an den Palästen, die die Seiten des großen Platzes bilden, ein Hauch von Abendrot.

Hugo von Hofmannsthal (1874–1929)

Regentag

Es war ihm ein Bedürfnis, trotz des Wetters zu Fuß zu gehen, und er ging durch verwinkelte Gassen zur Piazza, wo er unter den Arkaden Zuflucht finden konnte. Hier, unter den hohen Bogengängen, hatte sich halb Venedig in einem dichten Schwarm versammelt; während die alten Säulen des hl. Markus und des Löwen am Ende der Piazzetta, vor der Mole, dem Rahmen einer Tür glichen, die dem Sturm weit offen steht. Es kam ihm seltsam vor, wie er dahinschritt, daß es einen solchen Unterschied gemacht hatte –, wenn der Unterschied nicht nur darin lag, daß der Palast ihn zum erstenmal nicht willkommen geheißen hatte. Er empfand noch etwas, aber das war die Folge davon; es brachte den harten Ton hinein und zerbrach den Zauber. Mit Feuchtigkeit und Kälte mußte man eben jetzt rechnen, und deshalb hatte Densher auch plötzlich das Gefühl, als sei mit einem Male der Spielraum für jenen Glauben zerstört worden, in dem sie alle lebten. Er hatte es den „Spielraum" genannt – jenes Etwas, das zwar bis jetzt gehalten hatte, aber keine Erschütterung vertrug. Irgendwie war diese Erschütterung nun doch erfolgt, und er wunderte sich darüber, während er sich durch die Menge der Passanten, ebenso ziellos wie er selbst, seinen Weg bahnte und, ohne etwas wahrzunehmen, seine Blicke über den Kitsch in den Schaufenstern gleiten ließ. An manchen Stellen unter den Arkaden glänzten jetzt die roten Marmorquadrate des Pflasters von den Salzwasserspritzern fettig; und die ganze Piazza in ihrer immensen Eleganz, in der Anmut ihrer Konzeption und der Schönheit ihres Details schien mehr als je der große Salon Europas, aber entweiht und verwirrt durch einen Schlag des Schicksals. Er stieß im Vorbeigehen an dunkelhäutige Männer, die den Hut schief auf dem Kopf trugen und die wegen der losen Ärmel ihrer schlaff an ihnen herunterhängenden Jacketts aussahen wie melancholische Masken. Tische und Stühle, die sonst vor den Cafés auf der Piazza standen, waren unter die Arkaden geholt worden (der Anschein von Bedienung blieb trotzdem gewahrt), und hier und dort saß ein deutscher Tourist mit einer Brille und hochgeschlossenem Mantelkragen und widmete sich in aller Öffentlichkeit den Speisen und der Philosophie.

Henry James (1843–1916)

Stierkampf auf der Piazza

Man muß wissen, daß dieses Fest alljährlich am Ende des Karnevals zu Ehren des Dogen gefeiert wird, dann aber mit weniger Glanz und Prunk. Das gestrige Fest nun fand außer der Reihe statt, weil sich der sächsische Kurprinz in Venedig aufhält; es wäre deshalb eine Sünde von mir, wenn ich E. H. davon keine Beschreibung gäbe. Sie müssen sich einen Platz wie den Markusplatz vorstellen, weitläufig, prächtig und regelmäßig: Vorzüge, die nicht wenig zur Pracht und Herrlichkeit des Festes beitragen. Durch die Tribünen, die ringsumher aufgebaut waren, sah der Platz einem Amphitheater ähnlich. An beiden Enden hatte man große Torbögen errichtet, die von verschiedenen schönen Statuen geschmückt wurden und auf denen die Trompeter und, in Ermangelung der Pauken, die Trommler standen. Über den Platz hatte man von einer Seite zur anderen drei starke Seile gespannt, in deren Mitte jeweils eine Kugel mit einem Feuerwerk hing. Der Kurprinz befand sich auf der Seite der Alten Prokuratie, und vor seinem Fenster war eine weitere schöne Gruppe von vortrefflichen Musikern mit Trompeten und Trommeln aufgestellt. Kaum war dann Seine Kurfürstliche Hoheit erschienen, so begannen alle Musiker gleichzeitig ein schreckliches Getöse; im selben Augenblick traten in Zweierreihen die Schlächter auf, die in altertümlicher Weise wie amerikanische Neger gekleidet waren. Danach trieb man zwanzig Stiere sowie eine entsprechende Zahl von riesengroßen Hunden auf den Kampfplatz, und augenblicklich begann, wie man sich leicht vorstellen kann, unter diesen Tieren eine grausame Jagd. Das Geschrei von über 50000 Masken verursachte mir dabei einen derartigen Schrecken, daß mir die Haare zu Berge standen. Sobald diese Tiere müde geworden waren, führte man neue und frische herbei, was sich mehrfach wiederholte, so daß insgesamt mehr als hundert Tiere beteiligt waren. Dieses Schauspiel dauerte über vier Stunden; anschließend fand der Flug statt: ein wagemutiger Mann ließ sich nämlich von der Turmspitze von S. Marco zum gegenüberliegenden Gebäude hinab. Dann wurden drei Stiere vorgeführt und an die drei Seile gebunden, an denen die erwähnten Kugeln hingen; diese wurden angezündet und sie versetzten die Tiere, auf die gleichzeitig große Hunde gehetzt wurden, in so furchtbare Raserei, daß es ein Wunder war, daß sie die Seile nicht zerrissen und den Leuten innerhalb des Kampfplatzes keinen Schaden zufügten. Als dieses Schauspiel vorüber war, wurde drei Stieren der Kopf abgeschlagen; die Kraft und die Geschicklichkeit des ersten Mannes, der seinem Stier den Kopf mit einem einzigen Hieb herunterschlug, waren wirklich erstaunlich, aber die beiden anderen waren weniger tüchtig. Als die Nacht einbrach, begann zur Freude der Zuschauer das große Feuerwerk, mit dem schließlich das Fest gekrönt wurde. Kurz darauf wurde der ganze Platz erleuchtet, damit kein Unglück geschehen konnte, was unter den vielen tausend Masken leicht möglich gewesen wäre. Eines muß ich aber noch erwähnen: es drangen nämlich Tausende von Menschen aller Art in den Kampfplatz ein, wo die Stierhetze stattfand, und es war gewiß ein Wunder, daß dabei nicht viele ihr Leben oder ihre gesunden Glieder verloren. Man hat die Stiere gar nicht mehr richtig sehen können, und tatsächlich sind auch tödlich verwundete Menschen und Hunde weggetragen worden.

Johann Caspar Goethe (1710–1782)

Mein Glück!

Die Tauben von San Marco seh ich wieder:
Still ist der Platz, Vormittag ruht darauf.
In sanfter Kühle schick ich müßig Lieder
Gleich Taubenschwärmen in das Blau hinauf –
  Und locke sie zurück,
Noch einen Reim zu hängen ins Gefieder
– mein Glück! Mein Glück!

Du stilles Himmels-Dach, blau-licht, von Seide,
Wie schwebst du schirmend ob des bunten Bau's,
Den ich – was sag ich? – liebe, fürchte, neide …
Die Seele wahrlich tränk ich gern ihm aus!
  Gäb ich sie je zurück? –
Nein, still davon, du Augen-Wunderweide!
– mein Glück! Mein Glück!

Du strenger Turm, mit welchem Löwendrange
Stiegst du empor hier, siegreich, sonder Müh!
Du überklingst den Platz mit tiefem Klange –:
Französisch, wärst du sein accent aigu?
  Blieb ich gleich dir zurück,
Ich wüßte, aus welch seidenweichem Zwange …
– mein Glück! Mein Glück!

Fort, fort, Musik! Laß erst die Schatten dunkeln
Und wachsen bis zur braunen lauen Nacht!
Zum Tone ist's zu früh am Tag, noch funkeln
Die Gold-Zieraten nicht in Rosen-Pracht,
  Noch blieb viel Tag zurück,
Viel Tag für Dichten, Schleichen, Einsam-Munkeln
– mein Glück! Mein Glück!

Friedrich Nietzsche (1844–1900)

Angst vor den neuen Herren

Bei meiner Ankunft in Venedig bekam ich zwei für das Herz eines vaterlandsliebenden Bürgers bittere Kelche zu leeren. Kurz vorher waren die Österreicher die Beherrscher dieser armen Republik geworden. Ich hatte schon viel von dem bedauernswerten Zustand dieser unglücklichen Stadt gehört, aber alles war ein Nichts im Vergleich zu dem, was ich an einem Tage und in einer Nacht in Venedig selbst erlebte. Vor allem wollte ich den Sankt-Markus-Platz wiedersehen, den ich seit mehr als zwanzig Jahren nicht mehr betreten hatte. Ich ging durch das Portal des Turmes mit der Uhr, von dem aus man nicht nur den ganzen großen Platz, den schönsten der Welt, sondern auch die Piazzetta überblicken kann.

Der geneigte Leser denke sich mein ungeheures Erstaunen und meine große Traurigkeit, als ich in diesem weiten Raume, wo man in glücklichen Zeiten nur höchste Zufriedenheit und lebhafteste Freude bei unaufhörlichem Kommen und Gehen des Volkes sah, überall nur Einsamkeit, Schweigen und Niedergeschlagenheit erblickte. Nur sieben Personen befanden sich auf dem Platz, als ich ihn betrat. Ich ging unter den sogenannten Prokuratien von San Marco spazieren, und mein Erstaunen wurde immer größer, als ich sah, daß auch alle Kaffeehäuser fast leer waren. In elf derselben zählte ich nur zweiundzwanzig Personen. (...)

Der folgende Tag, der 8. November, war voll merkwürdiger Begebenheiten für mich. Ich verließ schon früh den Gasthof und hatte mir vorgenommen, ganz Venedig zu besichtigen. Zuerst ging ich wieder auf den Markus-Platz, aber auch diesmal fand ich dort nicht mehr Leute als am vorigen Tag. Ich trat in ein Café, dessen Besitzer mich kannte, und ließ mir eine Tasse Kaffee reichen. Etwa sechs bis sieben Personen waren anwesend, die beim Kaffeetrinken über Politik sprachen. Sehr aufmerksam hörte ich zu.

„Wir sind übel dran mit unseren neuen Herren", sagte einer von ihnen. „Das Pfund Fleisch, für das man vor acht Tagen acht Soldi bezahlen mußte, kostet jetzt zehn, der Zoll für den Kaffee ist auf das Doppelte erhöht worden, eine Flasche Wein, die früher drei Soldi kostete, bekommt man heute nicht unter sechs. Der Zoll für Tabak, Salz und Zucker soll sogar um sechzig Prozent erhöht werden!"

„Das ist noch gar nichts", sagte ein anderer. „Zwei Millionen verlangen sie doch von uns, das ist doch noch viel schlimmer."

„Zwei Millionen", ließ sich ein anderer vernehmen „wovon denn? Von Muscheln und Austern?"

„Nein, von Silberdukaten", fiel ihm ein Vierter ins Wort.

Der Kaffeehausbesitzer, der ängstlich diese Unterhaltung mitangehört hatte, stürzte nun mitten unter die Leute und sagte zitternd und mit gedämpfter Stimme:

„Um Gottes willen, meine Herren, hören Sie doch auf, von diesen Dingen zu reden. Ich habe ebensowenig Lust wie Sie, Bekanntschaft mit dem österreichischen Korporalstock zu machen."

Dann bat er uns, in ein kleines Zimmer zu kommen. Nachdem er Tür und Fenster geschlossen hatte, erzählte er uns, am vorhergehenden Abend hätten sich einige junge Venezianer in geringer Entfernung von seinem Café sehr lebhaft miteinander unterhalten und einige vorübergehende österreichische Soldaten, in dem Glauben, sie stritten sich, hätten zwei, die besonders laut geredet, ergriffen und unter Flüchen wie „Potztausend Sakrament!", Stockschlägen und Stößen auf die Wache geführt, wo sie bis zum anderen Morgen im Arrest hätten bleiben müssen, weil niemand da war, der italienisch sprechen konnte. Ich verließ das Café trauriger, als der zärtlichste Sohn das Grab der innig-geliebten Mutter verläßt.

Lorenzo Da Ponte (1749–1838)

Bestandsaufnahme

Am Platz des heilgen Markus sind drei Bäume,
Und sind vier Rosse, die zu fliegen scheinen,
Und wie nen Turm seh eine Uhr ich ragen,
Zwei Mohren drauf, die uns die Stunde schlagen.

Volkslied

Der Stuhl vom Café Florian

Auch jetzt noch, neunundzwanzig Jahre danach, schloß das Café Florian gegen drei Uhr nachts endgültig seine Pforten. Das hatte Frances auch auf zwei späteren Reisen in den Sommern 53 und 61 festgestellt. Zu dieser nächtlichen Stunde, allerspätestens um halb vier Uhr, ist der Platz ganz leer. Keine Schutzleute oder Carabinieri, die umherschlendern, nur ein paar Betrunkene, von denen man nichts zu befürchten hat. Die Stühle bleiben, an die Mauer gerückt, unter den Prokurazien stehen; niemand vergreift sich an ihnen, obwohl sie antik sind und mindestens aus dem neunzehnten Jahrhundert stammen. Auf der Piazza selbst stehen um die eisernen Tische Korb- und Plastiksessel herum. Dagegen sind die Stühle und Tische unter dem Bogengang die gleichen wie die im Inneren des Cafés. Die Tische sind rund und aus Marmor. Die Stühle sind aus Nußbaum, schön gedrechselt, blank poliert, und haben ein Sitzkissen aus pflaumenfarbenem Samt.

Der „Schotte von Belluno“ war schon da und wartete auf sie im Schatten eines Pfeilers. Er war nicht mehr als Kellner gekleidet. Er trug einen marineblauen Rollkragenpullover und wirkte ganz wie ein Schotte. Sofort nahm er sie in die Arme und küßte sie. Er war nicht kleiner als sie, sie waren beide gleich groß.

„Wohin gehen wir?" sagte Frances nach einer Weile, während sie sich aus seiner Umarmung löste und wie durch einen Schleier (den Schleier des Glücks) den großen beleuchteten leeren Platz betrachtete.

Als Antwort umfaßte der Junge ihre Taille und führte sie langsam und behutsam zu der verglasten Eingangstür des Cafés. Immer noch wortlos, blieb er stehen und sah sich aufmerksam nach allen Seiten um, dann stieß er die Tür plötzlich auf und ließ sie eintreten. Er kam nach und sperrte mit dem Schlüssel ab.

Die Innenräume waren dunkel. Aber das Licht, das von den Fenstertüren und Schaufenstern hereindrang, genügte, um ihnen den Weg zur hintersten und verschwiegensten Ecke zu weisen. Falls jemand unter den Prokurazien vorbeikäme – mochte er sich auch noch so die Nase an den Scheiben breitdrücken, um hereinzuspähen: sie waren sicher, nicht entdeckt zu werden. Doch sie selbst, eng umschlungen auf demselben Stuhl, konnten bei dem schwachen Schein sich gerade noch in die Augen schauen ... bis das erste Morgengrauen sie endgültig und unerbittlich voneinander trennte.

Alles, was ihr das Leben geschenkt hatte, barg diese Erinnerung, diese knappe Stunde Glück, die sich nie mehr wiederholt hatte. Es folgten neunundzwanzig Jahre Klavierunterricht, Pflege der alten Mutter, bis diese starb, dann Pflege des behinderten Bruders. Sonst nichts, weiter nichts. Alle drei bis vier Jahre kratzte sie ihre Ersparnisse zusammen und gönnte sich einen kurzen Urlaub, eine Reise ins Ausland. Zu diesem Anlaß brachte sie den Bruder gegen Bezahlung in einer neurologischen Klinik in West Wickham unter. Kaum nach London zurückgekehrt, holte sie ihn ab und nahm ihn wieder zu sich ...

Also schön: sie würde einen der Stühle vom Café Florian stehlen. Es würde natürlich nicht derselbe sein wie der vor neunundzwanzig Jahren, doch immerhin ein zum Verwechseln ähnlicher.

Sie hatte alles überlegt, berechnet, vorbereitet. Sie war mit einem riesigen, halbleeren Koffer angereist. Sie würde den Stuhl in Sitzfläche und Rückenlehne zerlegen und ihn so im Koffer verstauen. In London würde sie ihn dann von irgend einem Portobello-Trödler um die Ecke für ein paar Schillinge wieder instandsetzen lassen.

Um punkt halb drei Uhr stand sie auf. Sie wusch sich das Gesicht, bedacht darauf, keinen Lärm zu machen und die Frazer nicht zu wecken. Sie zog ein Paar häßliche, alte, aber sehr bequeme Schuhe an, ausgesprochene *walking shoes*, in denen sie auch richtig laufen konnte, ohne zu ermüden. Um größere Bewegungsfreiheit zu haben, ließ sie die Handtasche zurück. Sie nahm nur ein Taschentuch und das Geld mit und steckte beides in ihre Kostümtasche. Dazu den Paß, für den Fall, daß man sie verhaften würde. Jawohl, auch diese Möglichkeit mußte bedacht werden. Sie hatte sich auch überlegt, was sie sagen würde: „Ich bin eine alte, verschrobene Engländerin; ich liebe eure alten Sachen, habe aber nicht das Geld dafür."

Doch sie war sicher, daß sie es schaffen würde. Wer könnte sie schon sehen, sie aufhalten? Zweimal war sie bereits in den vorausgehenden Nächten um diese Zeit aufgestanden, hatte eine regelrechte Ortsbegehung vorgenommen und dabei haargenau die Wegstrecke studiert. Gefährlich konnten allenfalls nur die ersten hundert Schritte werden, unter den Prokurazien, zwischen dem Florian und der Calle dell'Ascension. Hatte sie einmal die Salizzada San Moisè erreicht, so war sie in Sicherheit. Es genügte, wenn die Fenster des Florian und die Stuhlgruppen nicht mehr in Sicht waren. Wer würde es wagen, sie aufzuhalten? Sie war eine alte englische Touristin, die mit ihrem Stuhl zum Hotel zurückkehrte. Wie viele alte englische Touristinnen hatten an Sommerabenden die Gewohnheit, mit einem Klappstuhl unter dem Arm zum Konzert auf die Piazza zu gehen! Abgesehen von der etwas späten Stunde war daran eigentlich nichts besonderes.

Alles ging gut. Und nun faßte sie den Stuhl an.

Zuvor sah sie noch auf die Uhr; es war drei Uhr siebzehn. Sie schaute sich noch einmal peinlich genau nach allen Seiten um. Sie war sich hundertprozentig sicher, daß niemand sie bemerkte. In diesem Augenblick gab es auf dem Markusplatz keine Menschenseele.

Da riß sie also den Stuhl an sich. Sie packte ihn und drückte ihn an ihre Brust, dann strebte sie eilig, wenn auch nicht laufend, der Calle dell'Ascension zu. Doch sie hatte noch keine zwei Schritte gemacht, als ein Klirren von Glas, das ihr mächtig in den Ohren klang, sie zur Salzsäule erstarren ließ. Sie blieb, ohne zu begreifen, stehen, zitternd vom Scheitel bis zur Sohle. Dann drehte sie sich um. Was war das für ein Getöse? Es war die Glastür des Florian, die von jemandem geöffnet worden war, von einem Mann, offenbar einem Pförtner, der aus dem Café heraustrat. Er kam auf sie zu und sagte:

„Was machen Sie da? Lassen Sie ihn gefälligst stehen. Er gehört Ihnen nicht!"

Der Pförtner war ein Mann um die vierzig, massiv, dunkler Typ. Zufällig hatte auch er einen dunkelblauen Rollkragenpullover an.

Frances trug den Stuhl an seinen Platz zurück. Sie brauchte nur zwei Schritte zu machen. Sie hatte den ersten der Reihe genommen, den, der ihrem Fluchtweg am nächsten stand.

Sie gab dem Mann, der sie unbeweglich und streng im Auge behielt, murmelnd zur Antwort:

„Verzeihung. Ich wußte nicht ... ich wollte mich nur ein bißchen weiter drüben auf die Piazza setzen, um den Mond zu beobachten."

„Ach so?" sagte der Mann.

Sein spöttischer Ton erinnerte Frances daran, daß Neumond war. Aber sie versuchte nicht, sich zu berichtigen. Sie sagte nur:

„Verzeihung. Gute Nacht", und stürmte davon.

Mario Soldati (1906–1999)

Manet, gelangweilt

Ich war ins Café Florian eingetreten, um ein Eis zu essen. Der große Maler, dessen elegante Silhouette mir vertraut war, setzte sich an den Nachbartisch; seine Frau begleitete ihn. Die majestätische Haltung von Madame Manet fiel mir auf. Da ihr Sonnenschirm heruntergefallen war, bückte ich mich, um ihn aufzuheben. Manet bedankte sich: „Ich sehe, daß Sie Franzose sind ... Mein Gott, wie ich mich hier langweile!" Madame Manet lächelte. Ihr kindliches Gesicht erblühte unter einem breiten Hut. „Edouard scherzt gerne", sagte sie, „er spielt den Pariser."

Sein berühmtes Bild „Die Pfähle des Canal Grande" hat Manet tatsächlich während dieses Aufenthalts in Venedig gemalt ... Und die Begeisterung Manets für dieses Motiv! Die Treppe aus weißem

Marmor, die sich von dem welken Rosa der Fassadenbacksteine abhob, auf dem Cadmiumblau und den Grüntönen der Grundmauern! Im Wasser, das von vorbeifahrenden Booten bewegt wurde, Schatten und Licht, das Manet ausrufen ließ: „Es sind Champagnerflaschen, die umgedreht im Wasser schwimmen."

Ambroise Vollard (1868–1939)

Januar-Nacht

(...) die Müdigkeit überfiel sie, es mußte spät sein, sie blickte auf ihre Armbanduhr, es war zehn Uhr vorbei, nicht sehr spät, aber zu spät für Venedig, die eisige, winterstarre Stadt, Franziska geriet in einen Durchgang, in dem es zog, und stand plötzlich auf der Piazza San Marco. *Vielleicht habe ich nie etwas Schöneres in einer Stadt gesehen, gerade jetzt, wo es mich nichts angeht, muß es mir passieren, daß ich in einer Januar-Nacht auf die Piazza San Marco gerate.* Sie mußte sich einen Augenblick lang zwingen, nicht in Tränen auszubrechen. In jedem Bogen der Prokurazien hing eine Kugellampe, eine Kette von hundert runden Lampen an drei Seiten vom Campanile bis zum Torre dell' Orologio um den breiten, fast menschenleeren Marmorteppich des Platzes, der in der Mitte dunkel war und nach den Rändern zu heller wurde, inmitten des Platzes konnte man sich in der Nacht verbergen, während die gelben Lampen in den Prokurazien die silbern durchsichtige Nebelluft einer adriatischen Meeres- und Januar-Nacht zart zersprühten. *Es war falsch, hierher zu fahren, voller Menschen ist Venedig ein Museum, und ohne Menschen ist es unmenschlich.* Sie ging mutlos auf die Kirche zu, die dunkle orientalische Höhle und Woge, *seltsam, daß sie San Marco nicht beleuchten*, aber sie begriff, *man kann nicht gleichzeitig die Bühne und den Zuschauerraum beleuchten, sie müßten die Lampen an den Prokurazien löschen, wenn sie die Kirche anstrahlten, die alte glühende Ikone, so lassen sie das Geheimnis schlafen. Schlafen, schlafen,* aber der Anblick des Dogenpalastes riß sie noch einmal aus der Müdigkeit, der Wechsel von dem gelben symmetrischen Rechteck aus Lampenkreisen zu der großen tollen goldenen

Fläche des Palastes, der seine Front wie einen Schiffsbug gegen die Nacht und das Meer erhob.

Alfred Andersch (1914–1980)

Die Tauben von San Marco

An dem sonnigen Septembervormittag, an dem ich die Freude hatte, die Tauben von San Marco zu beobachten, waren dort ihrer dreißigtausendsechshundertvierzig Stück versammelt, ein paar Sonderlinge, die allein auf der Piazzetta spazieren gingen, nicht mitgerechnet. Plötzlich flogen alle mitsammen auf und flatterten in großen schiefen Ellipsen stürmisch rauschend über den Platz. Und als sie zu Boden gingen, ein gewaltiger weicher Wirbel von Blau und Weiß und Grau, war es, als ob sie aus der Luft geschüttet würden, so dicht fielen und lagen sie zuhauf übereinander. Das, die Ellipse und den Wirbel, wiederholten sie dann noch mehrmals, ohne Anlaß oder Nötigung, rein aus sportlichem Übermut oder irgendwelchem geheimen Taubenritus gehorchend.

Wenn es dunkel wird, beziehen sie Quartiere in den Rundbögen der Markuskirche, und wo immer die Fassade überdachten Platz bietet. Dort hocken sie ruhig, schweigsam, aufgeplustert, nur manchmal fliegt eine ein paar Ellipsen, vielleicht im Traum, vielleicht durch das Aufblitzen der Bogenlampen zur Meinung verführt, es sei schon Tag und der Dienst am Kunden, an den Fremden, beginne.

Der Photograph von San Marco bringt das Paradiesische der Gruppe: Mensch und Tier, zustande. Er schüttet dem Individuum, das sich, einen Ausdruck unbeschreiblich blöder Süßigkeit im Antlitz, seiner Platte stellt, Taubenfutter ins Haar. Die guten Tiere gehen auf den Vorschlag ein, setzen sich den widerwärtigsten Männern und häßlichsten Weibern auf den Kopf und holen sich Körner aus der Frisur. Es ist Fraß und sieht aus wie Idyll.

Alfred Polgar (1873–1955)

Ursprung der Markusbibliothek

Es wünscht Franziskus, den heiligen Evangelisten Markus, wenn es Christus so genehm ist, zum Erben zu haben für eine unbestimmte Anzahl von Büchern, die er jetzt besitzt oder die er vielleicht besitzen wird. Die Bücher sollen nicht verkauft und nicht zerstreut, sondern an einer dafür zu bestimmenden Stelle verwahrt werden, die vor Brand und Regen geschützt ist, zur Ehre und zum Gedächtnis des Heiligen, doch auch zu Nutz und Frommen der edlen Geister dieser Stadt.

Er wünscht das nicht deswegen, weil die Bücher sehr zahlreich oder sehr wertvoll sind, sondern in der Hoffnung, daß diese ruhmreiche Stadt später aus öffentlichen Mitteln andere hinzufügt und, diesem Beispiel folgend, vornehme Privatpersonen und Freunde ihrer Vaterstadt, Bürger oder auch Fremde, einen Teil ihrer Bücher in ihrem Testament dem heiligen Markus vermachen.

Auf diese Weise wird man leicht zu einer großen und berühmten Bibliothek gelangen, die denen des Altertums ebenbürtig ist.

Wenn dies mit Gottes Hilfe und mit der Hilfe dieses großen Schutzheiligen Eurer Stadt gelingt, freut sich Franziskus und wird sich preisen im Herrn, der Ursprung eines solchen Gutes gewesen zu sein.

Für sich aber und für die Bücher möchte er ein nicht allzu großes, aber anständiges Haus haben. Er selbst wird auch gern seinen Aufenthalt dort nehmen.

Francesco Petrarca (1304–1374)

MARKUSKIRCHE

Unfaßbar

Mir war, als hätte ich den Dom betreten und unter seinen Wölbungen von einem Ende bis zum anderen ihn durchstreift. Traumhaft der Bau in seiner Herrlichkeit, immens in seinen Proportionen; goldglänzend mit uralten Mosaiken; duftend von Wohlgeruch im Dämmerlicht der Weihrauchschwaden; überreich an Schätzen von edlen Steinen und Metallen hinter starken Eisengittern; geweiht durch Überreste von so manchem Heiligen; Sonnenstreifen, getönt in Regenbogenfarben durch die glasgemalten Fenster; dunkel von Schnitzwerk und von buntem Marmor; verschwommen in den großen Höhen und den weiten Tiefen; funkelnd von Silberlampen und von Kerzenflimmer; unwirklich, märchenhaft, solenn und einfach nicht zu fassen.

Charles Dickens (1812–1870)

Traum aus Gold

Ich schwimme in einem Traum aus Gold. Ich bin gefangen in Netzen aus Gold, ich stehe auf Gold, ich tauche unter in Gold. Ein Geruch von Gold berührt mich. Ich habe das Gold unter den Füßen. Ich habe Gold auf dem Kopfe. Die tiefen und fernen Fenster sind goldene Filter; und das Gold dringt wie eine ganz feine Welle zwischen die Pfeiler, umspielt jeden. Wer wäre nicht bewegt, auf roten Fliesen zu schreiten, die gekrümmt, aufgebläht, bucklig sind, als vermählten sie sich der unterirdischen Welle, die sie trägt? Die Grundpfähle von San Marco müssen aus Gold sein, Wälder aus goldenen Barren in die Lagune gepflanzt.

André Suarès (1866–1948)

Trophäentrödel

Auch die Markuskirche erfüllt mich mit Schrecken, der grillenhafte Koloß stiert mich unsicher an, und ich begreife seine Existenz hier nicht. Noch kann ich nicht mit seinem Innern mich befassen, noch beleidigt mich sein Äußeres, und mein Fuß zuckt an der Schwelle. Wenn man mir sagte, ich sei in Byzanz, so hätt ich hier die Sophienkirche, aber spähte vergeblich nach den Turbanköpfen, suchte umsonst nach dem Halbmond auf den Zinnen, und das Verworrene des ganzen Baues bleibt mir ungelöst. Der tollste Spuk an diesem Tempel Christi sind mir die vier erzenen Pferde, die außen vor dem Hauptportale prangen. Welchen Komödientrödel vollführten die Herren der Welt mit diesen Siegestrophäen! Diese Pferde des Lysippus sind Zeitgenossen des makedonischen Alexander. Nero und Trajan schleppten sie nach Rom, Konstantin führte sie im Triumph nach Byzanz. Der Doge Dandolo, der Konstantinopel eroberte, nahm sie mit nach Venedig, Napoleon brachte sie nach Paris, und im Friedenstraktat hat sie das gute Ostreich wieder hertransportiert. Die Pferde haben ihre Erfahrungen gehabt, aber sind nicht klüger geworden, sie sehen sehr dumm aus und wundern sich über ihre seltsame Position über dem Eingang zum heiligen Markus.

Gustav Ferdinand Kühne (1806–1888)

Die Pferde von San Marco

Das Heben des Hufs
Das Neigen des Haupts
Mozart
mit ein paar Takten
alla turca

Das Lid
das nicht zuckt
Im offnen Auge
Konstantinopel Venedig
und Paris
Jetzt auch Berlin

Marco Polo
in seidenen Reisekleidern
Der Doge Dandolo
mit Bart und Barett
Napoleon
drei Finger zwischen zwei Uniformknöpfen
Jetzt auch der Präsident der Republik
Helle Worte in dunklen Nadelstreifen

Die Zeit ein Fluß
teilt sich
am Bug des schlanken Halses
vereint sich
und fließt ohne Schatten fort

Rudolf Riedler (1927–1987)

Gemeinsam betrachten

Wir beide, meine Mutter und ich, traten in das Baptisterium ein und schritten über die Marmor- und Glasmosaiken des Bodens hin, vor uns die riesigen Arkaden, deren geschwungene rosige Flächen die Zeit etwas gebeugt hat, so daß die Kirche da, wo die Frische des Kolorits noch erhalten ist, wirkt, als sei sie in einer wachsweichen, formbaren Masse aus gigantischen Waben aufgebaut; da, wo im Gegensatz dazu eine Verhärtung des Stoffes eingetreten ist und Künstler Steinfiligrane und Vergoldungen angebracht haben, sieht sie jedoch aus, als sei sie der köstliche, in einer Art von Korduanleder hergestellte Einband eines venezianischen Evangeliars in Kolossalformat. Da meine Mutter sah, daß ich mich lange einer träumenden Betrachtung der Mosaiken hingeben wollte, die die Taufe Christi darstellen, legte sie, als sie die eisige Kühle verspürte, die von der Decke des Baptisteriums niederfiel, mir einen Schal um die Schultern. Als ich mit Albertine in Balbec war, glaubte ich, sie entdecke mir eine jener ständigen Illusionen, die den Geist so vieler nicht ganz klar denkender Leute erfüllt, als sie mir von dem – meiner Meinung nach auf nichts beruhenden – Vergnügen sprach, das sie darin finden würde, irgendein Gemälde mit mir zusammen zu betrachten. Heute bin ich mindestens sicher, daß ein Vergnügen darin besteht, eine schöne Sache mit einer bestimmten Person, wenn auch nicht zu sehen, so doch wenigstens einmal gesehen zu haben. Für mich aber schlug einmal die Stunde, da es mir, wenn ich mich daran erinnere, wie ich damals im Baptisterium vor den Fluten des Jordan stand, in die der heilige Johannes Jesus eintaucht, während die Gondel uns an der Piazzetta erwartete, nicht gleichgültig ist, daß in dem kühlen Halbschatten neben mir eine Frau stand, die sich in ihre Trauer mit der verehrungsvoll enthusiastischen Glut jener Matrone hüllte, die man in Venedig in Gestalt der heiligen Ursula von Carpaccio sehen kann, und daß diese Frau mit den roten Wangen und den traurigen Augen in ihren schwarzen Schleiern – eine Frau, die keine Macht der Welt für mich von dem von sanftem Licht durchfluteten Heiligtum von San Marco je wieder wird trennen können, in dem ich vielmehr sicher bin sie immer wiederzufinden, weil sie dort wie ein Mosaik ihren für sie ausgesparten unverrückbaren Platz hat – meine Mutter ist.

Marcel Proust (1871–1922)

Miracula Sti. Marci III · Der verlorene Leichnam

Die Lagune stinkt.
Jeder Wellenschlag schwemmt
Kot an die Stufen von Santa Maria della Salute.
Die alte Frau im Motorboot hält sich
die Nase zu. Aber sie freut sich, daß die Paläste
einzustürzen beginnen.
So wird man den Leib des heiligen Markus
vielleicht wieder finden.
Die Kanoniker, die ihn bewahrten,
sind alle gestorben. Man hatte
kein Geld für neue, denen
sie ihr Geheimnis hätten weitergegeben.

Die Arbeitslosen auf den zerbröckelnden Brücken
wagen einander nicht anzusehen und angeln

Konservenbüchsen. Viele
gibt es von damals, als noch die Fremden
herkamen. Inzwischen freilich
ging der Leib des heiligen Markus verloren. Und jeder
fürchtet den Tod in der Jauche, die schon
allmählich erstarrt. Die Lagune
stinkt.

Kuno Raeber (1922–1992)

Altes Bild

Der Markusdom, der bunte, klangumtönte,
Hat seine Pforten gähnend aufgeschlagen,
Am Hochaltar, wo Priester Kerzen tragen,
Thront stolz der Doge, der vom Volk gekrönte.

Es lehnt an ihm in mädchenhaftem Zagen
Sein junges Weib, das holde, glückverschönte.
Ein Page, der an Schleppendienst gewöhnte,
Kniet stumm dabei in Puffenwams und Kragen.

Der Weihrauch dampft, zu Ende geht die Messe,
Es blickt verklärt die schöne Dogaresse …
Doch sehen könnt ihr, wenn ihr näher tretet,

Daß tief im Samt, dem dunkelvioletten,
Des Pagen Hand und ihre sich verketten –
Der alte Doge kniet im Stuhl und betet.

Emil Prinz von Schoenaich-Carolath (1852–1908)

Beschreibung des Baptisteriums

Ich trete durch die Türe unter der Ikone der betenden Jungfrau. In der Mitte das Taufbecken mit der Statue des Vorgängers, von Sansovino. Der alte Eingang war in der jetzigen Kapelle Zen. Damals sah man auf dem Gewölbe gegenüber die Heiligen Könige, die Herodes nach dem Weg fragen:

UBI EST QUI NATUS EST REX JUDAEOR

„Wo ist der König der Juden, der gerade geboren wurde?"

Die flammenzüngelnden Kronen der vier Könige.

Darunter die Reihe der Raben in trompe-l'œil.

Sei still. – Und wie war das Konzert? – Diese Frau mit den wildrosenfarbenen Lippen.

Die Anbetung der Könige. Der Traum Josephs.

ADORABUNT EUM OMNES REGES TERRA

„Alle Könige der Erde werden ihn anbeten und alle Völker ihm dienen."

Der Diener mit federgekröntem Turban, der das Kamel durch die Tür herausführt.

Der Stern, der auf seinem dreigeteilten Strahl gleitet. Von Traum zu Traum.

Der Stern kommt von dem großen, erleuchteten Kopf des Herrn, des Greises oben im Gewölbe.

Das Wasser. – Diese Frau im indigoblauen Kleid. – Dieses Zobelhaar. – Sanft. – Zobel. – Wilde Rose. – Indigo. – Rosenherz. – Ich war in Kairo.

Auf der anderen Seite die Flucht nach Ägypten:

SURGE ET ACCIPE PUERUM ET MATREM

„Steh auf, nimm das Kind und seine Mutter und flieh nach Ägypten; und bleib dort, bis ich es dir sage."

Das ist der Text des Traumes gegenüber.

Der Diener, der den Esel durch die Tür führt; eine große Feldflasche hängt an seinem Stab.

Von Ägypten nach Agypten.

Darüber die Propheten, die ihre Verkündigungen aufrollen unter den Strahlen des Herrn.

Sei still. – Das Wasser. – Ich liebe dich. – Das Gold. – Es sind Hindus. – Sei still. – Beautiful. – Marshimmel. – Gold. – Che belle … – Rose. – Sei still. – Liebe dich. – Das Wasser. – Gefällt Ihnen? – Sehr. – Schatten. – Der Schatten. – Splendid!

Michel Butor (geb. 1926)

Auf dem Campanile

Den 30. September, abends. Heute habe ich abermals meinen Begriff von Venedig erweitert, indem ich mir den Plan verschaffte. Als ich ihn einigermaßen studiert, bestieg ich den Markusturm, wo sich dem Auge ein einziges Schauspiel darstellt. Es war um Mittag und heller Sonnenschein, daß ich ohne Perspektiv Nähen und Fernen genau erkennen konnte. Die Flut bedeckte die Lagunen, und als ich den Blick nach dem sogenannten Lido wandte (es ist ein schmaler Erdstreif, der die Lagunen schließt) sah ich zum erstenmal das Meer und einige Segel darauf. In den Lagunen selbst liegen Galeeren und Fregatten, die zum Ritter Emo stoßen sollten, der den Algierern den Krieg macht, die aber wegen ungünstiger Winde liegenbleiben. Die paduanischen und vicentinischen Berge und das Tiroler Gebirge schließen zwischen Abend und Mitternacht das Bild ganz trefflich schön.

Johann Wolfgang Goethe (1749–1832)

Der neue Campanile

I
Campanile! Campanile!
  „Auferstanden!“ (jubeln viele);
„Ruderscht du vor die Piazzetta,
  Wirkt der Eindruck jetzt viel netta.“

II
Prächtiger Platz, mit Bogen, Zacken,
  Platz, auf dem die Tauben … hacken.
Weil man ihnen Erbsen streut.
  (Und sie hacken stets erneut).

III
„Horch! Die Campanile-Glocken!“
  Pirna macht sich auf die Socken.
Herrlich an der Adria
  Liegt das Café Quadri! Ja!

Lehrerinnen, säck'sche Grazien,
  Sitzen vor den Procurazien – –
Wo das blonde Frauensbild
  „Ober! einen Wääärmuth!!" brüllt.

Alfred Kerr (1867–1948)

DOGENPALAST

Geheimnisvolle Höhle

Wie ein Rätsel sieht er aus, dieser Palast, und scheint Rätsel zu beherbergen. Auf der andern Seite die Prokuratien, schön, herrlich, aber sie gleichen andern Gebäuden, und andere Gebäude gleichen ihnen: hier wohnt das Sichtbare, in jener Höhle brütete das unsichtbare Prinzip, das sich nur bemerkbar machte durch seine Wirkungen. Als ich in der Nacht beim Mondschein in der Gondel diesen Palast hinum fuhr, bei den Staatsgefängnissen vorbei und nun in den durch Streiflichter manchmal unterbrochenen Schatten, welche diese Riesengebäude einander geheimnisvoll zuwerfen, der Ponte di sospiri über mir schwebte, über den die Staatsverbrecher einst aus dem Gefängnis zum Tod geführt wurden, da überfiel es mich mit Fieberschauer. Alle die Gewesenen, und all die Verblichenen, all die Verfolger und Verfolgten, Mörder und Gemordeten schienen aufzusteigen vor mir mit verhüllten Häuptern. Auf dieser Brücke ging Marin Falieri, ging vor ihm und nach ihm so mancher dem Tode entgegen und dort erwarteten sie Henker und Richter, die Menschenleiden nicht beben machten und ein Mord nicht zittern. – Schaut hin Unbeugsame, Starre, Unmenschliche! Das wofür ihr gemordet habt und gerichtet, es ist nicht mehr. In Schutt liegt eure Größe, euren Abgott hat die Zeit verschlungen, eure Daten sind zur Fabel geworden und euer Streben zum Märchen.

Franz Grillparzer (1791–1872)

„Der Ruhm Venedigs" von Veronese

In der Mitte eines großen Bauwerkes aus Balkons und gedrehten Säulen sitzt die blonde Venezia auf ihrem Thron, in Schönheit blühend, mit jenem frischen rosigen Fleisch, welches den Mädchen feuchter Himmelsstriche eigen ist, und ihr seidenes Gewand entfaltet sich unter einem seidenen Mantel. Rings um sie neigt sich ein Kreis junger Frauen mit einem wollüstigen und dennoch stolzen Lächeln und mit jenem seltsamen venezianischen Reiz, dem einer Göttin, die Kurtisanenblut in den Adern hat, welche aber auf einer Wolke schreitet und die Männer zu sich heraufzieht, anstatt zu ihnen herabzusinken. Auf ihren Faltengehängen aus blassem Violett neben ihren Gold- und Azurmänteln sammeln ihr lebendiges Fleisch, ihre Rücken, ihre Schultern Licht oder schwimmen im Halbschatten, und die weiche Rundung ihrer Nacktheit begleitet die friedliche Heiterkeit ihrer Haltungen und ihrer Antlitze. In ihrer Mitte erscheint die prunkende und dennoch sanfte Venezia wie eine Königin, welche von ihrem Rang nur das Recht verlangt, glücklich zu sein, und die, welche sie anblicken, glücklich machen will; auf ihren heiteren Kopf setzen zwei in der Luft schwebende Engel eine Krone (...).

Unter diesem idealen Himmel stehen hinter einem Geländer Venezianerinnen in der Tracht der Zeit mit viereckigen Ausschnitten und einem starren Mieder. Das ist die wirkliche Welt, und sie ist ebenso verführerisch wie jene andere. Sie schauen, geneigt und lächelnd, und das Licht, welches teilweise ihre Kleider und ihre Gesichter erhellt, fällt und breitet sich in so köstlichen Gegensätzen, daß man sich von großen Wellen der Freude durchströmt fühlt. Bald ist es die Stirn, bald ein feines Ohr, ein Halsband oder eine Perle, was aus dem warmen Schatten hervortritt. Die eine, welche in der Blüte ihrer Jugend steht, hat das reizvollste Lärvchen, das man sich denken kann. Eine andere, welche voll und vierzig Jahre alt ist, erhebt die Augen und lächelt mit der besten Laune von der Welt. Diese hier, eine prachtvolle Gestalt mit roten, goldgestreiften Ärmeln bleibt stehen, und ihre Brüste spannen das Hemde über ihrem Mieder. Jene, ein kleines, blondes geschmücktes Mädchen am Arme einer alten Frau, erhebt ihre winzige Hand wie ein kleiner Trotzkopf, und ihr frisches Antlitz ist wie eine Rose. Es gibt nicht eine, welche nicht zufrieden wäre zu leben und, – ich sage nicht fröhlich, – sondern nicht lustig wäre. Und wie diese geknitterten, schillernden Seiden, diese weißen und farbigen Perlen auf diesen durchsichtigen, gleich Blumenblättern zarten Tönen gut stehen!

Ganz unten endlich regt sich die männliche laute Schar: Krieger, gebäumte Pferde, große, herabwallende Gewänder, ein Soldat, der in eine mit Bändern behängte Trompete stößt, ein nackter Männerrücken neben einem Panzer und, in allen Zwischenräumen, eine dichtgedrängte Schar kraftvoller, lebendiger Köpfe; in einer Ecke steht ein junges Weib mit seinem Kind; alles das ist mit der Leichtigkeit und der Fülle eines Genies gehäuft, verteilt und vermannigfacht und, wie das Meer im Sommer, von einer verschwenderischen Sonne beleuchtet. Das müßte man mit sich nehmen dürfen, um eine Vorstellung von Venedig lebendig zu bewahren …

Hippolyte Taine (1828–1893)

Maskierte Richter und Henker

Wir hatten die Absicht, zur Seufzerbrücke zu gehen, gerieten aber zuerst in den Dogenpalast – ein Gebäude, das in der venezianischen Dichtung und Überlieferung notwendigerweise eine große Rolle spielt. Im Senatssaal der altehrwürdigen Republik ermüdeten wir unsere Augen mit der Betrachtung vieler Quadratmeter historischer Gemälde von Tintoretto und Paolo Veronese, aber nichts zog uns zwingend in seinen Bann, außer der einen Sache, die *alle* Fremden stark berührt – ein schwarzes Viereck inmitten einer Galerie von Porträts. In einer langen Reihe rund um die große Halle hingen die gemalten Bildnisse der Dogen von Venedig (ehrwürdige Burschen mit wallenden weißen Bärten, denn von dreihundert Senatoren, die für das Amt wählbar waren, wurde gewöhnlich der älteste zum Dogen gewählt), und jedem war eine schmeichelhafte Inschrift beigefügt – bis man an die Stelle kam, an der das Bild von Marino Falieri hätte hängen müssen, die aber leer und schwarz war – leer mit Ausnahme einer kurzen Inschrift, die besagte, daß der Verschwörer für sein Verbrechen den Tod erlitten habe. Es schien uns grausam, diese unbarmherzige Inschrift noch immer von den Wänden herabstarren zu lassen, wo der unglückliche Teufel schon seit fünfhundert Jahren im Grabe lag.

Oben an der Gigantentreppe, wo Marino Falieri enthauptet worden war und wo man in alten Zeiten die Dogen krönte, wies man uns auf zwei schmale Schlitze in der Steinmauer hin – zwei harmlose, unbedeutende Öffnungen, die niemals die Aufmerksamkeit eines Fremden erregen würden – doch dies waren die furchtbaren Löwenrachen! Die Köpfe waren fort (von den Franzosen abgeschlagen, als sie Venedig besetzt hielten), aber dies waren die Schlünde, durch die die anonymen Beschuldigungen hinabglitten, die heimlich mitten in der Nacht ein Feind hineinwarf und die manchen unschuldigen Mann dazu verurteilten, über die Seufzerbrücke zu schreiten und in den Kerker hinabzusteigen, den niemand mit der Hoffnung betrat, die Sonne wiederzusehen. Das war in den alten Zeiten, als die Patrizier allein Venedig beherrschten – die gemeine Masse hatte kein Wahlrecht und keine Stimme. Es gab eintausendfünfhundert Patrizier; aus diesen wurden dreihundert Senatoren gewählt; aus dem Kreis der Senatoren wurden ein Doge und ein Rat der Zehn erkoren, und durch geheime Wahl bestimmten die zehn aus ihrem eigenen Kreis einen Rat der Drei. Das waren dann alles Spione der Regierung, und jeder Spion wurde selbst beobachtet – man sprach nur flüsternd in Venedig, und niemand traute seinem Nachbarn – manchmal nicht dem eigenen Bruder. Niemand wußte, wer dem Rat der Drei angehörte – nicht einmal der Senat, nicht einmal der Doge; die Mitglieder dieses schrecklichen Gerichtshofes kamen nachts in einer eigenen Kammer zusammen, maskiert und von Kopf bis Fuß in Scharlachmäntel gehüllt, und sie kannten sich nicht einmal gegenseitig, wenn sie sich nicht an der Stimme erkannten. Es war ihr Amt, verruchte politische Verbrechen zu richten, und gegen ihren Spruch gab es keine Berufung. Ein Wink dem Scharfrichter genügte. Der Verurteilte wurde eine Halle hinabgeführt und durch ein Tor hinaus zu der überdachten Seufzerbrücke, über sie hinweg in den Kerker, in den Tod. Auf seinem Wege konnte er an keiner Stelle gesehen werden, außer von seinem Führer. Wenn in jenen vergangenen Tagen ein Mann einen Feind hatte, so war das Gescheiteste, was er tun konnte, eine Nachricht an den Rat der Drei in den Löwenrachen gleiten zu lassen, die besagte: „Dieser Mann konspiriert gegen die Regierung.“ Wenn die furchtbaren Drei keinen Beweis dafür fanden, stand die Aussicht zehn zu eins, daß sie ihn trotzdem ertränken ließen, weil er ein besonders schlauer Schurke sein mußte, da seine Anschläge nicht aufzuklären waren. (...)

Wir durchschritten die Halle des Rates der Zehn und betraten gleich darauf die teuflische Höhle des Rates der Drei.

Der Tisch, um den sie gesessen hatten, stand noch da, und ebenso waren da noch die Stellen, wo einst die maskierten Inquisitoren und Scharfrichter erstarrt, hochaufgerichtet und schweigend gestanden hatten, bis sie einen blutigen Befehl erhielten und sich wortlos, wie unerbittliche Maschinen, entfernten, um ihn auszuführen. Die Fresken an der Wand waren dem Ort überraschend gut angepaßt.

Mark Twain (1835–1910)

Hochgestellte Sklaven der Republik

Ich kannte Marin Falier seit langem, aber in einem Punkt täuschte ich mich: er hatte mehr Temperament als Einsicht. Nicht ein Jahr konnte er in seinem hohen Amt vollenden – er hatte den Dogenpalast mit dem linken Fuß betreten.

Die Venezianer haben diesen Mann, ihren Dogen – einen in allen Epochen unantastbaren Beamten, den man hier in alter Zeit fast wie einen Gott verehrte – diesen Mann haben die Venezianer vor wenigen Tagen im Vorhof seines Palastes enthauptet. Den Grund dafür kann ich nicht erklären, so unklar und verschieden sind die Berichte. Niemand entschuldigt ihn; alle sagen, er habe an der von den Vorfahren ererbten Verfassung etwas ändern wollen.

Was ihm geschah, ist, glaube ich, keinem je geschehen: Ohne daß er danach strebte, ja, ohne daß er es wußte, fiel ihm das Dogenamt zu, während er am Rhone-Ufer als Botschafter über den Frieden verhandelte. In seine Vaterstadt zurückgekehrt plante er, was keiner je geplant, und erlitt, was keiner je erlitten hatte, an dem berühmtesten und schönsten Ort, den ich je gesehen habe, wo seine Vorgänger oft die beglückendsten Ehrenfeste triumphal begangen hatten. Dorthin schleppte man ihn unter dem Zulauf der Adeligen, man riß ihm die Zeichen der Dogenwürde vom Leib, dort wurde er enthauptet und besudelte mit seinem Blut das Portal der Kirche, den Palasteingang und die Marmortreppe. (...)

Den Dogen, die nach ihm kommen werden, sage ich: Sie sollen das wie einen Spiegel vor Augen haben, in dem sie sehen, daß die Dogen nicht Herren, ja nicht einmal Führer, sondern hochgestellte Sklaven der Republik sind.

Francesco Petrarca (1304–1374)

Vergeblicher Rat

Damit wir in Frieden leben können, läßt diese unsere Stadt zehn Millionen Dukaten Handelskapital in der ganzen Welt umlaufen. Wie ihr gesehen habt, betragen die Einnahmen Venedigs 774 000 Dukaten, die aus der Terra ferma 464 000 Dukaten, die aus dem Meer 376 000 Dukaten.

Betet daher zum allmächtigen Gott, der euch eingegeben hat, den Frieden zu bewahren, bleibt dabei und dankt ihm! Wenn ihr diesen meinen Rat befolgt, werdet ihr die Herren über das Gold der Christenheit sein. Die ganze Welt wird euch fürchten und verehren.

Hütet euch wie vor dem Feuer, einen ungerechten Krieg zu führen, sonst wird Gott euch vernichten.

Aus welchem Grund manche von euch Francesco Foscari wählen wollen, verstehe ich nicht. Denn dieser Francesco Foscari ist ein Lügner und sagt vieles, was jeder Grundlage entbehrt.

Wenn ihr ihn, was Gott verhüten möge, zum Dogen macht, werdet ihr bald im Krieg stehen. Wer zehntausend Dukaten hat, wird dann nur noch tausend haben; wer zehn Häuser hat, wird nur noch eines haben; wer zehn Röcke oder Strümpfe und Hemden hat, wird Mühe haben, auch nur ein Stück davon zu besitzen, und so wird es mit allem anderen gehen, weil ihr euer Gold und Silber, eure Ehre und euer Ansehen zerstören werdet. Und wo ihr Herren seid, werdet ihr die Vasallen von Kriegern, Troßknechten und Kindsköpfen sein.

Tommaso Mocenigo (1343–1423)

Verhaftet

Beim Schlag der Campana di Terza trat der Anführer der Büttel ein und sagte, er habe Befehl, mich unter die Bleidächer zu bringen. Ich folgte ihm. Wir stiegen in eine andere Gondel und gelangten nach einem großen Umweg über kleine Kanäle in den Canal Grande und stiegen am Rio delle Prigioni aus. Wir gingen mehrere Treppen hinauf und über eine hohe geschlossene Brücke, welche die Verbindung zwischen den Gefängnissen und dem Dogenpalast über den Kanal bildet, den man Rio di Palazzo nennt. Jenseits der Brücke gingen wir durch eine Galerie, betraten ein Zimmer, dann ein anderes, wo er mich einem in Patrizierrobe gekleideten Mann vorführte, der nach einem Blick auf mich sagte: „Das ist er. Führt ihn ins Gefängnis!"

Dieser Mann war der Sekretär der Inquisitoren, der Circospetto Domenico Cavalli, der sich offenbar schämte, in meiner Gegenwart venezianisch zu reden, denn er ordnete meine Haft in toskanischer Mundart an. Der Messergrande übergab mich nun dem Aufseher über die Bleikammern, der mit einem Schlüsselbund in der Hand dort wartete. Dieser führte mich, gefolgt von zwei Bütteln, über zwei kleine Treppen, durch eine Galerie, dann durch eine andere, die durch eine verschlossene Tür von der ersten getrennt war, dann noch durch eine weitere, an deren Ende er mit einem anderen Schlüssel wieder eine Tür aufsperrte; durch diese betrat ich einen großen, häßlichen und schmutzigen Dachboden, sechs Klafter lang und zwei Klafter breit, der durch eine vorgebaute Dachluke spärlich erleuchtet wurde. Diesen Raum hielt ich für mein Gefängnis, aber ich täuschte mich. Der Mann, der mein Kerkermeister war, nahm einen schweren Schlüssel, schloß eine dicke, eisenbeschlagene Tür von dreieinhalb Fuß Höhe auf, die in der Mitte ein rundes Loch von acht Zoll Durchmesser hatte, und befahl mir hineinzugehen. Ich musterte gerade aufmerksam einen an der starken Zwischenwand angenagelten Apparat, der die Form eines Hufeisens hatte; er war ein Zoll dick, und die parallelen Enden hatten voneinander einen Abstand von fünf Zoll. Ich überlegte, was das wohl sein könne; da sagte mir der Büttel grinsend: „Ich sehe, Signor, daß Sie wissen wollen, zu was dieser Apparat dient, und ich kann es Ihnen sagen. Wenn Ihre Excellenzen anordnen, jemanden zu erdrosseln, setzt man ihn mit dem Rücken zu dem Eisen auf einen Hocker; der Kopf wird so in den Bügel hineingeschoben, daß dieser die Hälfte des Halses umfaßt. Ein seidenes Band, das die andere Hälfte umschließt, wird mit seinen zwei Enden durch dieses Loch gezogen und zu einer Haspel geführt, an der man es befestigt. Und ein Mann dreht sie, bis der arme Sünder seine Seele unserem Herrgott befiehlt, denn der Beichtvater verläßt ihn Gott sei Dank nicht, bevor er tot ist."

„Das ist sehr sinnreich, und ich denke, Signor, daß Sie selbst die Ehre haben, die Haspel zu drehen."

Er antwortete mir nicht. Da ich fünf Fuß neun Zoll groß bin, mußte ich mich tief bücken, um hineinzugehen; er schloß mich ein. Durch das Gitter fragte er mich, was ich essen wolle, und ich antwortete, daran hätte ich noch nicht gedacht. Er ging fort und schloß alle Türen hinter sich zu.

Niedergeschlagen und benommen, stützte ich die Ellbogen auf die Brüstung des Gitters. Dieses maß in jeder Richtung zwei Fuß und bestand aus sechs gekreuzten, einzölligen Eisenstangen, die sechzehn quadratische Öffnungen von fünf Zoll frei ließen. Sie hätten das Gefängnis genügend erhellt, wenn nicht ein rechteckiger Balken, ein Hauptträger des Dachstuhles von eineinhalb Fuß Stärke, unterhalb der Luke, die mir schräg gegenüber lag, in die Mauer geführt und das Licht abgefangen hätte, das in den Dachboden fiel. Als ich die Runde in diesem abscheulichen Gefängnis machte, mußte ich den Kopf gebeugt halten, denn es war nur fünfeinhalb Fuß hoch. Fast nur durch Tasten fand ich heraus, daß es dreiviertel von zwei mal zwei Klaftern groß war. Das restliche fehlende Viertel war offenbar ein Alkoven, der ein Bett aufnehmen konnte, aber ich fand weder Bett noch Stuhl noch Tisch noch irgendein Möbel, außer einem Kübel für die natürlichen Bedürfnisse, und einer an der Wand befestigten, fußbreiten Planke, vier Fuß über dem Boden. Dorthin legte ich meinen schönen Seidenmantel, meinen hübschen, schlecht eingeweihten Rock und meinen mit einer spanischen Spitze und einer weißen Feder geschmückten Hut. Es herrschte eine furchtbare Hitze. In meiner Bestürzung führte die Natur mich zu dem Gitter, dem einzigen Ort, wo ich meine Ellbogen aufstützen konnte; ich konnte die Luke nicht sehen, aber ich sah das Licht, das den Dachboden erhellte, und Ratten groß wie Hasen, die dort herumliefen. Diese scheußlichen Tiere, deren Anblick mir verhaßt war, kamen bis unter mein Gitter, ohne irgendeine Spur von Angst zu zeigen. Ich verschloß rasch mit einer inneren Klappe das runde Loch, das in der Mitte der Tür war, denn bei ihrem Besuch hätte mir das Blut gestockt. In tiefstes Nachsinnen versunken, stützte ich mich mit gekreuzten Armen auf die Brüstung und verharrte so acht Stunden unbeweglich, schweigend und ohne mich je zu rühren.

Giacomo Casanova (1725–1798)

Die letzte Dogenwahl

In der langen Zeit zwischen dem Tod des Dogen Renier und der Wahl wurde, wie ich hörte, auch mein Name genannt. Ich war entschieden abgeneigt, und meine Frau, die dasselbe empfand, wollte, daß ich mich dagegen verwahrte. Ich konnte mich nur mühsam widersetzen, indem ich nachdrücklich auf die alten Grundsätze hinwies, die freilich seitdem nicht mehr galten, daß es sich für eine Familie, die nicht zum alten Adel gehörte, nicht schickte, einen solchen Schritt zu tun, der als Vermessenheit verurteilt worden wäre und zum Untergang der ganzen Familie führen könnte.

Als der Augenblick gekommen war und ich mich von den Einundvierzig als Kandidat ausgewählt sah, steigerten sich meine Ängste, um so mehr, als ich die beiden prominenteren Personen sah, den Prokurator Francesco Pesaro und Girolamo Giustinian, der sich mit aller Anstrengung dagegen verwahrte, vor allem indem er beteuerte, so belastenden Auslagen nicht gewachsen zu sein; ja, er verwies sogar auf mich, auch wegen des Reichtums der Familie. Da stellte ich alle Bedenken zurück und trat unter Aufbietung aller meiner Kraft mit Tränen in den Augen vor die Einundvierzig. Aber die Sache war bereits entschieden, es war nichts mehr zu machen. Es erfolgte also die Wahl, und ich hatte solche Angst, daß ich kaum wußte, was mir geschah. Ich schrieb meinem Bruder Piero einen kurzen Brief, der ganz von Tränen durchnäßt war, in dem ich ihm empfahl, das Nötige in der Art des Dogen Mocenigo anzuordnen. Beim Mittagessen konnte ich nicht nur nichts essen, sondern wurde fast ohnmächtig, so daß die Ratsmitglieder mich nötigten, von der Tafel aufzustehen, und ich mich aufs Bett warf.

Ludovico Manin (Doge 1789–1797)

Republik? Freiheit? San Marco?

Lodovico Manin stammelte ein paar Worte über die Notwendigkeit, die Bedingungen anzunehmen, über unnützen, ja unmöglichen Widerstand, über den Edelmut des Generals Bonaparte, über die Hoffnung, daß man mit den vorgeschlagenen Verbesserungen mehr Glück haben werde. Schließlich forderte er ohne Scheu die Abschaffung der alten Regierungsform und die Gründung der Demokratie. Für die Hälfte eines solchen Verbrechens war Marin Faliero vom Henker hingerichtet worden; Lodovico Manin entehrte mit seinem Gestammel ungestraft sich, den Großen Rat, die Erlauchte Mutter Venedig – und nicht einer wagte die Hand zu erheben, ihm den Dogenmantel von den Schultern zu reißen und seinen Kopf auf diesem Estrich, wo die Minister der Könige und die Gesandten der Päpste das Haupt gebeugt hatten, zu zerschmettern! Selbst mir, der ich damals in der Erniedrigung und Furcht eines Dogen nichts weiter als den Triumph der Freiheit und Gleichheit sah, tat der alte Mann leid.

Plötzlich dröhnen ein paar Musketensalven; der Doge hält bestürzt inne und will die Stufen des Thrones herabsteigen, eine Schar erschreckter Patrizier umdrängt ihn und ruft: „Zum Vorschlag! Abstimmen!" Draußen lärmt das Volk; drin wachsen Verwirrung und Angst (...)

Fünfhundertzwölf Stimmen bejahten den noch nicht verlesenen Vorschlag, der die Abdankung des Adels und die Errichtung einer vorläufigen demokratischen Regierung enthielt, vorausgesetzt, daß sie den Wünschen des Generals Bonaparte entsprach (...). Nur zwanzig enthielten sich bei diesem feigen Untergang der Stimme, und fünf davon waren nicht aufrichtig. Das Schauspiel dieses Beschlusses wird mir immer unvergeßlich bleiben; noch heute, nach sechzig Jahren, kann ich manchem Ratsherrn, der damals unwürdig in der Schar der Feigen stand, vor Scham nicht ins Gesicht sehen.

Einige hatten ganz bleiche, entstellte Züge, andere schauten verwirrt und wie betäubt, und viele wären wohl gern aus den Fenstern gesprungen, nur um den Schauplatz ihrer Schmach so rasch wie möglich zu verlassen. Der Doge stürzte nach seinen Zimmern, legte schon auf dem Wege die Zeichen seines Amtes ab und befahl, man solle diesen Schmuck auch von den Wänden entfernen; viele scharten sich um ihn, fast als wollten sie die eigene Schmach im Anblick einer größeren vergessen. Wer auf den Markusplatz trat, trug Sorge, Perücke und Patriziertoga vorher abzuwerfen. Nur wir wenigen enttäuschten Anbeter der Freiheit unter dieser Herde von Sklaven (wir waren fünf oder sechs) liefen an die Fenster und auf die Treppe und riefen: „Es lebe die Freiheit!" Aber dieser Ruf, um den es uns heilig ernst war, wurde sofort von denen, die darin eine Möglichkeit sahen, mit herauszuschlüpfen, aufgenommen und entweiht. Furchtsam mischten sich die Verräter unter uns; Lärm und Geschrei wuchsen ständig. Ich glaubte noch immer, eine reine, starke Begeisterung könne diese kleinen Menschen in Helden wandeln, stürzte auf den Markusplatz, warf meine Perücke in die Luft und schrie aus Leibeskräften: „Es lebe die Freiheit!" Der General Salimbeni stand schon mit einigen andern unter dem Volk und schrie und suchte es zu Freude und Freiheitsrausch anzufeuern. Doch die Menge warf sich ihm voller Wut entgegen und zwang ihn zu rufen: „Es lebe San Marco!" Diese neuen Rufe erstickten die ersten. Viele, zumal die weiter entfernt standen, meinten, die alte Republik habe die schreckliche Gefahr der Abstimmung unversehrt überstanden. „Es lebe die Republik! Es lebe San Marco!" riefen die Menschen, die dichtgedrängt auf dem Platze standen, wie aus einem Munde. An den drei Rahen wurden die Fahnen gehißt; das Bild des Evangelisten wurde im Triumph umhergetragen; eine drohende Volkswoge wälzte sich zu den Häusern der Patrizier, die im Verdacht standen, sich mit dazu verschworen zu haben, daß die Franzosen gerufen würden.

Ippolito Nievo (1831–1861)

An das freie Volk

Die ruchlose venezianische Oligarchie ist zerstört. Der heilige Name „Republik“ wird nicht mehr als Bezeichnung für die widersinnigste und despotischste Regierungsform entweiht werden. Ja, wir sind endlich frei und können uns Republikaner nennen. Aber unsere Freiheit ist jung: Wie viele Verbrecher gibt es, die sie in der Wiege erdrücken und ersticken möchten! Es naht der Tag, der uns und ganz Italien das Glück verspricht: Aber von diesem Glückstag sieht man bis heute nur die Morgenröte.

Giuseppe Andrea Giuliani (1797)

AUF DEM CANAL GRANDE VOM BAHNHOF NACH S. MARCO

Auf dem Canal grande

Auf dem Canal grande betten
Tief sich ein die Abendschatten,
Hundert dunkle Gondeln gleiten
Als ein flüsterndes Geheimnis.

Aber zwischen zwei Palästen
Glüht herein die Abendsonne,
Flammend wirft sie einen grellen
Breiten Streifen auf die Gondeln.

In dem purpurroten Lichte
Laute Stimmen, hell Gelächter,
Überredende Gebärden
Und das frevle Spiel der Augen.

Eine kurze, kleine Strecke
Treibt das Leben leidenschaftlich
Und erlischt im Schatten drüben
Als ein unverständlich Murmeln.

Conrad Ferdinand Meyer (1825–1898)

Palazzo Labia

Von den vielen prächtigen Palästen am Canale Grande sind die Palazzi Grimani, Pesaro, Cornaro, Labia die besten. Im Inneren herrscht verschwenderische Pracht, aber ohne rechten Geschmack. Nicht weniger als zweihundert Wohnräume voller Reichtümer sind in dem einzigen Palazzo Foscarini. Aber alles ist überladen; es gibt nicht ein Zimmer, ja nicht einmal einen Lehnstuhl, wo man sich wegen der empfindlichen Bildhauer- und Schnitzarbeiten richtig setzen könnte. Der neugebaute Palazzo Labia ist der einzige, der mir auch innen gefallen hat. Die Herrin des Hauses ist eine sehr schöne Frau, mit deren Schönheit es freilich jetzt etwas bergab geht, und in alle Franzosen, folglich auch in uns verliebt, sie war höchst liebenswürdig und zeigte uns ihre Juwelen, vier vollständige Garnituren Smaragden, Saphire, Perlen und Diamanten in kostbaren Schränken. Anlegen darf sie diesen vielleicht kostbarsten Schmuck, den zur Zeit irgendeine Privatperson in Europa besitzt, jedoch nicht, weil die Frauen der Nobili nur im ersten Jahr nach der Hochzeit farbige Kleider und Schmuck tragen dürfen. Ich bot ihr an, sie samt ihren Schätzen nach Frankreich mitzunehmen.

Charles de Brosses (1709–1777)

Fondaco dei Turchi

Hierauf fuhren wir in unserer Gondel nach dem Fondaco de' Turchi, wo die nach Venedig kommenden türkischen Kaufleute und Seefahrer zu logieren pflegen. Es ist ein sehr altes Gebäude von arabischer Bauart. Ein freundlicher Muselmann führte uns in dem darin befindlichen Betsaal herum, der zwar klein, aber nach Art einer türkischen Moschee eingerichtet, mit Teppichen belegt und mit Sprüchen aus dem Koran an den Wänden verziert war. Im Hofe saß ein überaus ärmlich gekleideter Türke, mit untergeschlagenen Beinen, der eine Pfeife schmauchte. Freundlich bot er uns seine Schnupftabaksdose. Ich griff sogleich in die Tasche, um ihm, da ich seine Höflichkeit für Bettelei hielt, ein Almosen zu geben. Zeitig genug zog mich indessen Bulgaris zurück und flüsterte mir erschrocken zu, der vermeintliche Bettler sei der reichste türkische Kaufmann in Venedig und habe mehrere Schiffe auf dem Meer.

Gustav Nicolai (1795–1852)

Palazzo Vendramin · Richard Wagners Tod

16. Februar 1883

Am Dienstag den 13. Februar ging ich, wie jeden Abend, ziemlich rasch durch die Stadt, als mich ein Herr fragt, ob ich nach dem Palast Vendramin gehe; ich sei ihm als deutscher Musiker gezeigt worden, und er vermute deshalb, daß ich zu Wagners gehe; es heiße, er sei tot.

Ich meinte darauf, er solle sich nichts weismachen lassen, Wagner werde in zwanzig Jahren noch leben; ich ging aber doch mit. Im Palast beschrieben uns nun der Portier und die Gondoliere, daß es wirklich so sei, daß Wagner in letzter Zeit an Asthma gelitten und daß er am Herzschlag gestorben sei. (...)

Ich bin wohl noch eine halbe Stunde unter strömendem Regen im Palasthof gestanden, oben die Lichter, in meiner Phantasie die Bestürzung der Familie, die Wunderlichkeit des Schicksals, das mich in dieser Nacht an diesen Ort stellt, die plötzlich veränderte Physiognomie unsrer Musikzustände; ich hier als einer, dem in mancher Stunde das Herz nach Wagners Takt gepocht hat, und mehr noch – kurz, es ging viel vor in mir, und ich bin immer noch sehr bewegt.

Peter Gast (1854–1918)

Blümelhubers Begegnungen mit Richard Wagner

Diesen Blümelhuber muß man kennen: er ist kraft seines Phlegmas eines der unangenehmsten Mitglieder dieses, weiß Gott, genugsam unangenehmen Jahrhunderts. Vor Blümelhubers Untertemperament erbleichen die Faultiere neidisch und beschämt. Ihn ansehen macht einen schon vor Ungeduld rasen.

Wie er nur daliegt: ein Felsblock im Sumpf. Ihn werden Äonen nicht von dannen rücken.

Blümelhuber klappt krötenlangsam die Augen auf, blickt krötenlangsam in die Runde und sperrt die Deckel wieder zu.

„Schießen Sie los, Blümelhuber! Spannen Sie uns nicht die Folter!"

„Laß dich nicht gar so lang bitten, Alter!"

„Wann es aber doch so ganz uninteressant is ..." murmelte Blümelhuber.

Die Gesellschaft rückt gespannt zusammen, und der Maler Blümelhuber beginnt endlich:

„Alsdann – ich hab doch vor dem Krieg immer im Palazzo Vendramin gemalt, in Venedig. Sö wissen, gnä Frau, daß Richard Wagner da gstorbn is – net?"

„Oh!"

„Ja. Wie also nach dem Krieg die Grenze wieder offen war, bin i glei nach Venedig zruck, in den Palazzo Vendramin ..."

„Und?"

„Und der Herr Graf Bardi, der was schon der Besitzer is von dem Palazzo, der hat mir halt die Erlaubnis geben, dort zu malen. – Das ist also die ganze Gschicht."

„Aber Mensch, erzähl doch weiter!"

„No, was is da viel zum Erzählen?"

„Du bist doch hingekommen – eines trüben Nachmittags gegen fünf – im März ..." sagte Szenes ein.

Blümelhuber fuhr gezwungen fort:

„Ja. Der Gondoliere legt an ... Das sein nämlich diese – diese Kähne in Venedig – früher hat man eahm aane Lira geben, hat er sich noch schön bedankt – jetzt wanns du eahm net ..." –

„Laß das, Blümelhuber! Weiter! Weiter!"

„Weiter! Ich geh also schö' stad die Stiegen vom Palazzo aufi – steht dorten a Diener – also aso a Blonder, grad so ähnlich wie der Szenes, nur halt viel rassiger ..."

„Weiter! Weiter!"

„‚No' sagt der Diener ‚buona sera, signor Blumenhuber, san S aa scho' wieder da?' – Aber natürlich auf italienisch ..."

„Weiter! Weiter!"

„‚No' sagt er – i soll nur eini in die sala."

„Und?" „Nix mehr. I bin halt hinein."

„Aber jetzt, Blümelhuber – weißt du denn nicht mehr? Jetzt kommt doch das Wichtigste, das Unbegreifliche. So leg doch los!"

„Ich bin also drinnet in der sala, da – da kommt mir also nicht ein Mann entgegen – ein Mann kann ma net sagen – halt: etwas kommt mir entgegen – so mit unbestimmte Umrisse – das wär schwer zum Zeichnen – am gescheitesten noch mit an sehr an weichen Bleistift …"

„Weiter, Blümelhuber, weiter!"

„Nur tönen müßt ma's leicht mit Pastell, weil sonst hat ma net den Eindruck."

„So bleib doch, zum Teufel, bei der Sache! Wer, wer ist dir entgegengekommen?"

„Eine kleine, gedrungene Gestalt mit an Barett, an seidnen Schlafrock hat er angehabt und rosa Seidenhosen. – I bin a bißl derschrocken. Sakra, denk i mir – ob des net am End der Richard Wagner is – so nach der Beschreibung? – Er kuckt mi an – i kuck eahm an – dann lupft er …"

„Das Barett?"

„Naa', den Kopf. – ‚Guten Tag' sagt er. Setzt n Kopf wieder auf und verschwindt in der Mauer –"

Ein einziger Schrei in der Gesellschaft:

„Mensch! Und Sie? Und Sie?"

Blümelhuber erzählt:

„I? I hab halt mei' Sach hinglegt für morgen – und bin gangen."

„Und am nächsten Tag?"

„Am nächsten Tag is er kommen – lupft den Kopf, setzt ihn wieder auf und verschwindt in der Mauer."

„Blümelhuber! Erinner dich – er hat doch mit dir gesprochen!"

„Ja – aber nix Bsonders. Gfragt hat er so … wie's bei uns so is. – ‚Schäbig' sag i. ‚A Weißwurscht kostt jetzt a Mark fuchzig.'"

„Sie Barbar! Wie konnten Sie dem Meister so albern antworten?"

„Gott – was waaß i, was eahm grad interessiert?"

„Blümelhuber! Ist Ihnen die Erscheinung noch öfter begegnet?"

„O ja. Hab doch vier Monat im Palazzo Vendramin gmalt. Täglich is er kommen mit die nämlichen Blimiblami."

„Ja, hat Ihnen denn nicht gegraust?"

„Nur im Anfang, wissen S. Später war i's so gwohnt – es hätt mir was gfehlt, wann er ausblieben waar. I hab immer einfach ‚Guten Tag' gsagt – er lupft n Kopf und setzt sich zu mir."

„Haben Sie denn nicht zu ihm geredet – von der Menschheit großen Gegenständen?"

„Naa'. I, wissen S, red net gern unterm Malen."

„Er aber? Hat er nicht begonnen?"

„No ja – scho'. Aamal hat er angfangen … Von Gott – und die Sterblichen – und so … I hab eahm gsagt: ‚Entschuldigen scho', Herr Wagner, i hab a bestellte Arbeit, sehr dringend – Sö müssen an Einsehen haben.' – Er – auf des – fahrt wia-r-a Kettenhund auf mi – i zruck – er auf's Fenster – i ruf noch: ‚Bleiben S da, es regnet' – er will sich so quasi hinausschwingen – auf aamal fallt eahm der Kopf aus der Hand und – platsch! – hinunter in s Wasser, in den Kanal."

Allen in der Gesellschaft stand das Herz still.

Blümelhuber sprach:

„I hab eahm gsagt: ‚Schauen S' sag i ‚des haben S jetzt von dem Kompetspielen! Bleiben S a wengerl ruhig, i hol Eahna Eahnern Schädel wieder.' – ‚Naa' deutt er mit die Händ – er werd sich ihn selber holen. – No, um so besser – im März is s Wasser kalt. – Drauf is er nimmer wiederkommen. Wahrscheinlich war er beleidigt. – Aber i kann natürlich net mit an jeden herumdischkurieren, wann i a dringende Arbeit hab."

Alexander Roda Roda (1872–1945)

Ca' d'Oro

Dem gotischen Palast voll wunderlicher Klage:
Wie meines Lebens Bau, o Venedig, ihm gleicht!
Der Marmor umschließt still die rätselvolle Sage,
Deren verträumter Hauch Sonnenlicht nie erreicht.
Sieh, wie das Meer, rhythmisch, dann wieder heftig, kühn,
Seinen benetzten Fuß kränzt mit smaragdnem Grün,
Wie das Licht zittert, fließt, und wie des Mondscheins vage
Musik erklingt, die Wiege seines Schlummers bleicht …

J.-L. de Janasz (1907)

Steinblumen

Ca' d'Oro, dieses Wunder der Poesie, das ist Mirandas charmantester Palazzo. Das Haus aus Steinblumen ist dazu gemacht, sich dem Leben zu vermählen, nicht, sich gegen das Leben zu wehren. Es ist nicht das Asyl, in dem man Schutz sucht, nicht der Ort, in den man eintritt, um zu essen und zu schlafen; sondern der Palast des Festes, den man in seiner Form und seinem Schmuck erwählt hat, um hier glücklich zu leben und die Genüsse zu kosten, die man liebt. Wohnsitz eines insularen Fürsten, Palast ohne Schwere, ja fast ohne jeden Ernst, erweckt dieser Ca' d'Oro keinen Gedanken, weder an Furcht noch an Stärke, und auch nicht dieses eifersüchtige Verlangen nach Zurückgezogenheit: wie die Blumen ist er, die nur so charmant zu sein scheinen, um sich selber zu gefallen. An ein Rosengeländer lassen die Steine denken, getragen von Iris, in einem Rahmen von Gladiolen und roten Lilien. Die köstliche Höhe dieser Fassade ohne sichtbare Schichtungen entfernt im Beschauer jeden Gedanken an die Schwere.

Auch hier verschwindet die massive Idee des Luxus vor dem ausgesuchten Reichtum. Ca' d'Oro ist ein Frauenlächeln, ist das Haus der verliebten Prinzessin. Es hat die Glorie der jungen Braut. Das Antlitz atmet die Heiterkeit des Glückes; und der Canal Grande spiegelt diese süße Heiterkeit. Eine ruhige Lustigkeit, die Gewißheit schön zu sein, eine Art kokettes Verlangen zu verführen: das Wesen Mirandas ist das Wesen dieses Hauses.

Eine luftige Grazie hebt dieses Spitzengebilde in die Höhe und macht die Spitzbogen, die Rosetten und Kleeblätter zittern. Die Fassade atmet gleichförmig mit der kurzschlagenden Welle; sie schlummert mit dem Kanal in der Siesta des Mittags. Bei Sonnenuntergang flammt die Galerie der paarweisen Fenster auf in einem goldenen Inkarnat; nun ist es wahrhaft das Herz des Rosengartens in seiner brennenden Süße, unter den Lippen der Dämmerung. Nun kann Miranda auf den Balkon treten, umfaßt von ihrem Geliebten oder nach ihm ausspähend für das Mahl des Abends. Aber die zärtliche Melancholie des Prospero ist ohnegleichen, wie er vom Canal her auf das goldene Feenhaus blickt, das seine magischen Künste erstehen ließen.

André Suarès (1866–1948)

Palazzo Bollani · Wo seid Ihr, Tizian?

Die Arme auf das Fensterbrett gestützt und die Brust, ja fast den ganzen übrigen Körper hinausgebeugt, versenkte ich mich in den Anblick des wundervollen Schauspiels. (...) Der Canale Grande, der Ergötzer eines jeden, (...) gewährte mir das Vergnügen zweier Barken, die, von zwei berühmten Gondelführern gelenkt, um die Wette ruderten. Viel Unterhaltung bot mir die Menge, die auf der Rialtobrücke, an der Riva dei Camerlinghi, an der Pescaria und an den Überfahrtsstellen bei Santa Sofia und Casa da Mosto stehengeblieben war, um den Ausgang des Wettkampfes und die Belohnung des Siegers zu sehen. Und während die Scharen auf beiden Seiten mit frohem Beifall wieder ihrer Wege gingen, richte ich halber Mensch, der, sich selber lästig geworden, nicht weiß, was er mit seinem Geist, geschweige denn mit seinen Gedanken anfangen soll, die Augen gen Himmel, der, seit Gott ihn geschaffen, noch nie von so reizvoller Licht- und Schattenmalerei verschönt war. Die Luft war infolgedessen so, wie jene sie schildern möchten, die Euch beneiden, weil sie nicht Ihr sein können, wie Ihr aus meiner Beschreibung ersehet. Die Häuser erstlich, wiewohl aus echten Steinen, schienen aus künstlichem Stoff gebildet. Und gar erst die Luft, die ich an einer Stelle rein und lebendig, an einer andern trüb und tot sah? Stellt euch ferner mein Staunen vor über die aus verdichteter Feuchtigkeit bestehenden Wolken, die zur Hälfte im Vordergrund, den Dächern der Gebäude benachbart, standen, zur Hälfte im Mittelgrund; denn der Hintergrund war ganz in schwarzgrauen Dunst getaucht. Ich staunte über die mancherlei Farben, in denen sie sich zeigten: die nächsten brannten in den Flammen des Sonnenfeuers, und die ferneren röteten sich in einer gedämpften mennigefarbenen Glut. Oh! Mit wie schönen Schraffierungen malten die Pinsel der Natur dort die Luft, indem sie sie auf die gleiche Weise hinter den Palästen zurücktreten ließen, wie Vecellio es macht, wenn er Landschaften malt. An einigen Stellen erschien ein blaues Grün, an einigen anderen ein Blau, das wahrlich der seltsamsten Laune der Natur, dieser Meisterin aller Meister, entsprang. Mit ihren Lichtern und ihren Schatten schob sie derart zurück und hob hervor, was sie hervortreten zu lassen oder zurückzuschieben wünschte, daß ich, der ich weiß, wie sehr

Euer Pinsel Geist von ihrem Geist ist, drei-, viermal ausrief: O Tizian, wo seid Ihr nur?

Pietro Aretino (1492–1556)

Fondaco dei Tedeschi

Im Jahre 1505 brach in Venedig im Kaufhaus der Deutschen am Ponte del Rialto ein furchtbares Feuer aus. Das Gebäude wurde dadurch ganz zerstört, und alle Waren gingen in Flammen auf, zum großen Schaden der Kaufleute. Die Signoria von Venedig gab den Befehl, den Bau neu zu errichten, und er wurde mit bequemeren Wohnungen reich, schön und prächtig schnell aufgeführt. Giorgione, dessen Ruf immer mehr gestiegen war, wurde dabei zu Rate gezogen, und er erhielt den Auftrag, dieses Kaufhaus mit bunten Farben in Fresko zu bemalen, ganz nach eigenem Belieben, wenn er nur seine Geschicklichkeit darin zeige und an diesem meistbesuchten und schönsten Ort der Stadt ein treffliches Werk vollführe. Er übernahm die Arbeit und schuf als Beweis seiner Kunst lauter Phantasiegestalten. Man findet keine Folge von Bildern oder einzelne Begebenheiten aus dem Leben berühmter Personen des Altertums oder der neueren Zeit. Ich für meinen Teil habe nie den Sinn des Ganzen verstehen können und auch niemanden gefunden, der ihn mir erklären konnte. Hier ist ein Mann, dort eine Frau in verschiedenartigen Stellungen wiedergegeben, neben dem einen sieht man ein Löwenhaupt, neben dem anderen einen Engel, dem Cupido ähnlich, so daß man nicht weiß, wer es sein soll. Über der Tür, die auf die Merceria führt, ist eine Frau sitzend abgebildet, zu ihren Füßen ein Riesenhaupt, so daß man sie fast für eine Judith halten könnte, aber sie hebt den Kopf mit dem Schwerte empor und spricht zu einem Deutschen, der weiter unten steht. Weshalb diese Figur hier dargestellt ist, konnte ich nicht erfahren, falls es nicht eine Germania sein soll. Im ganzen aber erkennt man sehr wohl, daß Giorgione immer bedeutender wurde. Köpfe und einzelne Glieder der Gestalten sind gut gezeichnet und lebendig gemalt; auch mühte er sich überall, die Natur getreu abzubilden, und man findet nirgends irgendwelche Nachahmungen einer Manier. Dieses Gebäude ist in Venedig berühmt ebenso wegen der Malereien Giorgiones wie wegen seines großen Warenlagers und seines öffentlichen Nutzens.

Giorgio Vasari (1511–1574)

Rialtobrücke

An der Brücke stand
Jüngst ich in brauner Nacht.
Fernher kam Gesang:
goldener Tropfen quoll's
über die zitternde Fläche weg.
Gondeln, Lichter, Musik –
trunken schwamm's in die Dämmrung hinaus …

Meine Seele, ein Saitenspiel,
sang sich, unsichtbar berührt,
heimlich ein Gondellied dazu,
zitternd vor bunter Seligkeit.
– Hörte jemand ihr zu? …

Friedrich Nietzsche (1844–1900)

Wunderschöner Entwurf

Der Entwurf einer Brücke, der im folgenden erläutert wird, ist nach meinem Urteil wunderschön. Sie hätte ausgezeichnet an den Ort gepaßt, an dem sie hätte errichtet werden sollen, nämlich die Mitte einer Stadt, die zu den größten und edelsten in Italien zählt und die das Zentrum vieler anderer Städte ist. Aus allen Teilen der Welt kommen die Menschen dorthin, um Handel zu treiben. Der Fluß ist außerordentlich breit, und die Brücke wäre an jener Stelle errichtet worden, an der sich alle Händler einfinden, um ihren Geschäften nachzugehen. Um der Größe und Würde jener Stadt zu dienen und um sie zu bereichern, entwarf ich auf der Brücke drei Straßen, jene in der Mitte breit und schön, jene an den Seiten etwas schmaler. Auf der einen wie auf der anderen Seite der besagten Straßen ordnete ich Läden an, so daß sechs Reihen entstanden wären. Darüber hinaus errichtete ich an den Brückenenden und in der Mitte – also über dem Hauptbogen – Loggien, die den Händlern dazu gedient hätten, einander zu treffen und Geschäfte zu machen, und die dem Ganzen größte Zweckmäßigkeit und Schönheit verliehen hätten. Zu den Loggien an den Brückenenden wäre man mittels einiger Stufen gelangt, so daß deren Fußboden dem übrigen Niveau der Brücke entsprochen hätte. Es sollte nicht als Neuerung angesehen werden, auf Brücken Loggien zu errichten, denn auch die Aelius-Brücke in Rom, von der wir in einem anderen Zusammenhang gesprochen haben, war in der Antike mit Loggien bestückt, die mit bronzenen Säulen, Statuen und anderem wunderbarem Schmuck verziert waren. Abgesehen von dieser Gelegenheit, war es aus den oben genannten Gründen fast unumgänglich, sie zu errichten.

Andrea Palladio (1508–1580)

Palazzo Mocenigo

Ravenna, 1. August 1819

Sie haben, wie mir scheint, für Harlows Zeichnungen von Margarita und mir recht viel bezahlt, aber da Sie gerne die Geschichte von Margarita Cogni hören möchten, sollen Sie sie erzählt bekommen. (...)

Sie sagte, sie hätte keine Bedenken, einen Geliebten zu haben, denn sie sei ja verheiratet, und alle verheirateten Frauen hätten einen; daß aber ihr Mann (ein Bäcker) schnell gereizt sei und ihr etwas antun würde. Kurz und gut, in ein paar Abenden hatten wir die Angelegenheit in Ordnung gebracht, und in den nächsten zwei Jahren, in deren Verlauf ich mehr Frauen hatte, als ich zählen oder erzählen kann, war sie die einzige, die einen Einfluß auf mich besaß und ihn bewahrte, der ihr zwar oft bestritten, aber nie beeinträchtigt wurde. (...)

Endlich überwarf sie sich mit ihrem Mann, und eines schönen Abends lief sie davon, mir ins Haus. Ich erklärte ihr, daß das nicht ginge: sie sagte, sie würde sich auf die Straße legen, aber nicht zu ihm zurückkehren; daß er sie (die sanfte Tigerin) geschlagen hätte, ihr Geld ausgegeben und seinen Backofen skandalös vernachlässigt. Da es schon Mitternacht war, ließ ich sie bleiben, und am nächsten Tag brachte ich sie nicht mehr hinaus. Ihr Mann kam, brüllend und weinend, und bat sie inständig, zurückzukommen: – *nicht sie!* Dann wandte er sich an die Polizei, und die Polizei wandte sich an mich: ich sagte ihnen und dem Ehemann, sie sollten sie *mitnehmen;* ich wolle sie nicht haben; sie war nun da, und ich konnte sie ja nicht aus dem Fenster werfen; aber sie sollten sie durch das Fenster oder durch die Tür hinausgeleiten, was ihnen lieber sei. Sie ging zwar vor den Kommissar, wurde aber doch gezwungen, mit dem *becco ettico* („schwindsüchtigen Hahnrei"), wie sie den armen Mann nannte, der lungenkrank war, heimzukehren. Ein paar Tage später lief sie wieder fort. Nach einer großartigen Szene installierte sie sich in meinem Haus, wirklich und im Ernst, ohne meine Einwilligung, aber dank meiner Indolenz und weil ich nie die Fassung bewahren konnte; denn wenn ich auch voller Zorn begann, endete es immer damit, daß sie mich mit der einen oder anderen venezianischen Hanswursterei zum Lachen brachte; und die Zigeunerin wußte das nur allzu gut, ebenso wie sie auch ihre anderen Überredungskünste kannte und mit dem üblichen Takt und Erfolg aller weiblichen Wesen anwandte – hoch und nieder, was das betrifft, sind sie alle gleich. (...)

Daß sie mich auf ihre wilde Art sehr gern hatte, das anzunehmen hatte ich Gründe genug. Ich will einen anführen. Im Herbst, als ich eines Tages mit meinen Gondolieri zum Lido fuhr, überraschte uns eine heftige Bö und brachte die Gondel in Gefahr – Hüte weggeblasen, Boot voll Wasser, Ruder verloren, Meer aufgewühlt, Donner, Sturzbäche von Regen, die Nacht bricht herein, und der Wind wird stärker. Knapp davongekommen, fuhren wir zurück; da fand ich sie auf den offenen Stufen des Mocenigo-Palasts, am Canal Grande, ihre großen schwarzen Augen warfen Blitze durch die Tränen hindurch, und das lange, dunkle Haar hing ihr vom Regen durchnäßt über Stirn und Brust. Sie war dem Sturm völlig ausgesetzt; und der Wind, der ihr Haar und Kleid um ihre hohe, schmale Gestalt blies, und die Blitze, die um sie zuckten, mit den Wogen, die ihr zu Füßen rollten, ließen sie wie Medea erscheinen, die von ihrem Wagen gestiegen ist oder wie die Sibylle des Unwetters, das um sie tobte, das einzige lebende Wesen in Rufweite in diesem Moment, außer uns selbst. Als sie sah, daß ich heil und gesund war, grüßte sie mich nicht etwa, wie man es hätte erwarten können, sondern rief mir zu: *„Ah! Can' della Madonna, xe esto il tempo per andar' al' Lido?" (Ah! Hund der Jungfrau, ist das ein Wetter, um zum Lido zu gehen?)*, rannte ins Haus und tröstete sich damit, die Bootsleute auszuschimpfen, weil sie den *temporale* nicht hätten kommen sehen. Die Diener erzählten mir dann, sie sei nur dadurch daran gehindert worden, ein Boot zu besteigen, um nach mir zu schauen, daß sich alle Gondolieri des Kanals geweigert hätten, in einem solchen Augenblick in den Hafen hinauszufahren und daß sie sich dann während des stärksten Unwetters auf die Stufen niedergesetzt hatte und weder zu beruhigen noch zu bewegen war, hineinzugehen. Ihre Freude, mich wiederzusehen, hatte eine mäßige Beimischung von Wildheit, so wie ich mir die Freude einer Tigerin über ihr wiedergefundenes Junges vorstelle.

Aber ihre Herrschaft näherte sich ihrem Ende. Einige Monate darauf wurde sie gänzlich unlenksam; und ein Zusammentreffen von Beschwerden, einige wahr und viele falsch – „ein Günstling hat keinen Freund" –, bestimmten mich, mich von ihr zu trennen. Ich sagte ihr ruhig, daß sie heimkehren müsse (sie hatte sich in meinem Dienst genügende Mittel für sich und ihre Mutter etc. erworben), und sie weigerte sich, das Haus zu verlassen. Ich blieb fest, und sie ging fort, mit Messern und Rache drohend. Ich sagte ihr, daß ich schon vor ihrer Zeit gezogene Messer gesehen hätte, und wenn sie damit anfangen wolle, sei da ein Messer und sogar eine Gabel zu ihrer Verfügung auf dem Tisch, und einschüchtern ließe ich mich nicht. Am nächsten Tag kam sie herein, während ich beim Abendessen war (nachdem sie als Auftakt eine Glastür aufgebrochen hatte, die von der Halle unten zum Treppenhaus führte), ging stracks auf den Tisch zu und riß mir das Messer aus der Hand, wobei sie mich leicht in den Daumen schnitt. Ob sie es gegen sich oder gegen mich brauchen wollte, weiß ich nicht – wahrscheinlich keins von beiden – denn Fletcher hielt ihr die Arme fest und entwaffnete sie. Dann rief ich meine Schiffer und trug ihnen auf, die Gondel fertig zu machen und sie wieder in ihr eigenes Haus zu führen; sie sollten dabei sorgfältig acht geben, daß sie sich auf dem Weg kein Leid antäte. Sie schien ziemlich ruhig zu sein und ging hinunter. Ich aß weiter.

Wir hörten großen Lärm: Ich ging hinaus und traf sie im Treppenhaus, wie meine Leute sie die Treppe hinauftrugen. Sie hatte sich in den Kanal geworfen. Daß sie sich wirklich töten wollte, glaube ich nicht; aber wenn man die Angst bedenkt, die Frauen und Männer, die nicht schwimmen können, vor tiefem und sogar vor seichtem Wasser haben (und die Venezianer besonders, obgleich sie auf den Wogen leben), und daß es dazu Nacht war und dunkel und sehr kalt, so zeigt das doch, daß ein wirklich verteufelter Geist in ihr steckte. Sie hatten sie ohne Schwierigkeiten oder Schaden herausgezogen, außer dem Salzwasser, das sie geschluckt hatte und der völligen Durchnässung.

Ich sah ihre Absicht voraus, sich wieder häuslich einzurichten und sandte nach einem Arzt, bei dem ich mich erkundigte, wie viele Stunden es dauern würde, um sie von ihrer Aufregung wieder herzustellen; und er nannte die Zeit. Dann sagte ich: „Ich gebe Ihnen soviel Zeit und mehr, wenn Sie sie nötig haben; aber wenn nach Ablauf dieser Frist *sie* nicht das Haus verläßt, verlasse *ich* es."

Alle meine Leute verloren völlig den Kopf – sie hatten immer Angst vor ihr gehabt, und nun waren sie wie gelähmt: sie verlangten von mir, ich solle mich an die Polizei wenden, um mich beschützen zu lassen etc. etc., wie ein Haufen tropfnasiger, kriecherischer Tölpel, was sie auch waren. Ich tat nichts Derartiges, da es mir völlig gleich war, auf welchem Weg ich mein Ende fände; außerdem war ich an wütende Frauen gewöhnt und wußte, wie man sie behandeln muß.

Als sie sich erholt hatte, sandte ich sie ohne Aufsehen heim, und von da an sah ich sie nie mehr, außer zweimal in der Oper von weitem unter den Zuschauern. Sie versuchte noch oft, zurückzukehren, aber nie mehr mit Gewalt. Und das ist die Geschichte von Margarita Cogni, soweit sie mich betrifft.

George Gordon Noel Lord Byron (1788–1824)

Wettschwimmen

Venedig, 25. Juni 1818

Lieber Hobhouse, – Ich habe Deinen Brief vom 5. erhalten und von niemandem sonst Briefe bekommen, und will auch keine, außer Kreditbriefen.

Seit meinem letzten hatte ich wieder ein Schwimmen gegen Mingaldo, den Scott und ich vollständig geschlagen haben; wir ließen ihn atemlos und fünfhundert Yards im Rückstand hinter uns, bevor wir vom Lido zum Eingang des Canal Grande kamen. Scott ging vom Lido so weit wie den Rialto und wurde dann in seine Gondel genommen. Ich schwamm vom Lido durch bis zum Ende des Canal Grande, so daß seine ganze Länge, außer dem Abstand vom Lido zum Eingang (oder Ausgang) des Kanals, bei der Statue der Fortuna, in der Nähe des Palasts, noch dazu kam und ging schließlich bei seinem Ende, gegenüber Fusina und Mestri, an Land, nachdem ich eine halbe Stunde, und ich weiß nicht welche Entfernung, länger dringeblieben war als die beiden anderen; und legte die ganze Strecke leicht zurück, die von den Venezianern auf viereinhalb italienische Meilen geschätzt wird. Ich war von halb fünf bis viertel nach acht im Meer, ohne mich festzuhalten oder auszuruhen. Ich konnte kaum sehr ermüdet sein, da ich am Vormittag ein Stück [Weib] gehabt hatte und am Abend um zehn Uhr noch eines nahm.

Der Scott, den ich erwähne, ist nicht der Vizekonsul, sondern ein Reisender, der viel in Venedig lebt, wie ich. Er kam bis zum Rialto und schwamm gut; der Italiener Meilen hintendrein und ganz ausgepumpt, hallote nach dem Boot.

Da Du von Politik voll bist, sage ich nichts, außer daß ich Dir mehr Vergnügen wünsche, als solcher Plunder mir machen könnte.

Sehr aufrichtig und herzlich Dein B.

P. S. Wind und Flut waren beide mit mir.

George Gordon Noel Lord Byron (1788–1824)

Feuerwerk vor der Ca' Foscari

Venedigs Seelchen wiederholte das Ritornell von der Flüchtigkeit des Lebens, spielte die Guitarre dazu und tanzte zwischen den bunten Gewinden der Laternen.

E vegna quel che vol,
Lassé che vaga!

Plötzlich flammte vor dem roten Palazzo der Foscari, da wo der Kanal die Biegung macht, ein großer Bucentaur auf, wie ein Turm, der in Flammen steht. Und wieder schossen neue Blitze zum Himmel. Und neue leuchtende Tauben stiegen vom Deck auf, bis über die Loggien hinauf, huschten über die marmornen Bildwerke, schlugen zischend ins Wasser, vermehrten sich hier in zahllosen Funken und schwammen rauchend obenauf. Längs der Seitenwände, auf dem Hinter- und Vorderdeck spieen gleichzeitig tausend Feuerfontänen; sie verbreiteten sich, flossen ineinander und beleuchteten mit glühendem Rot den ganzen Kanal nach allen Seiten hin, bis zu San Vitale, bis zum Rialto. Der Bucentaur entschwand den Blicken, in eine purpurrote, krachende Wolke verwandelt.

„Nach San Polo, nach San Polo!" rief die Foscarina dem Ruderer zu, indem sie ihren Kopf duckte wie vor einem Gewitter und beide Ohren mit den Handflächen vor dem Getöse schützte.

Und Donatella Arvale und Stelio Effrena sahen sich wieder mit geblendeten Augen an. Und ihre Gesichter, von dem Widerschein entzündet, glühten, als ob sie über einen Hochofen oder über einen Krater gebückt stünden.

Die Gondel bog in den Rio di San Polo ein und verlor sich im Schatten. Ein eisiger Schleier senkte sich plötzlich auf die drei Schweigsamen. Unter dem Brückenbogen hörten sie wieder den Takt des Ruders; und der Lärm des Festes schien unendlich fern. Alle Häuser waren dunkel; der Glockenturm ragte stumm und einsam in die Sterne; das Campiello del Remar und das Campiello del Pistor lagen verödet, und das Gras atmete in Frieden; die Bäume, die über die Mauern der kleinen Gärtchen hingen, fühlten, wie die Blätter an den zum heiteren Himmel hochgereckten Zweigen starben.

Gabriele D'Annunzio (1863–1938)

Palazzo Giustinian · Tristan

Von dem Hotel *Danieli* aus, wo wir ebenfalls nur ein düsteres Unterkommen in Zimmern nach den engen kleinen Kanälen zu gefunden hatten, suchte ich am andern Morgen zuallernächst eine Wohnung für meinen längern Aufenthalt zu finden. Von einem der drei Paläste *Giustiniani*, unweit des *Palazzo Foscari*, hörte ich, daß er zur Zeit wegen seiner im Winter nicht sehr günstigen Lage wenig und fast gar nicht von Fremden bewohnt sei: ich fand dort außerordentlich weite und bedeutende Räume, von denen man mir sagte, daß sie sämtlich unbewohnt bleiben würden; hier mietete ich denn einen stattlichen großen Saal mit daranliegendem geräumigem Schlafzimmer, ließ mein Gepäck schnell dort hinbringen und sagte mir am 30. August abends, daß ich nun *in Venedig* wohne. – Die Sorge dafür, hier ungestört arbeiten zu können, bestimmte mich in allem. Ich schrieb sogleich nach Zürich, mir meinen *Erard*schen Flügel und mein Bett nachzuschicken, da ich im Betreff des letzteren wohl fühlte, daß ich in Venedig kennenlernen würde, was Kälte sei. Außerdem ward mir sehr bald die graugeweißte Wand meines großen Saals verdrießlich, da sie so übel zu dem vollständig und, wie mich dünkte, in gutem Geschmack *al fresco* ausgemalten Plafond paßte. Ich entschied mich, dieses große Zimmer mit einer, wenn auch sehr ordinären, doch in vollständiges Dunkelrot gefärbten Tapete überziehen zu lassen: dies brachte zunächst viele Unruhe; doch schien es mir sie zu überstehen wohl der Mühe wert, wenn ich von dem Balkon aus mit allmählich immer größerem Behagen auf den wunderbaren Kanal hinabblickte und mir nun sagte, hier wollte ich den „*Tristan*" vollenden. Ich ließ auch sonst noch einiges tapezieren; namentlich um die gemeinen Türen, welche der ungarische Wirt dem gänzlich verfallenen Palaste statt der jedenfalls entwendeten kostbaren älteren hatte einsetzen lassen, zu verdecken, besorgte ich dunkelrote Portieren, wenn auch vom wohlfeilsten Kattun. Im übrigen hatte der Wirt schon für einige theatralische Ausstattung durch das Ameublement gesorgt: es fanden sich nämlich vergoldete Stühle, wenn auch mit gemeinem baumwollenem Plüsch überzogen, vor allem aber ein schön geschnitzter und vergoldeter Tischfuß, auf welchen ein gemeines Tannenholzblatt gesetzt war; darüber mußte denn nun auch ein erträglich roter Teppich angeschafft werden. – Endlich kam der *Erard* an; er ward in die Mitte des großen Saales gestellt, und nun sollte das wunderbare Venedig musikalisch in Angriff genommen werden. (...)

In einer schlaflosen Nacht, wo es mich gegen drei Uhr des Morgens auf den Balkon meiner Wohnung hinaustrieb, hörte ich denn auch zum ersten Male den altberühmten Naturgesang der *Gondolieri*. Mich dünkte, ungefähr von dem eine kleine Viertelstunde entfernten *Rialto* her den ersten, wie rauhe Klage klingenden Anruf durch die lautlose Nacht zu vernehmen; aus wiederum weiterer Entfernung ward diesem von anderer Richtung her gleichmäßig geantwortet. In oft längeren Pausen wiederholte sich dieser merkwürdig melancholische Dialog, welcher mich zu sehr ergriff, als daß ich seine jedenfalls sehr einfachen musikalischen Bestandteile in meinem Gedächtnis hätte fixieren können. Doch war ich ein anderes Mal durch eine besondere Erfahrung auch darüber belehrt, daß dieser Volksgesang von überwiegend poetischem Interesse sei. Als ich einmal spät des Nachts durch den düstren Kanal heimfuhr, trat plötzlich der Mond hervor und beleuchtete mit den unbeschreiblichen Palästen zugleich den sein gewaltiges Ruder langsam bewegenden, auf dem hohen Hinterteile meiner Gondel ragenden Schiffer. Plötzlich löste sich aus seiner Brust ein dem Tiergeheul nicht unähnlicher, von tief her anschwellender Klagelaut, und dieser mündete sich nach einem lang gedehnten „Oh!" in den einfach musikalischen Ausruf „Venezia!". Dem folgte noch einiges, wovon ich aber infolge der großen Erschütterung, die ich empfand, keine deutliche Erinnerung bewahrt habe. Die hiermit zuletzt berührten Eindrücke waren es, welche *Venedig* während meines Aufenthaltes daselbst für mich charakterisierten und bis zur Vollendung des zweiten Aktes von *„Tristan"* mir treu blieben, ja vielleicht die schon hier entworfene, langgedehnte Klageweise des Hirtenhornes im Anfang des dritten Aktes mir unmittelbar eingaben.

Richard Wagner (1813–1883)

Ich mußte noch bis 1949 warten, ehe sich eine geeignete Unterkunft für meine Sammlung fand; und zwar wurde sie mir durch Flavia Paulon, die Sekretärin des Grafen Zorzi, vermittelt. Es handelte sich um den unvollendet gebliebenen Bau eines Palazzo am Canal Grande, der 1748 von der Familie Venier begonnen worden war. Dieses angesehene venezianische Geschlecht, aus dem zwei Dogen entsprossen waren, soll angeblich Löwen im Garten seines Palazzos gehalten haben. Vielleicht läßt sich die Herkunft des Namens „Venier dei Leoni" aber auch daraus ableiten, daß die Vorderfront des Palastes mit achtzehn Löwenköpfen schmückt war.

Der ganze Palast war aus weißem Stein gebaut und von wildem Wein überwachsen. Es ist freilich etwas viel gesagt, wenn hier vom „ganzen" Palast geredet wird; denn über den ersten Stock ist das Gebäude nie hinausgekommen. Deshalb spricht man in Venedig auch vom *palazzo non compiuto,* dem unvollendeten Palast. Immerhin bot das Grundstück mehr Platz als sonst irgendein Palazzo am Canal Grande und hatte zudem den beachtlichen Vorzug, daß das Gebäude nicht unter Denkmalschutz stand. So bestand die Möglichkeit, gewisse bauliche Veränderungen vorzunehmen, wie sie für die Aufnahme der Sammlung notwendig waren. Den Fronteingang betrat man durch einen hübschen Hof, von dem aus einige Stufen zum Kanal hinunterführten, und hinter dem Haus, auf der dem Kanal abgewandten Seite, befand sich einer der größten Gärten in Venedig mit sehr alten Bäumen. Das flache Dach benutzte ich alsbald zum Sonnenbaden. Es machte mir lediglich etwas Sorge, daß meinem Palazzo die Präfektur gegenüber lag. Der Präfekt aber reagierte ganz gelassen und sagte nur: „Wenn ich Mrs. Guggenheim auf ihrem Dach beim Sonnenbaden erblicke, weiß ich, daß der Frühling da ist." (...)

Herbst 1949 veranstaltete ich im Garten des Palazzo eine Ausstellung mit moderner Plastik. (...) Ursprünglich war ich zu Marini gefahren, um auch von ihm eine Leihgabe zu erbitten. Als ich aber die einzige fertige Arbeit, die in seinem Atelier zur Verfügung stand, sah, konnte ich nicht widerstehen und erwarb sie für meine Sammlung. Es war ein Reiterstandbild. Der Reiter hat seine Arme ekstatisch auseinandergeworfen, und um den Ausdruck der Verzückung noch zu steigern, hatte Marini seinem Reiter einen Penis in voller Erektion gegeben. Als er die Plastik für mich in Bronze gießen ließ, wurde der Phallus als Einzelteil gearbeitet, so daß man ihn nach Belieben an- und abschrauben konnte. Marini stellte die Plastik im Hof mit dem Blick über den Kanal zur gegenüberliegenden Präfektur auf und nannte seine Statue *Engel der Zitadelle.* Den besten Blick auf das Standbild hat man von meinem Wohnzimmerfenster aus, und ich schaute oft heimlich hinaus, um die Reaktionen der Besucher auf die Plastik zu beobachten.

An bestimmten Feiertagen kamen die Nonnen im Motorboot an meinem Haus vorbei. Bei solchen Anlässen schraubte ich meinem Reiter natürlich den Penis ab und verstaute ihn in einer Schublade. Genauso verfuhr ich, wenn ich besonders spießige Besucher empfangen mußte. Manchmal vergaß ich allerdings diese Vorkehrung und fand mich dann mit einiger Verlegenheit mit dem unübersehbaren Phallus konfrontiert. Da half denn nur noch, das anstoßerregende Objekt, so gut es ging, zu übersehen. In Venedig verbreitete sich damals das Gerücht, daß ich mehrere auswechselbare Phalli von verschiedener Größe für meine Plastik besäße und je nach Bedarf und Gelegenheit zur Schau stellte.

Peggy Guggenheim (1898–1979)

Ca' Giustinian (früher Hotel de l'Europe)

Venedig, September 1833

Meine Herberge, das Hotel l'Europe, liegt am Eingang des Canal Grande, gegenüber der Dogana, der Giudecca, der Kirche San Giorgio Maggiore. Wenn man den Canal Grande hinauffährt, zwischen den beiden Reihen seiner durch die Jahrhundertwende gezeichneten und in der Architektur so mannigfaltigen Paläste, wenn man sich auf die Piazza Grande und die Piazza Minore begibt, wenn man die Basilika, den Dogenpalast und die Procurazie Nove, die Zecca, den Glockenturm, den Turm von San Marco, die Löwensäule betrachtet und all dies vermischt mit Segeln und Schiffsmasten, mit der Bewegung der Menge und der Gondeln, mit dem Azur des Himmels und des Meeres, dann sind die Launen eines Traumes um nichts phantastischer. (...)

Weshalb kann ich mich nicht in dieser Stadt, die mit meinem eigenen Schicksal harmoniert, einschließen, in diese Stadt der Dichter; wo Dante, Petrarca und Byron weilten? Weshalb kann ich nicht im Schein der Sonne, die auf diese Seiten fällt, meine Memoiren zu Ende schreiben? Das glühende Gestirn versengt noch in diesem Augenblick meine Savannen von Florida, während es hier am äußersten Kanal untergeht. Ich sehe es nicht mehr; aber durch eine Lichtung dieser einsamen Gemäuer treffen seine Strahlen die Wölbung der Dogana, die Spieren der Barken, die Masten der Schiffe und das Portal des Klosters von San Giorgio Maggiore. Zur Rosensäule verwandelt, spiegelt sich der Turm des Klosters in den Wogen; die weiße Fassade der Kirche ist so hell erleuchtet, daß ich den kleinsten Meißelhieb unterscheide. Die Einfassungen der Lagerhäuser der Giudecca sind in ein tizianisches Licht getaucht; die Gondeln des Kanals und des Hafens schimmern in dem gleichen Lichte, Venedig ist da, es sitzt am Ufer des Meeres wie eine schöne Frau, die mit dem Tage erlischt; der Abendwind weht durch ihr duftendes Haar; sie stirbt, berührt von aller Anmut und allem Lächeln der Natur.

François René de Chateaubriand (1768–1848)

Adieu

Hotel de l'Europe, Freitag, 25. Oktober 1839

Hier ist es, Marie, wo ich Ihnen gänzlich Adieu sage. Nunmehr werde ich Sie nur noch in meinem Herzen und in meinen Gedanken wiederfinden. Aber hier sprechen mir noch alle Dinge, das Meer und der Himmel, San Marco und die Gondeln, von Ihnen und sagen mir wieder und wieder Ihren geliebten Namen.

Hier ist es, wohin wir zuerst zusammen gekommen sind, wo wir uns verlassen und wiedergefunden haben. Hier ist es, wo Sie sterbenskrank waren, und hier ist es auch, wo wir Sie ins Leben zurückgerufen haben!

O! Venedig, Venedig! Welch tiefer Zauber ist für mich in deinen Lagunen ...

Franz Liszt (1811–1886)

GONDOLA, GONDOLA

Wiege und Sarg

Diese Gondel vergleich ich der sanft einschaukelnden Wiege
Und das Kästchen darauf scheint ein geräumiger Sarg.
Recht so! Zwischen der Wieg' und dem Sarg
wir schwanken und schweben
Auf dem großen Kanal sorglos durchs Leben dahin.

Johann Wolfgang Goethe (1749–1832)

Haie mit Kutschkasten

Dazu kommt, daß kein Gefährt der Welt sich mit der Bequemlichkeit und Annehmlichkeit der Gondel messen kann. Richtig beschrieben fand ich sie noch nirgends. Sie ist ein langes, schmales Fahrzeug, fischförmig, fast wie ein Hai gestaltet. In der Mitte befindet sich ein niedriger verdeckter Kutschkasten – so könnte man es nennen –, wie bei einer Berline und doppelt so lang als bei einem Viersitzer. Ein einziger Kutschschlag dient zum Eintritt. Der Rücksitz hat zwei Plätze, noch einmal je zwei sind auf den beiden Bänkchen rechts und links, diese bleiben aber meist frei und dienen nur denen im Rücksitz als Fußlage. Dieses Räumchen ist wie unsere Kutschen nach drei Seiten offen, kann aber, wie man wünscht, durch Glasfenster oder mit schwarzem Tuch bespannte Holzrahmen geschlossen werden, die man zwischen Führungsnuten auf- und nieder- oder seitlich in den Gondelkasten hineinschiebt. Ich hoffe, Sie haben mich begriffen. Der Gondelkopf trägt zur Erhaltung des Gleichgewichts ein großes Eisen mit sechs breiten, waagrecht vorstehenden Eisenzähnen, so daß ich ihn mit dem aufgesperrten Haimaul vergleichen möchte, obwohl er einem Windmühlenflügel wohl geradeso ähnlich sieht.

Das ganze Boot ist schwarz bemalt und lackiert, mit schwarzem Tuch überzogen ist der Kutschkasten, mit scharzem Samt gefüttert sein Inneres, und Kissen von schwarzem Saffian liegen auf den Sitzen. Selbst die größten Herren sind unbedingt an Schwarz gebunden und dürfen sich also nicht im geringsten von der Farbe des kleinsten Privatmannes unterscheiden. Auf die Art ist es also ganz aussichtslos, den Insassen einer geschlossenen Gondel etwa erraten zu wollen. Hier ist man ganz wie in seinem Zimmer, kann lesen, schreiben, plaudern, sein Liebchen karessieren, trinken, essen und dabei in der ganzen Stadt umher seine Besuche machen. Zwei Männer von erprobter Zuverlässigkeit bringen Sie, wenn Sie wollen von ihnen ungesehen, wohin Sie immer wünschen. Ob ich je wieder zufriedenen Mutes in einer Kutsche sitzen werde, nachdem ich die Annehmlichkeiten der Gondel einmal geschmeckt habe?

Daß die Gondeln sich verheddern, einander die Fahrt versperren und der Verkehr stockt, kommt freilich gerade so oft vor, wie bei den Pariser Kutschen, so oft man mir auch das Gegenteil versichert hatte, besonders natürlich in den engen Kanälen und unter Brücken. Tatsächlich aber sind diese Stauungen von geringer Dauer, da die Geschmeidigkeit des Wassers das Auseinanderkommen sehr leicht macht. Überdies aber sind unsere Gondelkutscher so gewandt, daß sie sich auf eine fast unbegreifliche Weise irgendwie durchschlängeln und manchmal mit einem Ruderschlag das ganze lange Ding wie auf der Spitze einer Nadel herumschwingen. Man kommt darin recht schnell vorwärts, so rasch wie die Wagen unserer Lebeherrchen fahren Sie natürlich nicht. Den Kopf etwa aus dem Fenster herauszustecken möchte ich Ihnen aber trotzdem lieber nicht raten, glatt wie eine Weißrübe könnte ein anderer Hairachen ihn Ihnen abschneiden. Die Zahl dieser Gefährte ist unberechenbar, nicht weniger als sechzigtausend Menschen leben nur vom Ruder.

Charles de Brosses (1709–1777)

Frauenpantoffel

13. Juni 1789

Lieben Kinder! Nun bin ich in solch einem kleinen schwarzen Hause geschwommen, das man eine Gondel nennt. Es ist lang und schmal, vorn und hinten spitz und sieht wie ein Frauenpantoffel aus; das viereckichte Kämmerchen darauf mit vier Sitzen ist mit schwarzem Tuch beschlagen, so wie auch die Gondel schwarz ist. Der Gondelier steht hinten drauf und lenkt die Gondel mit seinem Ruder so geschickt, daß man es sich kaum denken kann, wenn man's nicht gesehen hat. Man schwimmt dicht auf den Wellen so sanft wie in einer Wiege und sieht an beiden Seiten große hohe Paläste, einer dicht am andern; unter den Brücken fährt man durch; zwischen Gondeln, Schiffen, Barken fährt man wie auf einem Pfeil hin, daß im größten Gedränge eine Gondel die andre kaum berührt. In manchen ziemlich engen Kanälen gehen drei Gondeln nebeneinander so schnell vorbei, als ob man aneinander vorüberflöge. Die Damen sitzen mit ihren Herren drin, und sie haben es zehnmal bequemer, als wenn sie in den Kutschen gerüttelt würden. In Venedig sind keine Kutschen, alles wiegt sich in Gondeln, was nicht über die Brücken treppauf und -ab laufen will. Es ist eine sonderbare Stadt, die gleichsam aus der See emporsteigt, voll Gedränges von Menschen, voll Fleiß und Betrügerei. Es ist mir lieb, daß ich sie gesehen habe.

Johann Gottfried Herder (1744–1803)

Tiefes Wohlbefinden

Man tut nichts und man fährt, man ruht sich aus und man schaut, man wird liebkost von dieser Bewegung, liebkost im Geist und im Fleisch, durchdrungen von einem plötzlichen und anhaltenden physischen Genuß und von einem tiefen Wohlbefinden der Seele.

Guy de Maupassant (1850–1893)

Komm in die Gondel

CARAMELLO *(fährt in einer Gondel ans Ufer, steigt aus und singt dem Balkon zugewandt).*
Komm in die Gondel, mein Liebchen! O steige nur ein,
Allzu lang schon fahr ich trauernd so ganz allein!
Hab ich an Bord dich, dann stoße ich freudig vom Land,
Führe eilig dich hinüber zum schönen Strand,
Der dort lockend winkt,
Fern im Mondlicht blinkt;
Wo uns deckt Dunkel der Nacht,
Wo kein Späherauge wacht!
Dort sollst du mir sagen
Ein süßes beglückendes Wort!
Sehnsüchtig Klagen
Findet Erhörung dort!
Ho-a-ho! Ho-a-ho!
(Delacqua, mit einer großen, brennenden Laterne in der Hand, führt die sorgsam verhüllte Annina, die er für seine Frau hält, aus dem Haus.)
DELACQUA. Komm nur, liebes Kind!
ANNINA. Mir ist so bang!
(Der Herzog tritt aus dem Dunkel und beobachtet genau den Vorgang; dann zieht er sich aufs neue zurück.)
DELACQUA. Nach Murano, liebes Kind,
Trägt die Gondel dich geschwind;
Steig nur ein, lebe wohl,
Bis von dort ich dich hol!
(Er führt Annina zu dem an der Gondel harrenden Caramello. Im selben Augenblick stürzen Ciboletta und Papacoda zu Delacqua, packen ihn von beiden Seiten und drängen ihn tanzend nach vorne.)

Zell/Genée, vertont von Johann Strauß (1825–1899)

Kunst des Ruderns

Die *forcola* ist anachronistisch, jedoch nicht deshalb, weil sie aus der Mode gekommen wäre, im Gegenteil: sie ist ein Gegenstand der Zukunft, der in der Vergangenheit entworfen wurde. Es ist, als hätte sie ein finnischer Designer des zwanzigsten Jahrhunderts entworfen, der auf die Zeitmaschine geklettert ist und sie um Jahrhunderte zu früh an der Gondel befestigt hat. Wann wurde Alvar Aalto geboren? Im sechzehnten Jahrhundert?

Und nun sieh genau hin, wie das Ruder die *forcola* berührt: ihre Krümmung, Einbuchtungen und Mulden ermöglichen ein Dutzend Arten, es in verschiedenen Winkeln aufzusetzen, abzustützen und einzulegen. Ein einziger Ruderer, mit einem einzigen Ruder auf nur einer Seite würde mit jedem anderen Boot der Welt ein komisches Bild abgeben und sich fortwährend im Kreis drehen. Auf einer Gondel aber, und dies hat auch mit dem asymmetrischen Schwerpunkt des Fahrzeugs zu tun, gleitet er in gerader Linie dahin, kann zurücksetzen, bremst, kommt plötzlich zum Stehen, fährt diagonal, macht eine Kehre im rechten Winkel, behält stets das Gleichgewicht, besänftigt die Wellen. Das Ruder klatscht ins Wasser, tätschelt es, schaufelt und gräbt sich hinein, durchschneidet, knetet und schlägt es, rührt darin wie ein Kochlöffel, stemmt sich wie ein Brecheisen dagegen. Das Ruder sticht schräg hinein, wendet sich und kommt dicht über der Oberfläche fast horizontal wieder aus dem Wasser, doch wenn es notwendig ist, taucht es auch ganz tief senkrecht darin ein, dreht sich ruckweise auf wenigen Quadratzentimetern wie ein Schraubenzieher und schiebt dieses zwölf Meter lange schwarze Ungetüm an, so daß es sich voller Eleganz aus einer unfaßbar schmalen Lücke windet.

Sieh dir an, wie die Gondeln ihren zentralen Parkplatz verlassen, das Bacino Orseolo, neben der Piazza San Marco. Sie schlängeln sich millimetergenau zwischen Dutzenden anderen durch, ohne diese zu berühren, und die Gondolieri balancieren auf und ab, unterhalten sich dabei, grüßen, rufen einander etwas zu, achten gar nicht auf die niedrige Brücke vor ihnen, an der sie sich gleich den Kopf anschlagen werden: im letzten Moment, fast ohne hinzusehen, ducken sie sich ein wenig, berühren die Unterseite der Brücke, kämmen sich mit dem Gewölbe aus Ziegelsteinen.

Die Gondolieri stellen beim Rudern ein Bein vor und das andere zurück; der hintere Fuß ruht auf einem winzigen Podest, einem Keil: die Energie konzentriert sich erst auf die Ferse, dann auf die Sohle und die Zehen. Der ganze Körper arbeitet, beugt sich vor, stößt sich ab. Achte einmal darauf, wie der Körper eines Gondoliere in entspanntem Zustand aussieht, leicht affenähnlich: die Arme ein wenig nach vorn baumelnd, die Schultern gerundet, Nacken, Schulterblätter und Schlüsselbeine sehr ausgeprägt. Von der linken Hand zur rechten zieht sich ein U aus massigen Muskeln.

Tiziano Scarpa (geb. 1963)

Gondoliere, Mann für alles

Ein Gondoliere ist ein Mann für alles: ein Omnis Homo, ebensogut ein Jesuit. Sie kennen alle Schliche; sie brüsten sich damit, den rechten Zeitpunkt und die Hintertreppen zu kennen, in gutem Einvernehmen mit den Kammerzofen zu stehen; sie beschaffen bei Bedarf Strickleitern; sie versprechen hinter vorgehaltener Hand, einem zu Orten Zutritt zu verschaffen, die sonst für unzugänglich gelten; sie dienen in allen Dingen, und sie übernähmen sogar die Rolle von Helden, wenn es nötig wäre. Ihr großes Geschäft ist die Kuppelei. Sie bieten an, ohne daß man sie darum ersucht, eine Summe zu hinterlegen, die sie zu verlieren bereit sind, wenn ihre Ware nicht ganz in Ordnung ist.

Maximilien Misson (Mitte 17. Jahrhundert – 1721)

Venedig

Wie schwarze Schwäne gleiten die Kähne hin.
Rauh tönt der Ruf der Gondolieri. Stumm,
In Öl gesotten, glänzt das Kleinzeug
Starriger Fische im Kupferkessel.

Venedig glüht im sterbenden Gold. Sein Blut
Verströmt ein altes Wappen im Abendrot.
Die Taschenkrebse der Kanäle
Klettern behende am faulen Holze.

Georg Britting (1891–1964)

GRAN TEATRO
LA FENICE

VOM MARKUSPLATZ NACH WESTEN

Harry's Bar

Bei *Harry* waren nur ein paar vormittagliche Trinker, die der Colonel nicht kannte, und zwei Männer, die hinten in der Bar ein Geschäft besprachen.

Es gab Stunden bei *Harry*, wenn sich die Bar mit derselben brausenden Regelmäßigkeit, mit der die Flut beim Mont St. Michel eintritt, mit Leuten füllte, die man kannte. Nur, dachte der Colonel, die Stunden der Gezeiten wechseln jeden Tag mit dem Mond, und die Stunden bei *Harry* sind wie der Meridian von Greenwich oder das Pariser Normalmeter oder die gute Meinung, die das französische Militär von sich selbst hat.

„Kennst du irgendwelche von diesen Vormittagstrinkern?" fragte er das Mädchen.

„Nein. Ich bin kein Vormittagstrinker, deshalb habe ich sie nie getroffen."

„Sie werden, wenn die Flut kommt, hinausgeschwemmt werden."

„Nein, sie werden, gerade wenn sie kommt, aus eigenem Antrieb weggehen."

„Stört es dich, daß wir außerhalb der Saison hier sind?"

„Hältst du mich für einen Snob, weil ich aus einer alten Familie bin? Wir sind die, die keine Snobs sind. Die Snobs, das sind die, die du Laffen nennst und die Neureichen. Hast du je so viele Leute mit neuem Geld gesehen?"

„Ja", sagte der Colonel. „Damals in Kansas City, als ich von Fort Riley hereinkam, um im Country Club Polo zu spielen."

„War es ebenso schlimm wie hier?"

„Nein, es war ganz nett. Mit gefiel es, und der Teil von Kansas City ist besonders schön."

„Ist er wirklich schön? Ich wünschte, wir könnten dahin fahren. Gibt es dort auch Lager? Die Sorte, in denen wir übernachten wollen?"

„Gewiß. Aber wir wollen im Hotel *Muehlebach* wohnen, das die größten Betten der Welt hat, und wir tun so, als ob wir Ölmillionäre sind."

„Wo werden wir unseren Cadillac lassen?"

„Also ist es jetzt ein Cadillac?"

„Ja, außer wenn du lieber den großen Buick Roadmaster mit der Dynaflow-Schaltung nehmen möchtest? Ich bin mit ihm durch ganz Europa gereist. Er war in der letzten *Vogue,* die du mir geschickt hast, abgebildet."

„Wir benutzen wohl lieber nur einen auf einmal", sagte der Colonel. „Und den, für den wir uns entscheiden, werden wir in der Garage neben dem *Muehlebach* einstellen."

„Ist der *Muehlebach* sehr großartig?"

„Wunderbar. Du wirst entzückt davon sein. Wenn wir die Stadt verlassen, fahren wir nach Norden, nach St. Joe und trinken einen in der Bar im *Roubidoux,* vielleicht auch zwei und dann überqueren wir den Fluß und fahren nach Westen. Du kannst fahren und dann wird abgelöst."

„Was meinst du damit?"

„Wir wechseln einander beim Fahren ab." (...)

„Wird unser Wagen die Steigungen gut nehmen können?

„Und ob er wird, verflucht noch mal! Aber ich hätte lieber keine hydraulisch-automatische Schaltung."

„Ich kann darauf verzichten", sagte das Mädchen. Dann hielt sie sich steif und starr, um nicht zu weinen. „Wie ich auf alles andere verzichten kann."

„Was willst du *trinken?"* sagte *der* Colonel. „Wir haben noch nicht einmal bestellt."

„Ich glaube, ich möchte gar nichts trinken."

„Zwei Martini extra dry", sagte der Colonel zu dem Barmixer an der Theke, „und ein Glas kaltes Wasser."

Er langte in seine Tasche und schraubte den Verschluß der Medizinflasche auf und schüttelte zwei der großen Tabletten in seine linke Hand. Er hielt sie in der Hand, als er den Verschluß wieder zuschraubte. Es war kein Kunststück für einen Mann mit einer schlimmen rechten Hand.

„Ich habe gesagt, daß ich nichts trinken will."

„Ich weiß, Tochter. Aber ich dachte, daß du vielleicht einen gebrauchen wirst. Wir können ihn auf der Theke stehen lassen. Oder ich kann ihn trinken. Bitte", sagte er, „ich wollte nicht schroff sein."

„Wir haben noch nicht nach dem kleinen Mohren gefragt, der sich um mich kümmern soll."

„Nein. Ich wollte ihn mir erst geben lassen, wenn Cipriani da ist und ich für ihn bezahlen kann."

„Muß alles so peinlich genau sein?"

„Ich glaube, bei mir ja", sagte der Colonel. „Verzeih mir, Tochter."

„Sag dreimal hintereinander Tochter"

„*Hija, figlia,* Tochter."

„Ich weiß nicht", sagte sie, „ich glaube, wir wollen weggehen. Ich hab gern, wenn andere Leute uns sehen, aber ich mag jetzt niemanden sehen."

„Die Schachtel mit dem Mohren darin steht auf der Registrierkasse."

„Ich weiß. Ich habe sie schon eine ganze Weile gesehen."

Der Barmixer kam mit den zwei Drinks; sie waren kalt durch die frostige Kälte der Gläser, und er brachte auch das Glas Wasser.

„Geben Sie mir das kleine Paket, das für mich gekommen ist und auf der Registrierkasse liegt", sagte der Colonel zu ihm. „Sagen Sie Cipriani, daß ich ihm einen Scheck dafür schicken werde."

Er hatte seine Entscheidung umgestoßen. „Willst du einen Drink, Tochter?"

„Ja, wenn dir's recht ist, daß auch ich's mir umüberlege."

Sie tranken, nachdem sie ganz leicht mit den Gläsern angestoßen hatten, so leicht, daß der Kontakt kaum spürbar war.

„Du hattest recht", sagte sie, als sie die Wärme fühlte und der Martini für den Augenblick ihren Kummer vernichtete.

„Du hattest auch recht", sagte er und verbarg die beiden Tabletten in der hohlen Hand.

Er fand es geschmacklos, die Tabletten jetzt mit Wasser hinunterzuspülen. Darum schluckte er sie, als das Mädchen einen Augenblick den Kopf wandte, um einen Vormittagstrinker zur Tür hinausgehen zu sehen, mit dem Martini herunter.

„Wollen wir gehen, Tochter?"

„Ja, sicher."

„Mixer", sagte der Colonel. „Wieviel machen die Drinks? Und vergessen Sie nicht, Cipriani zu bestellen, daß ich ihm für den kleinen Unsinn hier einen Scheck schicken werde."

Ernest Hemingway (1899–1961)

Ridotto

Der Ridotto ist eine Versammlung von zahllosen Masken; in anderer Kleidung wird man dort nämlich nicht eingelassen. Man spielt Bassetta, und daher werden dort viele reiche Leute vom Schicksal zu sehr armen Leuten gemacht. Dieser Ridotto findet in einem Palast mit ungefähr 20 Zimmern, Sälen und Kammern statt, die alle mit Spielern angefüllt sind. Die Bank wird immer nur von Nobili gehalten, und zwar steht jeder dieser Nobili hinter einem Tisch in Bereitschaft, der mit Gold und Silber überhäuft ist, das als Köder für die einfältigen Vögelchen dient. Die Dame des Bankhalters steht daneben und wacht darüber, daß ihnen kein Gewinn entgeht. Nun will ich Ihnen eine hübsche Geschichte erzählen. In einem der Zimmer sah ich, wie eine Maske an einen Tisch trat und mit solchem Glück zu spielen begann, daß der Tisch des Bankhalters in kurzer Zeit wie leergefegt war. Dann machte sich diese Maske daran, ihr Glück, das sie beim Schopf gepackt zu haben glaubte, auch anderswo zu erproben.

Merkwürdigerweise lachte der Nobile, der doch seinen ganzen Schatz verloren hatte, dazu und blieb so heiter, als ob er gar nichts verloren hätte. Ich war nun höchst begierig, das Ende dieses Auftritts zu erleben, und folgte der glücklichen Maske, die wie ein Esel mit Gold und Silber bepackt war. Bei einer beträchtlichen Bank blieb sie stehen und zeigte erneut gute Lust, sich auch diese noch aufzuladen. Sie setzte eine Handvoll Gold nach der anderen auf eine Karte, aber dieses Mal so unglücklich, daß sie alles ebenso schnell, wie sie es gewonnen hatte, wieder verlor und das eigene Geld noch dazu. Die Maske geriet daraufhin wie wahnsinnig in Wut, zerriß die Karten mit Händen und Zähnen und murmelte dazu unablässig irgend etwas unter der Gesichtsmaske. Nachdem sie dann ihre Wut gegen ein Bündel Karten ausgetobt hatte, war sie augenblicklich verschwunden. Wahrhaftig, wenn sich dieser Esel mit seiner ersten Last zufriedengegeben und sie gerettet hätte, dann hätte er künftig zweifellos als reicher Mann leben können. Aber so ergeht es eben diesen Gierhälsen, die nicht Maß noch Ziel kennen und schließlich von ihrem Glück verlassen werden, weil sie seiner nicht würdig sind. Übrigens wissen selbst diejenigen, die mit der Stadt nicht sehr vertraut sind, daß die Nobili in den Ridotti wie ein einziger Mann zusammenstehen, so daß sie unmöglich wirklich was verlieren können, denn wenn einmal einer von ihnen ruiniert wird, dann gewinnen die anderen sein Geld wahrscheinlich noch mit Zinsen zurück, wie die obige Geschichte beweist. Die fremden Reisenden werden daher immer die Betrogenen sein.

Johann Caspar Goethe (1710–1782)

S. Moisè

Beachtenswert als eines der schlechtesten Beispiele der schlechtesten Schule der Renaissance. Sie enthält ein bedeutendes Bild, „Christi Fußwaschung seiner Jünger“, von Tintoretto; links von der Kapelle, nördlich vom Chor. Dieses ursprünglich dunkel gewesene Bild ist jetzt sehr verblaßt – teilweise, glaube ich, ganz zerstört – und im schlechtesten Licht einer Kapelle aufgehängt, wo man es an einem sonnigen Mittage kaum ohne eine Kerze erkennen konnte. Ich kann daher nicht viel davon sagen; aber es ist sicherlich eines der wenigst erfolgreichen Werke des Malers, und nachlässig und unerfreulich sowohl in der Komposition wie in der Farbe. Ein Umstand ist erwähnenswert, da er in beträchtlichem Maße das Interesse an den meisten Darstellungen Tintorettos von unserm Heiland und seinen Jüngern schmälert. Er verlor die Tatsache nie aus dem Auge, daß alle arm waren und die letzteren unwissend; und während er einen Senator oder einen gründlich kanonisierten Heiligen nie anders als einen Gentleman malt, ist er sorgfältig darauf bedacht, die Apostel in ihrem lebendigen Verkehr mit dem Heiland in solcher Weise darzustellen, daß der Beschauer sofort wie ehemals der Pharisäer erkennt, daß sie ungelehrte und unwissende Leute waren; und wo wir sie in einem Zimmer antreffen, ist es immer ein solches, wie es von den unteren Klassen bewohnt wird. Eine gewisse Umgehung dieses Brauchs scheint in der Estrade oder Treppe zu liegen, auf der unser Heiland in diesem Bilde dargestellt ist; aber wir werden sogleich daran erinnert, daß die Gaststube oder das obere Zimmer nicht in einem Palast gewesen sein kann, durch die einfache Einrichtung der Diele, die aus einer Wanne mit einem kupfernen Schmortopf darin besteht, einer Kaffeekanne und einem Blasebalg, wozu merkwürdigerweise noch eine symbolische Schale mit einer Oblate kommt, die jedoch zu einem beschädigten Teil des Gemäldes gehört, und von den Priestern hinzugefügt sein kann. Ich bin außerstande anzugeben, woraus der Hintergrund des Bildes besteht oder bestanden hat; und das einzige erwähnenswerte ist noch die Feierlichkeit, die der Maler trotz der oben erwähnten schlichten und häuslichen Verhältnisse der Szene verliehen hat, indem er den Heiland, der dem Petrus die Füße wäscht, auf die oberste Stufe einer runden Treppe gestellt hat, auf der die anderen Apostel in Anbetung und Erstaunen knieen.

John Ruskin (1819–1900)

La Fenice · La Traviata

Mittwoch, 16. Februar 1853

Lieber Piave,
Du wirst noch zwei weitere Stücke erhalten, eine *Tenor-Arie* und eine *Baß-Arie;* damit ist der zweite Akt fertig. In der Cabaletta der Arie des Tenors muß auch der dritte und siebte Vers auf der vorvorletzten Silbe betont werden. In der Szene, in der Giuseppe kommt, zu sagen, daß Violetta abgefahren ist, kann Annina nicht zurückgekommen sein; folglich konnten Violetta und Annina nicht zusammen abfahren. Ich habe das eingerichtet, um die Noten zu machen, aber Du wirst andere und bessere Verse machen.

Heute habe ich die Cabaletta des Tenors erhalten. Sie sagt gar nichts.

Ich werde Montag abend in Venedig sein; laß mir das übliche kleine Appartement im Europa mit einem guten und gut gestimmten Klavier vorbereiten; außerdem bitte ich Dich, ein Pult bei einem Schreiner zu finden oder zu leihen, daß ich beim Schreiben aufrecht stehen kann. Sorge dafür, daß alles fertig wird, weil ich damit rechne, in der Nacht meiner Ankunft sogleich an das Instrumentieren zu gehen.

Ich erhalte einen anonymen Brief aus Venedig, in dem gesagt wird, daß ich ein vollständiges Fiasko haben werde, wenn ich die Primadonna und den Baß nicht anders besetzen lasse. Ich weiß, ich weiß. Ich zeige Dir den Brief. Addio in Eile.

P.S. Sieh zu, daß in meinem kleinen Appartement alles vorbereitet ist und daß es da auch ein paar gute Sessel gibt. Auf den Preis kommt's nicht an, mach's, wie Du willst.

Venedig, 7. März 1853

Lieber Emanuele,
die *Traviata* gestern abend Fiasko. Ist es meine Schuld oder die der Sänger? (...) Die Zeit wird richten.

Giuseppe Verdi (1813–1901)

Tod des Dirigenten

Der dritte Gong tönte diskret durch die Foyers und Bars des Teatro La Fenice und rief zum letzten Akt der Oper. Zigaretten wurden ausgedrückt, Gläser leergetrunken, Gespräche beendet, und langsam drängte das Publikum zurück ins Theater. Der zwischen den Akten hellerleuchtete Saal war erfüllt von gedämpftem Stimmengewirr. Hier blitzte ein Diamant, dort wurde auf nackter Schulter ein Nerzcape zurechtgerückt, da ein unsichtbares Stäubchen von einem Satinrevers geschnipst. Zuerst füllten sich die Ränge, dann das Parkett, zuletzt die drei Reihen der Logen.

Langsam verloschen die Lichter, bis es ganz dunkel war im Saal, und es breitete sich jene erwartungsvolle Spannung aus, die ein Opernhaus erfüllt, kurz bevor die Vorstellung weitergehen soll und der Dirigent auf sein Podium zurückkehrt. Das Stimmengesumm ebbte allmählich ab, die Orchestermusiker rutschten nicht länger auf ihren Stühlen herum, und die allgemeine Stille verkündete, daß man bereit war für den dritten Akt.

Die Stille dehnte sich, wurde schwer. Aus dem ersten Rang hörte man plötzlich ein Husten, jemand ließ ein Buch oder eine Handtasche fallen, doch die Tür zum Korridor hinter dem Orchestergraben blieb zu.

Die Orchestermusiker waren die ersten, die leise zu reden anfingen. Ein zweiter Geiger lehnte sich zu der Frau neben ihm hinüber und erkundigte sich, wo sie dieses Jahr ihren Urlaub verbringen wolle. In der zweiten Reihe informierte eine Fagottistin ihre Nachbarin, daß bei Benetton morgen der Schlußverkauf beginne. Die Leute in den Seitenlogen schlossen sich dem Getuschel der Musiker als erste an, denn sie konnten direkt in den Orchestergraben sehen und sich ein Beispiel nehmen. Die Ränge zogen nach, dann die ersten Parkettreihen, als wollten die Reichen sich als letzte von solchem Benehmen anstecken lassen.

Das Summen steigerte sich zum Gemurmel. Minuten verstrichen. Plötzlich wurden die Falten des steifen grünen Samtvorhanges energisch auseinandergeschlagen, und Amadeo Fasini, der Intendant des Theaters, trat etwas linkisch durch den schmalen Spalt. Der Beleuchter an seinem Schaltpult über dem zweiten Rang hatte keine Ahnung, was los war, und entschied sich endlich dafür, einen grellen weißen Kreis auf die Gestalt auf der Bühne zu richten. Geblendet hob Fasini den Arm vors Gesicht, und so, den Arm wie zur Abwehr eines Schlages erhoben, begann er zu sprechen:

„Meine Damen und Herren –“ Er hielt inne und gestikulierte wild mit der Linken zu dem Beleuchter, der seinen Irrtum bemerkte und den Scheinwerfer wieder ausschaltete. Fasini, von seiner vorübergehenden Blindheit erlöst, fing noch einmal von vorn an: „Meine Damen und Herren, leider muß ich Ihnen mitteilen, daß Maestro Wellauer die Vorstellung nicht zu Ende leiten kann.“ Fragendes Geraune drang ihm aus dem Publikum entgegen, Köpfe wandten sich unter Seidengeraschel, aber er sprach weiter. „Maestro Longhi wird seinen Platz am Pult einnehmen.“ Und schnell, ehe das Raunen so laut werden konnte, daß seine Worte darin untergingen, fragte er mit betont ruhiger Stimme: „Ist ein Arzt im Saal?“

Donna Leon (geb. 1942)

Palazzo Pisani

Nachdem wir von der westlichen Seite des Markusplatzes eine ziemliche Strecke auf solch wechselndem Fußwege bis zum Campo San Stefano zurückgelegt hatten, fanden wir in einer Ecke desselben das großartige Tor, welches den Hof des Palazzo Pisani gegen den Campo hin abschließt. Der Palast selbst, wohl zu unterscheiden von dem gleichnamigen am Canal Grande liegenden Bau, ist das wahre Muster eines venezianischen Palastes an ursprünglicher Pracht und jetzigem Verfalle. In den beiden fürstlich großen inneren Höfen die Fliesenquadern zerbrochen und mit grünem Schlamm und Moder überzogen, die Brunnen in Verfall, die schönen Steinzieraten, die zierlichen Marmorornamente zerbröckelnd und verwittert, die Scheiben der hohen Bogenfenster erblindet oder mit Spinngeweben schwarz überzogen, hier und da ihr Mangel mit Brettern verdeckt. Marmortreppen, breit und prächtig, als solle nur der Fuß eines Herrschergeschlechts sie beschreiten, ausgetreten und mit eingesunkenen Stufen. Ein riesiger Bankettsaal, wie wir sie aus Paolo Veroneses Bildern kennen, der durch zwei Stockwerke sich mit einer Galerie für Zuschauer stolz erhebt, leer, einsam, kalt, hallend und spukhaft wie die Ruine eines alten Schlosses. An einer und der andern Türe der oberen Stockwerke stand ein Name angeheftet. Es haben sich einige fremde Familien dort als Mieter angesiedelt und einzelne Teile wohnlich hergerichtet, die durch Gänge, fast wie Gassen lang, voneinander getrennt sind; aber niemand war zu sehen als der alte Wächter des Hauses, der uns voranschritt, damit wir uns in dem weitläufigen öden Baue nicht verirren möchten, und der ganz so verwittert, grau und spukhaft aussah wie der verödete Palast selbst. Die kolossalen, mit kunstreichem Schnitzwerk verzierten Laternen, welche einst die Prachtgalerien des Hauses geschmückt haben und die nun altersgeschwächt unten über dem innern Eingange aufgestellt sind, nahmen sich in all der Verödung erst recht unglaublich aus.

Adolf Stahr (1805–1876)

Teatro S. Samuele (Ramo calle del Teatro)

Es war 9 Uhr Abends; denn um diese Zeit erst geht hier das Theater an. Das Haus ist im Innern groß und geräumig und gut dekoriert. Wir hatten eine Loge gekauft, und wunderten uns sehr, die Sitze in der Art an beide Seitenwände der Loge aufgestellt zu finden, daß wir seitwärts gegen die Bühne gekehrt sitzen mußten. Natürlich konnte nachher keiner von uns etwas sehen. Es war eine Oper von Donizetti angekündigt. Das Orchester stimmte so eben nach – dem Waldhorn. Der Bläser desselben kehrte das Schalloch gegen das versammelte Haus und intonierte, als gälte es die Mauern von Jericho umzublasen, eine Viertelstunde lang den Ton, der von der ganzen Kapelle nachgekratzt und nachgeblasen wurde. Ich bin nicht im Stande zu beschreiben, wie arg es der Mann trieb. Und als nun die Ouvertüre begann, welch ein ohrenzerreißendes Charivari mußten wir hören! Kein Instrument stimmte zum andern, und vom Takt wußten die guten Leute gar nichts. Eben so schlecht waren die Sänger und Sängerinnen; und von der Kunst der Darstellung hatte man keine Ahnung. Wir litten unbeschreiblich und entschlossen uns (...), schon nach dem ersten Akt, um 11 Uhr, das Theater zu verlassen.

Gustav Nicolai (1795–1852)

Veroneses Haus (Salizzada S. Samuele)
Kunst, Vergnügen, Inquisition

I

Als ich mein *Letztes Abendmahl* beendet hatte,
fünfeinhalb mal knapp dreizehn Meter,
eine Heidenarbeit, aber ganz gut bezahlt,
kamen die üblichen Fragen.
Was haben diese Ausländer zu bedeuten
mit ihren Hellebarden? Wie Ketzer
sind sie gekleidet, oder wie Deutsche.
Finden Sie es wohl schicklich,

dem Heiligen Lukas
einen Zahnstocher in die Hand zu geben?
Wer hat Sie dazu angestiftet,
Mohren, Säufer und Clowns
an den Tisch Unseres Herrn zu laden?
Was soll dieser Zwerg mit dem Papagei,
was soll der schnüffelnde Hund,
und warum blutet der Mameluck aus der Nase?
Meine Herrn, sprach ich, dies alles
habe ich frei erfunden zu meinem Vergnügen.
Aber die Sieben Richter der Heiligen Inquisition
raschelten mit ihren roten Roben
und murmelten: Überzeugt uns nicht.

II
Oh, ich habe bessere Bilder gemalt;
aber jener Himmel zeigt Farben,
die ihr auf keinem Himmel findet,
der nicht von mir gemalt ist;
und es gefallen mir diese Köche
mit ihren riesigen Metzgersmessern,
diese Leute mit Diademen, mit Reiherbüschen,
pelzverbrämten, gezaddelten Hauben
und perlenbestickten Turbanen;
auch jene Vermummten gehören dazu,
die auf die entferntesten Dächer
meiner Alabaster-Paläste geklettert sind
und sich über die höchsten Brüstungen beugen.
Wonach sie Ausschau halten,
das weiß ich nicht. Aber weder euch
noch den Heiligen schenken sie einen Blick.

III
Wie oft soll ich es euch noch sagen!
Es gibt keine Kunst ohne das Vergnügen.
Das gilt auch für die endlosen Kreuzigungen,
Sintfluten und Bethlehemitischen Kindermorde,

die ihr, ich weiß nicht warum,
bei mir bestellt.
Als die Seufzer der Kritiker,
die Spitzfindigkeiten der Inquisitoren
und die Schnüffeleien der Schriftgelehrten
mir endlich zu dumm wurden,
taufte ich das *Letzte Abendmahl* um
und nannte es
Ein Dîner bei Herrn Levi.

IV
Wir werden ja sehen, wer den längeren Atem hat.
Zum Beispiel meine *Heilige Anna selbdritt.*
Kein sehr amüsantes Sujet.
Doch unter den Thron,
auf den herrlich gemusterten Marmorboden
in Sandrosa, Schwarz und Malachit,
malte ich, um das Ganze zu retten,
eine Suppenschildkröte mit rollenden Augen,
zierlichen Füßen und einem Panzer
aus halb durchsichtigem Schildpatt:
eine wunderbare Idee.
Wie ein riesiger, kunstvoll gewölbter Kamm,
topasfarben, glühte sie in der Sonne.

V
Als ich sie kriechen sah,
fielen mir meine Feinde ein.
Ich hörte das Gebrabbel der Galeristen,
das Zischeln der Zeichenlehrer
und das Rülpsen der Besserwisser.
Ich nahm meinen Pinsel zur Hand
und begrub das Geschöpf,
bevor die Schmarotzer anfangen konnten,
mir zu erklären, was es bedeute,
unter sorgfältig gemalten Fliesen
aus schwarzem, grünem und rosa Marmor.

Die *Heilige Anna* ist nicht mein berühmtestes,
aber vielleicht mein bestes Bild.
Keiner außer mir weiß, warum.

Hans Magnus Enzensberger (geb. 1929)

Der Kreuzgang von Santo Stefano

Ein Wändeviereck blaß, vergilbt und alt,
Ehmals von Pordenones Hand bemalt.

Die Bilder fraß die Zeit. Du siehest nur
Mit schwachem Umriß hier und dort die Spur

Verwaschner Fresken noch: ein Arm, ein Fuß –
Vergangener Schönheit geisterhafter Gruß.

Ein Kind mit Augen auf, die lustig lachen
Und den Beschauer seltsam traurig machen.

Hermann Hesse (1877–1962)

Campo Manin · Denkmal für Daniele Manin

Ich bin illegal verhaftet und eingesperrt worden, ich möchte legal freigelassen werden. Ich erkenne dem aufständischen Volk nicht das Recht zu, mich zu befreien.
(Nach der Inhaftierung 1848)

Vergessen wir nicht, daß es dort, wo es keine Ordnung gibt, keine wahre Freiheit geben kann, und wir mussen uns zu eifersüchtigen Hütern der Ordnung machen, um zu beweisen, daß wir der Freiheit würdig sind. Allerdings gibt es Augenblicke und außergewöhnliche Umstände, unter denen der Aufstand zum Recht wird, zur Pflicht.
(Nach der Entlassung aus dem Gefängnis, 17. März 1848)

Wir sind frei und können uns doppelt rühmen, es zu sein; denn wir sind es, ohne einen Tropfen von unserem Blut oder dem unserer Brüder vergossen zu haben. (...) Aber es genügt nicht, die alte Regierung niedergeworfen zu haben, man muß sie auch durch eine neue ersetzen, und am besten geeignet erscheint uns die Form der Republik, die an den Ruhm vergangener Tage erinnert, den die gegenwärtigen Freiheiten noch veredeln. Damit beabsichtigen wir noch nicht, uns von unseren italienischen Brüdern zu trennen, sondern vielmehr werden wir eines jener Zentren bilden, die der allmählichen Verschmelzung in ein einziges Italien dienen sollen. Es lebe die Republik! Es lebe die Freiheit! Es lebe San Marco!
(Nach der Kapitulation der Österreicher am 22. März 1848)

Was auch immer geschieht, sagt: Dieser Mann hat sich getäuscht. Sagt aber nie: Dieser Mann hat uns getäuscht! Ich habe nie jemanden getäuscht; ich habe nie ein Lob gespendet, das ich nicht empfunden hätte; ich habe nie gesagt, man solle hoffen, wenn ich nicht [selbst] hoffte.
(13. August 1848, vor der Kapitulation der Venezianer)

Wir verlangen von Österreich nicht, liberal und menschlich zu sein. (...) Wir verlangen, daß es abzieht.
(Aus dem Exil in Paris)

Daniele Manin (1804–1857)

Inschrift in der Druckerei des Aldus Manutius
(an der Stelle des jetzigen Sparkassengebäudes)

Wer du auch bist, Aldus bittet dich nachdrücklich, mit wenigen Worten vorzubringen, was du von ihm willst, und dann sofort wegzugehen; es sei denn, du bist gekommen, um ihm, wie Herkules dem müde gewordenen Atlas, die Hilfe deiner Schultern zu leihen. Für dich und für alle, die hierher kommen, wird es immer etwas zu tun geben.

Aldus Manutius (um 1450–1515)

Streifzüge aus der Calle del Carbon

Wir verbrachten häufig die Nächte damit, die verschiedener Stadtviertel zu durchstreifen und alle erdenklichen Unverschämtheiten zu ersinnen und durchzuführen. Wir vergnügten uns damit, an der Wasserseite der Häuser die Gondel loszubinden, die dann leer mit der Strömung des Wassers von einem Ufer des Canal Grande zum anderen getrieben wurden, und lachten im voraus über die Verwünschungen, mit denen die Gondolieri uns am Morgen bedenken würden, wenn sie ihre Gondeln nicht dort fanden, wo sie diese festgemacht hatten.

Häufig weckten wir Hebammen, ließen sie sich ankleiden und mitkommen, um Frauen zu entbinden, die sie bei ihrem Erscheinen für verrückt halten mußten. Den gleichen Streich spielten wir den berühmtesten Ärzten; wir störten ihre Nachtruhe, um sie zu Adligen zu schicken, die angeblich einen Schlaganfall erlitten hatten. Wir trieben auch die Priester aus ihren Betten, um durchaus gesunden Personen die letzte Ölung bringen zu lassen, weil sie angeblich im Sterben lagen.

In allen Straßen, durch die wir kamen, schnitten wir unweigerlich die Schnüre der Türglocken an den Häusern ab; und wenn wir zufällig eine Tür offen fanden, weil man vergessen hatte, sie zu schließen, tappten wir im Finstern die Stiegen hinauf und erschreckten die Schläfer an den Türen ihrer Wohnungen, um ihnen zu sagen, das Haustor zur Straße stehe offen.

Giacomo Casanova (1725–1798)

Teatro Carlo Goldoni (früher Teatro S. Luca)

10. Oktober (1786)

Nun endlich kann ich denn auch sagen, daß ich eine Komödie gesehen habe! Sie spielten heut auf dem Theater Sankt Lukas „Le Baruffe Chiozzotte“, welches allenfalls zu übersetzen wäre: „Die Rauf- und Schreihändel von Chiozza.“ Die Handelnden sind lauter Seeleute, Einwohner von Chiozza, und ihre Weiber, Schwestern und Töchter. Das gewöhnliche Geschrei dieser Leute im Guten und

Bösen, ihre Händel, Heftigkeit, Gutmütigkeit, Plattheit, Witz, Humor und ungezwungene Manieren, alles ist gar brav nachgeahmt. Das Stück ist noch von Goldoni, und da ich erst gestern in jener Gegend war und mir Stimmen und Betragen der See- und Hafenleute noch im Aug' und Ohr widerschien und widerklang, so machte es gar große Freude, und ob ich gleich manchen einzelnen Bezug nicht verstand, so konnte ich doch dem Ganzen recht gut folgen. Der Plan des Stücks ist folgender: Die Einwohnerinnen von Chiozza sitzen auf der Reede vor ihren Häusern, spinnen, stricken, nähen, kuppeln wie gewöhnlich; ein junger Mensch geht vorüber und grüßt eine freundlicher als die übrigen, sogleich fängt das Sticheln an, dies hält nicht Maße, es schärft sich und wächst bis zum Hohne, steigert sich zu Vorwürfen, eine Unart überbietet die andere, eine heftige Nachbarin platzt mit der Wahrheit heraus, und nun ist Schelten, Schimpfen, Schreien auf einmal losgebunden, es fehlt nicht an entschiedenen Beleidigungen, so daß die Gerichtspersonen sich einzumischen genötigt sind.

Im zweiten Akt befindet man sich in der Gerichtsstube; der Aktuarius an der Stelle des abwesenden Podestà, der als Nobile nicht auf dem Theater hätte erscheinen dürfen, der Aktuarius also läßt die Frauen einzeln vorfordern; dieses wird dadurch bedenklich, daß er selbst in die erste Liebhaberin verliebt ist und, sehr glücklich, sie allein zu sprechen, anstatt sie zu verhören, ihr eine Liebeserklärung tut. Eine andere, die in den Aktuarius verliebt ist, stürzt eifersüchtig herein, der aufgeregte Liebhaber der ersten gleichfalls, die übrigen folgen, neue Vorwürfe häufen sich, und nun ist der Teufel in der Gerichtsstube los wie vorher auf dem Hafenplatz.

Im dritten Akt steigert sich der Scherz, und das Ganze endet mit einer eiligen notdürftigen Auflösung. Der glücklichste Gedanke jedoch ist in einem Charakter ausgedrückt, der sich folgendermaßen darstellt.

Ein alter Schiffer, dessen Gliedmaßen, besonders aber die Sprachorgane, durch eine von Jugend auf geführte harte Lebensart stockend geworden, tritt auf als Gegensatz des beweglichen, schwätzenden, schreiseligen Volkes, er nimmt immer erst einen Anlauf durch Bewegung der Lippen und Nachhelfen der Hände und Arme, bis er denn endlich, was er gedacht, herausstößt. Weil ihm dieses aber nur in kurzen Sätzen gelingt, so hat er sich einen lakonischen Ernst angewöhnt, dergestalt, daß alles, was er sagt, sprüchwörtlich oder sententios klingt, wodurch denn das übrige wilde, leidenschaftliche Handeln gar schön ins Gleichgewicht gesetzt wird.

Aber auch so eine Lust habe ich noch nie erlebt, als das Volk laut werden ließ, sich und die Seinigen so natürlich vorstellen zu sehen. Ein Gelächter und Gejauchze von Anfang bis zu Ende. Ich muß aber auch gestehen, daß die Schauspieler es vortrefflich machten. Sie hatten sich nach Anlage der Charaktere in die verschiedenen Stimmen geteilt, welche unter dem Volke gewöhnlich vorkommen. Die erste Aktrice war allerliebst, viel besser als neulich in Heldentracht und Leidenschaft. Die Frauen überhaupt, besonders aber diese, ahmten Stimme, Gebärden und Wesen des Volks aufs anmutigste nach. Großes Lob verdient der Verfasser, der aus nichts den angenehmsten Zeitvertreib gebildet hat.

Johann Wolfgang Goethe (1749–1832)

VOM MARKUSPLATZ NACH NORDEN

Mercerie · Unfall am Uhrturm

Die schönste Straße in Venedig, vom Markusplatz abgesehen, ist die Mercerie, die so heißt, weil hier die Seidenwarenhändler wohnen, doch gibt es hier auch viele Buchläden und viele Handwerker. Sie ist von beträchtlicher Länge, doch nicht sehr breit, es können immerhin sechs Menschen auf ihr nebeneinander hergehen. Sie ist mit Ziegeln gepflastert, und wo sie vom Rialto kommend auf den Markusplatz mündet, befindet sich ein schönes, reich mit Marmor verkleidetes Tor, auf dem man zwei wunderliche Ideen verwirklicht hat. Ganz obenauf stehen neben einer Uhr die sehr kunstvoll und naturgetreu ausgeführten Bronzefiguren von zwei Wilden. Bei dieser Uhr ereignete sich am 25. Juli, einem Montag, um etwa neun Uhr morgens, ein sehr tragischer und beklagenswerter Unfall. Ein Mann, dem Sorge für diese Uhr oblag, war mit der Glocke beschäftigt, um seiner täglichen Gewohnheit zufolge das, was fehlerhaft sein sollte, in Ordnung zu bringen. Da traf ihn plötzlich einer der beiden wilden Männer, die jede Viertelstunde ausholen, um die große Glocke anzuschlagen, mit seinem bronzenen Hammer so heftig auf den Kopf, daß er auf den Platz hinunterfiel und tot liegen blieb und keinen Laut mehr von sich gab. Ich kann mich nicht dafür verbürgen, daß dies die lautere Wahrheit ist, da ich den Vorfall nicht mit eigenen Augen gesehen habe. Ich befand mich um diese Zeit im Dogenpalast und war mit der Betrachtung anderer Dinge beschäftigt, doch sobald ich heraustrat, schilderten mir einige meiner Landsleute, was geschehen war und was sie mit angesehen hatten. Sie gaben mir den Rat, dieses Ereignis in meinem Reisetagebuch als einen höchst bejammernswerten Unfall zu erwähnen.

Thomas Coryate (1577–1617)

Campo S. Bartolomeo · Denkmal für Carlo Goldoni

Das Denkmal Goldonis, auf einem kleinen Platz, im Innern der Stadt, macht einen gesunden, lebendigen und sehr drolligen Eindruck. Wie der Mann da stockschwingend spazierengeht, bezopft, im Dreispitz: keck, launig, lachend, und am geschwungenen Röckchen die Spuren der Zudringlichkeit vieler Hundert venezianischer Tauben, gehört er unter das Volk, das ihn rauchend und schwatzend in Alltagstracht umgibt.

Gerhart Hauptmann (1862–1946)

Auf der Suche nach einem Komödienstoff

Nun fehlte mir nichts mehr, als noch ein Lustspiel für dieses Jahr zu geben, und mein Versprechen war erfüllt.

Wir hatten den vorletzten Sonntag des Karnevals, ich hatte noch keine Zeile von diesem letzten Stück geschrieben und nicht einmal eine Idee dazu.

Ich ging diesen Tag von Hause nach dem St.-Markus-Platz, mich etwas zu zerstreuen. Vielleicht, dachte ich, gibt mir eine Maske oder ein Gaukler Veranlassung zu einem Lustspiel oder zu einer Posse für die Fastnacht.

Unter der Arkade des Glockenturms begegnete ich einem Mann, der mir gleich auffiel und den Stoff, den ich suchte, an die Hand gab. Es war ein alter, übel gekleideter, schmutziger Armenier mit einem langen Bart, der durch die Straßen zog und trockne Früchte aus seiner Heimat verkaufte, die er „Ababigi" nannte.

Dieser Mensch, auf den man allenthalben stieß und dem ich selbst mehrmals begegnet war, war so bekannt und so verachtet, daß man, wenn man über ein Mädchen, das nach einem Manne lüstern war, spotten wollte, ihr den „Ababigi" vorschlug.

Ich brauchte nicht mehr als das, um zufrieden nach Hause zu gehen. Ich ging in mein Kabinett, schloß mich da ein und erdachte ein populäres Lustspiel, unter dem Titel „I Pettegolezzi" („Das Weibergeklatsche").

Es war unmöglich, es eher als Fastnacht auf das Theater zu bringen, und machte also den Schluß des Karnevals. Der Zulauf war diesen Tag so außerordentlich, daß der Preis der Logen um das Doppelte und Dreifache stieg. Der Beifall war so tobend, daß die Vorübergehenden nicht wußten, ob dieser Lärm die Wirkung der Zufriedenheit oder eines allgemeinen Mißvergnügens wäre.

Carlo Goldoni (1707–1793)

Haus des Marco Polo (Corte seconda del Milion) Forscher-Stolz

Kaiser, Könige und Fürsten, Ritter und Bürger – und ihr alle, ihr Wißbegierigen, die ihr die verschiedenen Rassen und die Mannigfaltigkeit der Länder dieser Welt kennenlernen wollt – nehmt dies Buch und laßt es euch vorlesen. Merkwürdiges und Wunderbares findet ihr darin, und ihr werdet erfahren, wie sich Groß-Armenien, Persien, die Tartarei, Indien und viele andere Reiche voneinander unterscheiden. Dieses Buch wird euch genau darüber unterrichten; denn Messer Marco Polo, ein gebildeter edler Bürger aus Venedig, erzählt hier, was er mit eigenen Augen gesehen hat. (...)

Ihr müßt wissen, seit der Erschaffung unseres Urvaters Adam gab es keinen Christen, keinen Heiden, weder einen Tataren noch einen Inder, keinen einzigen Menschen irgendwelcher Herkunft, der soviel wußte und erforschte und der über eine solche Fülle von Merkwürdigkeiten Bescheid weiß wie Messer Marco Polo allein. Aus diesem Grunde war er selbst der Meinung, es wäre unverzeihlich, wenn er nicht die phantastischen Erlebnisse – seine eigenen und die glaubwürdig erzählten – schriftlich festhalte, damit durch dieses Buch jeder Unkundige daran teilnehmen könne. Und jetzt möchte ich euch noch sagen, daß sich Marco Polo gute sechsundzwanzig Jahre in jenen fremden Ländern aufgehalten und dort seine Kenntnisse erworben hat.

Später, im Jahre 1298 nach Christi Geburt, als er zusammen mit Messer Rusticiaus von Pisa im selben Gefängnis zu Genua saß, bat er diesen, alles aufzuschreiben, was er ihm erzähle.

Marco Polo (1254–1324)

Palazzo Bragadin · Ein Wunderdoktor

Ich war einer von den Geigenspielern, aus denen sich eines der verschiedenen Orchester auf den Bällen zusammensetzte, die aus Anlaß einer Hochzeit an drei aufeinanderfolgenden Tagen im Palazzo Soranzo gegeben wurden. Am dritten Tag, gegen Ende des Festes, verließ ich eine Stunde vor Tagesanbruch das Orchester, um nach Hause zu gehen. Als ich die Treppe hinabstieg, fiel mir ein Senator in roter Robe auf, der sich gerade zu seiner Gondel begab. Als er sein Taschentuch herauszog, sah ich, daß ein Brief neben ihm zu Boden fiel. Ich beeilte mich, den Brief aufzuheben, holte den edlen Herrn gerade ein, als er die Stufen hinabstieg, und gab ihn ihm zurück. Er dankte mir und fragte mich, wo ich wohne, und ich sagte es ihm. Er wollte mich unbedingt nach Hause bringen; ich nahm die Freundlichkeit an, die er mir erweisen wollte, und setzte mich neben ihn auf die Bank. Drei Minuten später bat er mich, seinen linken Arm zu schütteln, und sagte:

„Der Arm ist so gefühllos, daß es mir tatsächlich so vorkommt, als gehöre er nicht mehr zu mir." Ich schüttelte ihn mit aller Kraft und hörte ihn mit schlecht artikulierten Worten sagen, er fühle, daß er auch sein Bein verliere, und er meine, den Tod zu spüren.

Voll Schrecken zog ich den Vorhang auf, nahm die Laterne und leuchtete in sein Gesicht. Beim Anblick seines Mundes, der zum linken Ohr hin verzerrt war, und seiner erlöschenden Augen erschrak ich sehr.

Ich rief den Gondelführern zu, sofort anzulegen und mich aussteigen zu lassen, um einen Wundarzt zu holen, der Seine Excellenz rasch zur Ader lassen solle; denn sicher habe er einen Schlaganfall erlitten.

Ich stieg aus. Wir hielten bei der Brücke der Calle Bernardo, auf der ich drei Jahre zuvor Razzetta Stockhiebe versetzt hatte. Ich lief in das nächste Café, und man zeigte mir das Haus, in dem ein Arzt wohnte. Ich klopfte stark, ich rief, jemand kam, der Mann wurde geweckt, ich drängte ihn und duldete nicht, daß er sich ankleidete, er nahm sein Etui und kam mit mir in die Gondel, wo er den Sterbenden zur Ader ließ; ich zerriß mein Hemd, um ihm einen Verband anzulegen.

Gleich darauf gelangten wir zu seinem Hause in Santa Marina; wir weckten die Dienerschaft, man hob ihn aus der Gondel heraus, man trug ihn in den ersten Stock seiner Wohnung, man kleidete ihn aus und legte ihn wie tot ins Bett. Ich beauftragte einen Diener, rasch einen Arzt zu holen; er ging hin, der Arzt kam und ließ ihn von neuem zur Ader. Ich setzte mich neben sein Bett und hielt es nun für meine Pflicht, mich nicht mehr zu entfernen.

Eine Stunde später kam ein mit ihm befreundeter Patrizier, dann ein zweiter; sie waren verzweifelt und fragten die Gondelführer aus, die ihnen sagten, ich könne sie viel besser über alles unterrichten als sie. Nun fragten sie mich, und ich sagte ihnen alles, was ich wußte; sie konnten nicht wissen, wer ich war und wagten auch nicht, mich danach zu fragen; ich sagte ihnen nichts. Der Kranke lag unbeweglich da; das einzige Lebenszeichen war seine Atmung. Man machte ihm warme Umschläge, und der Priester, den man geholt hatte, erwartete seinen Tod. Man empfing keine Besuche, die beiden Patrizier und ich waren die einzigen, die bei ihm blieben. Ich nahm mit ihnen, ohne das Zimmer zu verlassen, ein kleines Mittagessen ein. Gegen Abend sagte der ältere der beiden Patrizier, wenn ich zu tun hätte, könne ich ruhig fortgehen, denn sie würden selbst die ganze Nacht bei dem Kranken bleiben und auf Matratzen schlafen, die sie sich bringen ließen. Ich antwortete ihnen, ich würde in dem Lehnstuhl schlafen, in dem ich saß, denn ich wisse genau, daß der Kranke, wenn ich fortginge, sterben würde, und ebenso sicher sei ich, daß er nicht sterben könne, solange ich hier bliebe. Ich sah, wie sich die beiden wegen dieser Antwort erstaunte Blicke zuwarfen.

Von ihnen erfuhr ich schließlich beim Abendessen, daß der im Sterben liegende Herr Signor Bragadin war, der einzige Bruder des Prokurators gleichen Namens. Signor Bragadin war in Venedig ebensosehr wegen seiner Beredsamkeit und seiner staatsmännischen Fähigkeiten berühmt wie wegen der Liebschaften, mit denen er sich in seiner stürmischen Jugend hervorgetan hatte. Er hatte für Frauen Torheiten begangen, die ihrerseits das gleiche um seinetwillen taten; er hatte viel gespielt und verloren, und sein Bruder, der Prokurator, war sein erbittertster Feind, weil er es sich in den Kopf gesetzt hatte, er habe ihn zu vergiften versucht. Er hatte ihn wegen dieses Verbrechens beim Rate der Zehn angeklagt, der ihn acht Monate später einstimmig unschuldig erklärt hatte; aber der Prokurator hatte darob seine Meinung nicht geändert. Von seinem ungerechten Bruder bedrängt, der sich widerrechtlich die Hälfte seiner Einkünfte angeeignet hatte, lebte der Unschuldige indes friedlich als liebenswürdiger Philosoph mit aller Welt in Freundschaft. Er hatte zwei Freunde, nämlich die beiden, mit denen ich zusammen war; der eine stammte aus der Familie Dandolo, der andere aus der Familie Barbaro, und beide waren so ehrenwert und liebenswürdig wie er selbst. Er war schön, gelehrt, ein Spaßvogel und von sehr sanftem Charakter. Damals war er fünfzig Jahre alt.

Der Arzt, der sich bemühte, ihn zu kurieren, nannte sich Ferro. Er stellte sich aufgrund einer ganz eigenartigen Überlegung vor, er könne ihn wieder gesund machen, wenn er ihm die Brust mit Quecksilber einrieb, und man ließ es geschehen. Die rasche Wirkung dieses Heilmittels, die von den beiden Freunden als günstig angesehen wurde, erschreckte mich. Sie zeigte sich darin, daß der Kranke nach weniger als vierundzwanzig Stunden von einem großen Blutandrang im Kopf gequält wurde. Der Arzt sagte, er habe diese Wirkung der Einreibung vorausgesehen, die Hitzewallungen im Kopf würden am nächsten Tag abnehmen und in die anderen Körperteile übergehen, die künstlich und durch das Gleichgewicht in der Zirkulation der Säfte belebt werden müßten.

Um Mitternacht glühte Signor Bragadin an allen Gliedern und war in eine lebensgefährliche Wallung geraten; ich erhob mich und sah, daß seine Augen wie erstorben waren und er nur mit Mühe atmen konnte. Auf meine Worte hin, man müsse den Patienten von dem befreien, was ihm den Tod bringen werde, erhoben sich die beiden Freunde von ihren Matratzen. Ohne ihre Antwort abzuwarten, entblößte ich seine Brust, entfernte das Pflaster, wusch ihn hierauf mit lauem Wasser, und drei oder vier Minuten später war er erleichtert, ruhig und in sanften Schlummer gesunken. Wir legten uns wieder nieder.

Der Arzt kam in aller Frühe und freute sich, seinen Kranken in guter Verfassung zu finden, Signor Dandolo sagte ihm, was wir getan hatten und aufgrund welcher Maßnahmen ihm der Kranke weniger krank vorkomme.

Der Arzt beklagte sich über die Freiheit, die wir uns herausgenommen hatten, und fragte, wer seine Kur zunichte gemacht habe. Signor Bragadin sagte ihm, von dem Quecksilber, das ihn fast getötet hätte, habe ihn ein Arzt befreit, der mehr verstehe als er; und mit diesen Worten wies er auf mich.

Ich weiß nicht, wer von uns beiden mehr überrascht war, der Arzt beim Anblick eines jungen Mannes, den er nie gesehen hatte und den man ihm als den größeren Kollegen vorstellte, oder ich, der ich nicht glaubte, es zu sein. Ich bewahrte ein bescheidenes Schweigen und hatte mit Lachlust zu kämpfen, die ich aber bezähmte, während der Arzt mich musterte und mich mit Fug und Recht für einen unverschämten Scharlatan hielt, der es gewagt hatte, ihn auszustechen. Er sagte in kaltem Ton zum Kranken, er trete mir demnach seinen Platz ab, und wurde beim Wort genommen. Er ging, und so wurde ich der Arzt eines der hervorragendsten Mitglieder des Senates von Venedig. Im Grunde genommen war ich darüber hoch erfreut. Ich sagte nun dem Kranken, er brauche nur Diät zu halten, dann werde die Natur in der schönen Jahreszeit, der wir uns näherten, ein übriges tun.

Der entlassene Arzt Ferro erzählte diese Geschichte schnurstracks in der ganzen Stadt herum. Da das Befinden des Kranken sich von Tag zu Tag besserte, sagte ihm einer seiner Verwandten, der ihn gerade besuchte, jedermann wunderte sich, daß er einen Geiger aus dem Theaterorchester als Arzt gewählt habe. Signor Bragadin antwortete ihm lachend, ein Geigenspieler könne mehr von der Heilkunst verstehen, als alle Ärzte Venedigs.

Mir lauschte er wie einem Orakel. Seine beiden erstaunten Freunde schenkten mir die gleiche Beachtung. Da diese Ehrerbietung meine Kühnheit steigerte, sprach ich wie ein Naturkundiger, schulmeisterte und zitierte Autoren, die ich nie gelesen hatte.

Giacomo Casanova (1725–1798)

S. Maria dei Miracoli · Klein, aber schön

(...) die Kirche der Madonna Miracolosa, die zu einem Nonnenkloster gehört. Obgleich sie nur klein ist, war sie, was ihre äußere Gestaltung anbetrifft, die schönste, die ich auf meiner ganzen Reise sah; denn ihre Wände sind alle aus reinstem, milchweißem Marmor.

Thomas Coryate (1577–1617)

Tizians Haus (Calle della Pietà) · Sehen und erkennen

Er aber hat die Schönheit stets gesehen,
Und jeder Augenblick war ihm Erfüllung,
Indessen wir zu schaffen nicht verstehen
Und hilflos harren müssen der Enthüllung ...
Und unsre Gegenwart ist trüb und leer,
Kommt uns die Weihe nicht von außen her.
Ja, hätte der nicht seine Liebessorgen,
Die ihm mit Rot und Schwarz das Heute färben,
Und hätte jener nicht den Traum von Morgen
Mit leuchtender Erwartung, Glück zu werben,
Und hätte jeder nicht ein heimlich Bangen
Von irgend etwas und ein still Verlangen
Nach irgend etwas und Erregung viel
Mit innrer Lichter buntem Farbenspiel
Und irgend etwas, das zu kommen säumt,
Wovon die Seele ihm phantastisch träumt,
Und irgend etwas, das zu Ende geht,
Wovon ein Schmerz verklärend ihn durchweht –:
So lebten wir in Dämmerung dahin,
Und unser Leben hätte keinen Sinn ...
Die aber wie der Meister sind, die gehen,
Und Schönheit wird und Sinn, wohin sie sehen.

Hugo von Hofmannsthal (1874–1929)

S. Lazzaro dei Mendicanti · Hinreißende Sängerinnen

Eine Musik, die für mich alle Opern übertrifft und weder in Italien noch in der ganzen übrigen Welt ihresgleichen hat, ist die Musik der Scuole. Die Scuole sind Armenhäuser, Erziehungsanstalten für mittellose junge Mädchen, denen die Republik später bei ihrer Verheiratung oder ihrem Eintritt in ein Kloster eine Mitgift schenkt. Unter den Talenten, die an diesen jungen Mädchen gepflegt werden, steht die Musik obenan. In der Kirche einer jeden dieser vier Scuole gelangen an allen Sonntagen während der Vesper Motetten mit großem Chor und großem Orchester zur Aufführung, die von den größten, meist italienischen Meistern komponiert und geleitet und auf vergitterten Tribünen ausschließlich von Mädchen vorgetragen werden, von denen das älteste noch nicht zwanzig Jahre zählt. Ich kann mir nichts so Liebliches, nichts so Ergreifendes wie diese Musik vorstellen: die wunderbare Kunstfertigkeit, die erlesene Wahl der Gesänge, die Schönheit der Stimmen, die Sicherheit der Ausführung, alles wirkt in diesen wunderbaren Konzerten zusammen, um einen Eindruck hervorzurufen, der sicherlich nicht dem Geschmack der Zeit entspricht, dem sich aber zweifellos kein menschliches Herz verschließen kann. Carrio und ich versäumten niemals diese Vesper in der Kirche der Mendicanti, und wir waren nicht die einzigen. Die Kirche war stets voll von Musikfreunden, und sogar die Opernsänger kamen hin, um sich an diesen vorzüglichen Mustern wahrer Gesangskunst zu bilden. Mich ärgerten nur diese verdammten Gitter, die zwar die Töne durchließen, meinen Augen aber all die Engel an Schönheit verbargen, deren Kehlen sie entströmten. Ich sprach bald überhaupt von nichts anderem mehr. Und als ich eines Tages zu Herrn Le Blond ähnliches äußerte, sagte er: „Wenn Sie so neugierig sind, diese kleinen Mädchen zu sehen, so ist es ein leichtes, Ihnen diesen Wunsch zu erfüllen. Ich bin einer der Verwalter des Hauses und kann Ihnen gern Gelegenheit schaffen, dort das Vesperbrot zu essen.“ Ich ließ ihm keine Ruhe, bis er Wort hielt. Beim Eintritt in den Saal, der die so begierig ersehnten Schönheiten umschloß, fühlte ich einen Liebesschauer, wie ich ihn nie wieder in meinem Leben empfunden habe. Herr Le Blond stellte mir nun nacheinander all die berühmten Sängerinnen vor, deren

Stimme und deren Namen das einzige war, was mir von ihnen bekannt gewesen. „Kommen Sie, Sophie …“, sie war entsetzlich häßlich. „Kommen Sie, Kathina …“, sie war einäugig, „kommen Sie, Bettina …“, die Blattern hatten ihr Gesicht zerfressen. Es fand sich nicht eine, die nicht durch irgendein recht auffälliges Gebrechen entstellt war. Der Henker lachte über meine grausame Enttäuschung. Zwei oder drei kamen mir indessen leidlich vor, aber es waren nur Choristinnen, ich war trostlos. Während des Vesperbrotes neckte man sie, und sie wurden ausgelassen. Häßlichkeit schließt Anmut nicht aus, sie besaßen welche! Ich sagte mir, ohne Seele kann man so nicht singen, sie müssen also Seele besitzen. Schließlich änderte sich meine Art, sie zu sehen, so völlig, daß ich fast verliebt in all diese kleinen, garstigen Hexen fortging und kaum wagte, an ihren Vespermahlzeiten noch einmal teilzunehmen. Schließlich beruhigte ich mich jedoch und fuhr fort, ihren Gesang hinreißend zu finden, und ihre Stimmen schminkten ihre Gesichter so gut, daß ich sie, solange sie sangen, meinen Augen zum Trotz ausnehmend schön fand.

Jean-Jacques Rousseau (1712–1778)

Denkmal für Bartolomeo Colleoni

Bekannt ist allen die Treue und der Gehorsam, die der weiland erlauchte Bartolomeo Colleoni, Generalkapitän unserer Landtruppen, uns und unserem Staate erwiesen hat. Bekannt sind gleichfalls drei sehr umfangreiche Vermächtnisse, die er unserem Staat hinterlassen hat, nämlich: hunderttausend Dukaten in barem Gold, ferner die Gehaltsrückstände, die wir ihm noch schuldeten und endlich zehntausend Dukaten, die ihm der Herzog von Ferrara schuldete, so wie es in den im Rat verlesenen Zusätzen seines Testaments offenkundig bestimmt ist. Bekannt sind gleichfalls viele andere seiner würdige Taten und Verdienste. Ihretwegen hat er sich auf dem Sterbelager für wert befunden, unseren Staat ergebenst bitten zu dürfen, daß wir ihm in dieser Stadt auf dem Markusplatz zu ewigem Gedächtnis sein Bildnis auf ehernem Rosse errichten. Auf daß dem weiland erlauchten Kapitän der gebührende Dank abgetragen und der schuldige Lohn erstattet werde und damit der ganzen Welt unsere Treue, Redlichkeit und Liebe ihm gegenüber bekannt sei, ergeht der Antrag, daß unsere für das Erbe besagten Bartolomeo Colleonis zuständigen Aufsichtsbeamten durch diesen Rat ermächtigt werden, seine eherne Reiterstatue in prächtiger Ausführung von einem der vortrefflichsten Meister, die in dieser Kunst zu finden sind, machen und sie zum ewigen Gedächtnis und Ruhm seines Namens an hervorragender Stelle errichten zu lassen. Diese Statue soll an dem Ort aufgestellt werden, den dieser Rat für ihre Aufstellung als am besten geeignet befinden und anweisen wird.

Senat von Venedig (1479)

Künstler-Stolz

Schon hatte Andrea del Verrocchio das Modell zum Pferd vollendet und angefangen, es mit Rüstzeug zu versehen, um es in Bronze zu gießen, als unter Begünstigung einiger Edelleute der Beschluß gefaßt wurde, Vellano aus Padua solle die Figur, Andrea nur das Pferd arbeiten. Kaum war dieser hiervon unterrichtet, so zerbrach er Kopf und Beine seines Modells und kehrte ganz verbittert und ohne ein Wort zu sagen nach Florenz zurück. Hierauf teilte ihm die Signorina von Venedig mit, er solle nie mehr wagen, in ihre Stadt zu kommen, wenn er nicht seinen Kopf verlieren wolle. Auf diese Drohung entgegnete Andrea in einem Brief, er werde sich wohl davor hüten, denn es stehe nicht in ihrer Macht, den Menschen für abgeschnittene Köpfe neue aufzusetzen. Sie vermöchten solches nicht einmal bei seinem Pferd, dem er allerdings einen schöneren statt des zerbrochenen wiedergeben könnte. Diese Antwort kränkte die Herren nicht; vielmehr riefen sie Andrea mit doppeltem Gehalt nach Venedig zurück. Er kam, stellte sein Modell wieder her und goß es in Bronze, konnte es jedoch nicht ganz zu Ende bringen, denn er erkältete sich bei der Arbeit des Gießens sehr heftig und starb nach wenigen Tagen in jener Stadt.

Giorgio Vasari (1511–1574)

Ferd is Ferd

Friedrich Wilhelm Käsebier an Herrn Rentier Adolf Krickhan, Charlottenburg, Kantstraße.

Oller Demelack!
(...) In Venedig waren wir drei Tage, und Du kannst Dir wohl vorstellen, wie miesepetrig mir war; immer neben der Ollen in Ekstase und immer Vortrag über schweigende Lagunen und tote Königin der Meere und was sich die Frauenzimmer so zusammenlesen.

Ich sage bloß, was bietet mir als Mann von heute, der mitten im Leben steht und die Ellenbogen brauchen muß, so'n Altertum?

Alter Keese stinkt.

Aber die Olle tat natürlich immer jerührt wie Appelmus und spielte mir Bildung vor.

Da war auch so'n Reiterdenkmal von Colleoni, und Du hättest mal hören sollen, was die Damenwelt da für einen Raptus kriegte oder wenigstens so tat, und die kleine Kröte fing mir zu himmeln an.

Na, so blau! Ich sagte „Ferd is Ferd" und ob es mal das linke Bein oder das rechte Bein hochhebt, das macht doch wirklich nicht den Unterschied, daß sie tun müssen, als wären sie von der Stadtbahn überjefahren.

Na, da gab es wieder den Blick, als wenn sie Gott um Rechenschaft fragte, wie er so was wachsen lassen konnte.

Tut mal nich so, sagte ich, ich sage bloß ehrlich meine Meinung, und ihr spielt Theater, und das Textbuch ist der Baedeker. (...)

Und täglich seufzen sie über mir, weil ich die verfluchten Sparghetti noch nicht wie 'n italienischer Lord um den Löffel wickeln kann und weil sie mir immer links und rechts aus der Futterluke bammeln, und dann helfe ich mir, wie's jeht.

Petrus sprach zu seine Jünger, wer keen Löffel hat, eßt mit de Finger.

Was mit die holde Weiblichkeit los war, fragst Du mich, kleiner Schäker?

Nischt. Und nischt is jut for de Oogen.

Ich mußte doch in Venedig Mondnacht mit Familie genießen und Stimmungen empfangen. Da hatte ich keine Gelegenheit, mir die Hexen näher zu betrachten, die einem mit ihren kohlschwarzen Augen das Herz versengen.

Ludwig Thoma (1867–1921)

SS. Giovanni e Paolo · Armer Tizian

Endlich riß sie sich los, sagte mir aber mit einer schüchternen gebrochnen Stimme die Honigworte, die wie eiskühlend und brennendsüß erquickend Labsal durch Mark und Gebein rannen: „Morgen früh zu Santi Giovanni e Paolo."

Ich schwand von ihr weg wie der Blitz, zur ersten Probe meiner Aufführung: und schlief die ganze Nacht nicht, war so wach und lebendig, als ob ich nie geschlafen hätte und nie wieder schlafen würde, durchaus Feuer und geistig Toben. Was hab ich da nicht für Plane gemacht!

Ich hielt schon lange vor der Zeit Wacht um die Kirche; und wie sie aufging, war ich der erste drinnen. Ich wartete und wartete und verging vor Ungeduld; so langweilig war mir das Meßlesen der Priester noch nicht vorgekommen. Wie es allzu lange währte, so ließ ich mir den Vorhang von dem göttlichen Tizian wegziehen, wo *Peter, der Märtyrer,* von einem Räuber erschlagen wird, sein Gefährte flüchtet und ein paar reizende Buben als Engel auf die Bäume der herrlichen Landschaft herabschweben. –

Welch ein Meisterstück! Die Szene schon äußerst lebendig; welche Lokalfarben haben nicht die schlanken Stämme der hohen Kastanienbäume! wie verliert sich das Land in ferne blaue Felsen! der Mörder voll räuberischem Wesen in Gestalt und Stellung und jeder Gebärde bis auf Kleidung und Kolorit! der Heilige hat ganz das Entsetzen eines Überfallnen und eines guten weichen Mannes, der sein Leben banditenmäßig verliert: auf seinem Gesichte ist die Blässe der Todesangst; und mit welcher Natur in der Lage ist er niedergeworfen! der, welcher flieht, ebenso täuschend in allen Teilen. Die drei Figuren machen einen vortrefflichen Kontrast in Stellung, Charakter und Kolorit und den Gewändern von Mönchs- und Räubertracht. Welch ein trefflicher Ton im ganzen, und wie schön hält es die Beleuchtung zusammen!

Dies half etwas, aber wenig, ich hatte keine Ruhe. Endlich erschien sie doch, und armer Tizian, wie fielst du weg! O alle Kunst, neige dich vor der Natur! Sie zog zur Pforte herein, den Kopf in eure Tracht versteckt, wie im dünnen Gewölk aufgehende Sonne; vor ihrem Glanz verschwand alles oder bekam Ansehen, Wesen, lenkte sich zu einem Ganzen.

Wilhelm Heinse (1746–1803)

S. Giustina · Hochamt mit dem Dogen

Heute früh war ich bei dem Hochamte, welchem der Doge jährlich an diesem Tage wegen eines alten Siegs über die Türken in der Kirche der heiligen Justina beiwohnen muß. Wenn an dem kleinen Platz die vergoldeten Barken landen, die den Fürsten und einen Teil des Adels bringen, seltsam gekleidete Schiffer sich mit rot gemalten Rudern bemühen, am Ufer die Geistlichkeit, die Brüderschaften mit angezündeten, auf Stangen und tragbare silberne Leuchter gesteckten Kerzen stehen, drängen, wogen und warten, dann mit Teppichen beschlagene Brücken aus den Fahrzeugen ans Land gestreckt werden, zuerst die langen violetten Kleider der Savj, dann die langen roten der Senatoren sich auf dem Pflaster entfalten, zuletzt der Alte, mit goldener phrygischer Mütze geschmückt, im längsten goldenen Talar mit dem Hermelinmantel aussteigt, drei Diener sich seiner Schleppe bemächtigen, alles auf einem kleinen Platz vor dem Portal einer Kirche, vor deren Türen die Türkenfahnen gehalten werden, so glaubt man auf einmal eine alte gewirkte Tapete zu sehen, aber recht gut gezeichnet und koloriert. Mir nordischem Flüchtling hat diese Zeremonie viele Freude gemacht. Bei uns, wo alle Feierlichkeiten kurzröckig sind, und wo die größte, die man sich denken kann, mit dem Gewehr auf der Schulter begangen wird, möchte so etwas nicht am Ort sein. Aber hierher gehören diese Schleppröcke, diese friedlichen Begehungen.

Der Doge ist ein gar schön gewachsener und schön gebildeter Mann, der krank sein mag, sich aber nur noch so, um der Würde willen, unter dem schweren Rocke gerade hält. Sonst sieht er aus wie der Großpapa des ganzen Geschlechts und ist gar hold und leutselig; die Kleidung steht sehr gut, das Käppchen unter der Mütze beleidigt nicht, indem es, ganz fein und durchsichtig, auf dem weißesten, klarsten Haar von der Welt ruht.

Etwa funfzig Nobili in langen dunkelroten Schleppkleidern waren mit ihm, meist schöne Männer, keine einzige vertrackte Gestalt, mehrere groß, mit großen Köpfen, denen die blonden Lockenperücken wohl ziemten; vorgebaute Gesichter, weiches, weißes Fleisch, ohne schwammig und widerwärtig auszusehen, vielmehr klug, ohne Anstrengung, ruhig, ihrer selbst gewiß, Leichtigkeit des Daseins und durchaus eine gewisse Fröhlichkeit.

Johann Wolfgang Goethe (1749–1832)

Scuola di S. Giorgio degli Schiavoni
Der Kampf mit dem Drachen

Kein Betrachter wird Schwierigkeiten haben mit der Malerei des Vittore Carpaccio, die in der Scuola den Schutzpatron Georg im Kampf mit dem Drachen zeigt. Denn es ist klar: Der scharf umrissene Reiter in der spiegelnden schwarzen Rüstung bekämpft das Böse, das ihm in der Gestalt des Drachens federnd entgegenspringt, die Lanze splittert im Angriff und das Untier blutet. Mit Vergnügen, aber flüchtig und ungeprüft nehmen wir hin, daß links im Hintergrund eine Stadt liegt und rechts die Jungfrau kniet, die befreit werden wird. Ein klares Bild, Erläuterungen erübrigen sich. Wirklich?

Daß die Kirche über der Jungfrau die des heiligen Cyriakus von Ancona ist und daß die Stadt durch das Stadttor von Kairo eröffnet wird, müßte man sich sagen lassen. Daß dieses orientalische Tor mit okzidentalen mittelalterlichen Mauern und einem antiken Theaterbau kombiniert ist, würde dann erst überraschen. Daß vor den schützenden Mauern und Türmen ein prachtvoller, sinnloser Bau steht mit Freitreppe und Balustrade, mit einer groß ausgeführten Marmorinkrustation, offenen Arkaden, Oculi und Kuppel, das ist in Wirklichkeit unmöglich, es ist reine Phantasie, es ist der Traumwelt des Künstlers entsprungen. Wir nehmen es wohlwollend hin als das Märchenhafte in Carpaccios Kunst, auch die messerscharfe, schmale Pyramide im Innern der Mauer, die mit einer Kugel bekrönt ist und die ein überaus spitziger Turmhelm sein könnte, direkt auf die Erde versetzt. Auch den Felsvorsprung vor dem Himmel, der in der Natur abbrechen müßte, auch das Felsentor rechts, das den runden gleichmäßigen, ganz und gar unnatürlichen Rahmen für ein fernes Segelschiff abgibt, auch den Felsen, der wiederum unnatürlich, höchst unwahrscheinlich den Kopf der Jungfrau umgibt wie ein Heiligenschein. Auch die Leichenteile, die eklig und schauderhaft unter den Beinen von Pferd und Drachen verteilt sind, denn hier haust ja das Untier, hier hat es getötet und gefressen, und das sind die Reste davon. Und hier vielleicht, wenn man genauer hinschaut, ergreift einen zum ersten Mal die Ahnung, daß dies alles, was da klar gemalt und ausgesprochen ist, nicht nur mit Erzählungstatsachen und Bildinhalt zu erklären ist, sondern einer Vorstellung entstammt, die über das Reale hinausgeht. (...) Selten ist das Grauenhafte so schrecklich gemalt, aber noch viel seltener ist es an diesem Bilde wahrgenommen worden. Getröstet vom großen Zusammenhang, von der Einbettung in einen Zyklus, überspringt der Blick das Außergewöhnliche, das Überwirkliche.

Christine Patze (geb. 1923)

S. Maria Formosa · Das Bild der heiligen Barbara

Man geht wieder über die häßliche und starre Eisenbrücke zurück, verliert sich in ein Labyrinth kleiner Gassen und geht nach Santa Maria Formosa, um die heilige Barbare des älteren Palma zu sehen. Es ist keine Heilige, sondern ein blühendes junges Mädchen, das anziehendste und der Liebe würdigste, das man sich denken kann. Sie steht stolz aufgerichtet, eine Krone auf dem Haupt, und ihr am Gürtel nachlässig geknüpftes Gewand wogt in gelbgetönten Purpurfalten auf dem hellen Scharlach ihres Mantels. Zwei herrliche braune Haarwellen gleiten auf beiden Seiten ihres Halses herab, und ihre zarten Hände sehen aus wie die einer Göttin; die Hälfte ihres Antlitzes ist im Schatten, und gedämpfte Lichter spielen auf ihrer erhobenen Hand. Ihre schönen Augen sind heiter, und ihre zarten frischen Lippen wollen lächeln; sie hat jenen fröhlichen edlen Geist venezianischer Frauen; voll und doch nicht zu dick und geistvoll und wohlwollend, scheint sie gemacht zu sein, Glück zu geben und zu empfinden.

Hippolyte Taine (1828–1893)

VICTORIE NAVALIS MONIMENTV
M D L XXI

VOM DOGENPALAST ZU DEN GIARDINI PUBBLICI

Seufzerbrücke

Ich weile auf Venedigs Seufzerbrücke;
Ein Kerker steht und ein Palast daneben,
Und aus den Fluten scheint vor meinem Blicke
Sich wie durch Zauberschlag die Stadt zu heben.
Eintausend Jahr' mit dunklen Schwingen schweben
An mir vorbei; ein Glanz, der längst ergraute,
Mahnt an die Zeit, als manch ein Land mit Beben
Zur Marmorstadt des Flügellöwen schaute,
Die ihren Thron sich stolz auf hundert Inseln baute.

Die Meereskybele, entschwebt den Wogen,
Im Diadem der stolzen Türme lacht
Sie hoch und hehr, von Majestät umzogen,
Als Königin der See und ihrer Macht.
Einst war sie's! – Was ihr Völkerraub gebracht,
Ward ihrer Töchter Mitgift; endlos leerte
Der Ost in ihren Schoß der Steine Pracht;
Ihr Kleid war Purpur; manch ein Herrscher kehrte
Zu ihren Festen ein, beglückt, daß sie ihn ehrte.

George Gordon Noel Lord Byron (1788–1824)

Gefängnisse

Von dem Palast zu dem schaurigen Gefängnis ist es nur ein Schritt – man könnte den engen Kanal, der zwischen ihnen liegt, beinahe überspringen. Die gewaltige steinerne Seufzerbrücke überquert ihn im zweiten Stockwerk – eine Brücke in Form eines überdachten

Tunnels; man kann nicht gesehen werden, wenn man darin geht. Sie ist der Länge nach geteilt, und durch die eine Abteilung gingen in früheren Zeiten diejenigen, die leichte Strafen erhalten hatten, und durch die andere zogen traurig die Elenden, welche die Drei zu dauerndem Elend und äußerster Vergessenheit in den Kerkern oder zu plötzlichem und geheimnisvollem Tode verurteilt hatten. Tief unter dem Wasserspiegel wurden uns beim Licht rauchender Fackeln die feuchten, dickwandigen Zeilen gezeigt, wo das Leben manches stolzen Patriziers von der langjährigen Not der Einzelhaft verzehrt wurde, wo er ohne Licht, Luft und Bücher lag, unrasiert, ungekämmt, von Ungeziefer bedeckt, wo seine untätige Zunge ihren Zweck vergaß, weil niemand da war, zu dem sie hätte sprechen können, wo sich die Tage und Nächte seines Lebens nicht mehr länger voneinander abgrenzten, sondern zu einer ewigen, eintönigen Nacht verschmolzen, wo er weit weg war von allen fröhlichen Lauten, begraben in der Stille einer Gruft, vergessen von den hilflosen Freunden, denen sein Schicksal für immer ein dunkles Geheimnis blieb; bis er schließlich seine eigene Erinnerung verlor und nicht mehr wußte, wer er war oder wie er dahingekommen war; den Brotlaib verschlang und das Wasser trank, die ihm von ungesehenen Händen in die Zelle geschoben wurden, und seinen zermürbten Geist nicht mehr mit Hoffnungen und Befürchtungen und Zweifeln und der Sehnsucht nach der Freiheit beschwerte; bis er aufhörte, vergebliche Gebete und Klagen in die Wände zu kratzen, wo niemand, nicht einmal er selbst, sie sehen konnte, und sich hoffnungsloser Gleichgültigkeit, faselnd kindischem Wesen und dem Wahnsinn ergab. Viele, viele traurigen Geschichten würden diese steinernen Wände erzählen, wenn sie nur sprechen könnten.

In einem kleinen, engen Gang dicht daneben zeigte man uns die Stelle, an die so mancher Gefangene – nachdem er so lange im Kerker gelegen hatte, bis er von allen seinen Verfolgern vergessen war – von maskierten Scharfrichtern geführt wurde; dort erdrosselte man ihn und nähte ihn in einen Sack ein, schob ihn in stockfinsterer Nacht durch ein kleines Fenster in ein Boot, brachte ihn dann an irgendeinen abgelegenen Ort und ertränkte ihn.

Man zeigte den Besuchern auch die Marterwerkzeuge, deren sich die Drei gewöhnlich bedienten, um den Angeklagten ihre Geheimnisse zu entlocken – verruchte Maschinen zum Zerquetschen der Daumen; die Stöcke, in denen der Gefangene bewegungsunfähig saß, während ihm Tropfen auf Tropfen Wasser auf den Kopf herabfiel, bis die Qual für einen Menschen nicht mehr zu ertragen war; und eine teuflische Erfindung aus Stahl, die den Kopf des Gefangenen wie eine Schale umschloß und ihn langsam mit Hilfe einer Schraube zerdrückte. Sie trug noch die Spuren des Blutes, das vor langer Zeit durch ihre Fugen getropft war.

Mark Twain (1835–1910)

Palazzo Dandolo · Herr Danieli persönlich

Nachdem wir unsere Sachen gepackt hatten, wurde die Rechnung vom Wirt gefordert. Herr Danieli, wahrscheinlich erzürnt, daß wir bei ihm nicht zu Mittag gegessen hatten, sandte uns eine Rechnung, die wirklich unverschämte Ansätze enthielt. So war z. B. für 4 Portionen Kaffee des Morgens jedesmal ein Napoleonsd'or angesetzt. Ich erklärte, daß wir uns bei der Polizei beschweren würden, wenn wir nicht gleich eine billigere Rechnung erhielten. Das half; wiewohl wir immer noch überteuert blieben, ließ sich die Forderung nun doch bezahlen. Zur Entschuldigung führte Hr. Danieli an, er habe uns für Engländer gehalten und geglaubt, daß wir *all' inglese* gefrühstückt hätten!

Gustav Nicolai (1795–1852)

Schöne Pflegerin, aufmerksamer Arzt

Ich machte im Februar 1834 die Bekanntschaft der Sand auf folgende Weise: ein Bote des Hotels Danieli kam zu mir, um mich zu einer Französin zu rufen. Ich folgte der Aufforderung und fand die Dame auf einem Divan liegend. Sie hatte um den Kopf ein rotes Seidentuch. Neben dem Divan saß ein junger Mann, blond, schlank und groß. Er sagte zu mir: „Die Dame leidet an heftigen Kopfschmerzen und kann nur durch einen Aderlaß geheilt werden.“ Ich fühlte ihren Puls, der unruhig und heftig war, nahm den Aderlaß vor und ging wieder fort. Ich sah sie am übernächsten Tag wieder. Sie war auf, sie kam mir liebenswürdig entgegen und erklärte mir, daß sie sich wieder wohler fühle. Ungefähr vierzehn Tage später kam der gleiche Hotelbote mich zu holen und gab mir ein Billett, das mit „George Sand" unterzeichnet war. Der Brief war in schlechtem Italienisch geschrieben, aber doch klar genug, mir begreiflich zu machen, daß der Franzose, den ich im Zimmer der Dame gesehen hatte, sehr krank sei, fortwährend deliriere und daß man mich bäte, zusammen mit einem andern Arzt so rasch wie möglich hinzukommen. Es handle sich um einen jungen Mann, der ein großes dichterisches Genie sei und den sie über alles auf der Welt liebe. Ich ging sofort hin, mit einem hervorragenden jungen Kollegen, dem Doktor Juanin, damals Assistent am Hospital St. Johann und St. Paul. Nach unserer Diagnose handelte es sich um ein nervöses typhöses Fieber. Die Heilung dauerte lang und war sehr schwierig, besonders infolge des erregten Zustande des Kranken, der mehrere Tage auf den Tod lag. Endlich kam die Wendung zum Guten und der Patient erholte sich allmählich. George Sand pflegte ihn während der ganze Krankheit mit der Sorgfalt einer Mutter. Tag und Nacht saß sie neben seinem Bett und schlief kaum einige Stunden, ohne sich auszuziehen, und nur dann, wenn ich sie vertreten konnte. Der Kranke schwebte fast vierzehn Tage lang zwischen Leben und Tod, und fast eben so lange brauchte er, um einigermaßen gesund zu werden.

Pietro Pagello (1807–1898)

Sublimierung

15. April 1834

Armer George, armes liebes Kind. Du hattest Dich getäuscht, Du glaubtest, Du seist meine Geliebte, Du warst nur meine Mutter. Der Himmel schuf uns für einander, unsere Seelen haben sich wie zwei Vögel des Gebirges in leichter Atmosphäre erkannt. Sie sind einander zugeflogen, aber zu heftig war die Umarmung. Es war ein Inzest, den wir begingen. Ja, meine einzige Freundin, ich war fast Dein Henker, wenigstens in der letzten Zeit. Du hast furchtbar durch mich gelitten, aber Gott sei Dank habe ich nicht noch Schlimmeres getan. Mein Kind, Du lebst, Du bist schön, Du bist jung, Du gehst unter dem herrlichsten Himmel der Welt und bist von einem Manne gestützt, der Deiner würdig ist.

Schreibe mir, mein George. Sei gewiß, daß ich mich mit Dir beschäftige. Meine Freundschaft soll Dir niemals lästig sein. Respektiere diese Freundschaft, die heißer ist als Liebe. Sie ist das einzig Gute in mir. Denke daran, es ist Gottes Werk. Du bist das Band, das mich mit ihm verbindet. Denke an das Leben, das mich erwartet.

Alfred de Musset (1810–1857) an George Sand

S. Zaccaria · Abendlicht

Bei Sonnenuntergang sehen alle Städte wunderbar aus, doch manche eben mehr als andere. Reliefe werden geschmeidiger, Säulen runder, Kapitelle lockiger, Gesimse energischer, Turmspitzen strenger, Nischen tiefer, Jünger sehen drapierter aus, Engel schwebender. In den Straßen wird es dunkel, doch es ist immer noch Tag für die Fondamenta und jenen gigantischen flüssigen Spiegel, wo Motorboote, Vaporetti, Gondeln, Dingis und Barken wie verstreute alte Schuhe eifrig auf barocken und gotischen Fassaden herumtrampeln und weder deine eigene Spiegelung noch die einer vorüberziehenden Wolke verschonen. „Abbilden", wispert das Winterlicht, das nach seiner langen Reise durch den Kosmos schlicht an der Ziegelwand eines Hospitals hängen bleibt oder heimkehrt in das Paradies von San Zaccarias Giebel. Und du spürst die Müdigkeit dieses Lichts, das noch etwa eine Stunde lang in den Marmormuscheln von Zaccaria ruht, während die Erde dem Lichtgestirn die andere Wange bietet. Das ist das Winterlicht in seiner reinsten Gestalt. Es bringt weder Wärme noch Energie, die es irgendwo im Universum oder in der nahen Kumuluswolke abgeworfen und hinter sich gelassen hat. Das einzige Bestreben seiner Partikel ist es, einen Gegenstand zu erreichen und ihn, sei er groß oder klein, sichtbar zu machen. Es ist ein privates Licht, das Licht von Giorgione oder Bellini, nicht das Licht von Tiepolo oder Tintoretto. Und die Stadt verweilt darin und genießt seine Berührung, das Streicheln der Unendlichkeit, aus der es kam. Ein Gegenstand ist es schließlich, was die Unendlichkeit zu etwas Privatem macht.

Joseph Brodsky (1940–1996)

Geschichten-Erzähler

Auf dem Quai der Sklavonier begegnet man beständig Marionetten, Marktschreiern oder Erzählern, die sich auf verschiedene Weise an die Phantasie des Volks wenden; besonders verdienen die Erzähler Aufmerksamkeit; gewöhnlich sind es Episoden aus dem Tasso oder Ariost, die sie in Prosa hersagen zur Bewunderung aller, die es anhören. Diese Zuhörer sitzen im Kreise um den Redenden her, meistens halb nackt und unbeweglich aus übermäßiger Aufmerksamkeit; man bringt ihnen von Zeit zu Zeit ein Glas Wasser, das sie bezahlen wie an andren Orten den Wein, und diese einfache Erfrischung ist alles, was dieses Volk stundenlang braucht, so sehr ist der Geist bei ihm beschäftigt. Der Erzähler macht die lebhaftesten Gebärden; er spricht mit lauter Stimme, er gerät in Zorn, in Leidenschaft, und doch sieht man, daß er im Grunde vollkommen ruhig ist; man könnte ihm zurufen, wie Sappho der Bacchantin, die mit kaltem Blute bewegt scheinen wollte: Nüchterne Bacchantin, was willst du von mir? Jedoch ist es nicht Geziertheit, was in den lebhaften Gebärden der südlichen Einwohner liegt; es ist eine besondere Gewohnheit, die ihnen von den Römern überliefert worden ist, die auch viel Gebärden-Sprache hatten; sie hängt zusammen mit ihrer lebhaften, glänzenden und poetischen Stimmung.

Germaine de Staël (1766–1817)

Londra Palace Hotel · Die Vierte Symphonie

Venedig, 9. (21.) Dezember 1877

Ich arbeite nicht nur fleißig an der Instrumentation *unserer* Sinfonie, sondern bin von dieser Arbeit wie besessen. Keines meiner früheren Orchesterwerke hat mich so viel Mühe gekostet, ich habe mich aber auch noch nie einer Sache mit solcher Liebe hingegeben. Nachdem ich mit der Arbeit begonnen hatte, empfand ich eine angenehme Überraschung. Anfangs schrieb ich mehr deshalb, weil die Sinfonie schließlich doch einmal beendet werden mußte, auch wenn mir das noch so schwerfiel. Nach und nach erfaßte mich jedoch Begeisterung, und jetzt kostet es mich Überwindung, mich von der Arbeit loszureißen.

Liebe Nadeshda Philaretowna, vielleicht irre ich mich, doch bin ich überzeugt, diese Sinfonie ist kein mittelmäßiges Werk, sondern das Beste, was ich bisher komponiert habe. Wie ich mich freue, daß es *unsere* Sinfonie ist und daß Sie, wenn Sie sie eines Tages hören, wissen werden, daß ich bei jedem Takt an Sie gedacht habe! Hätte ich sie überhaupt je beendet, wenn Sie mir nicht geholfen hätten? Als ich in Moskau dachte, mit mir wäre alles zu Ende, versah ich meinen Entwurf mit einer Überschrift, die ich nachher vergaß und erst jetzt beim Arbeiten wieder entdeckte. „Im Falle meines Todes bitte ich dieses Heft N. Ph. von Meck zu übergeben." Ich wünschte das Manuskript meines letzten Werkes in Ihrem Besitz zu wissen. Jetzt lebe ich aber nicht nur und bin gesund, ich kann mich auch, dank Ihrer Fürsorge, mit allen Kräften meiner Arbeit widmen in dem Bewußtsein, daß ein Werk entsteht, das nicht in Vergessenheit geraten wird.

Peter Iljitsch Tschaikowskij (1840–1893)

Chiesa della Pietà · Musik

Den Nachmittag nach meiner Ankunft, den 4ten August, ging ich nach *della Pietà*. Der gegenwärtige Kapellmeister hieß Sgr. Furlanetto, ein Priester, und die Instrumental- und Vokalmusik wird von lauter Mädchen aufgeführt. Diese spielen die Orgel, die Violinen, die Flöten, die Violoncelle und blasen sogar die Waldhörner. Es ist eine Art von Findlingshaus für uneheliche Kinder und steht unter dem Schutze verschiedener von Adel, Bürger und Kaufleute, welche, so groß auch die Einkünfte des Hauses sind, noch jährlich zu seiner Unterhaltung zuschießen. Die Mädchen werden hier so lange unterhalten, bis sie verheiratet werden, und alle, die Anlage zur

Musik äußern, werden darin von den besten Meistern in Italien unterwiesen. Die Komposition sowohl als die Ausführung, die ich diesen Abend zu hören bekam, gingen nicht über das Mittelmäßige hinaus; unter den Sängerinnen konnte ich keine entdecken, die eine merkwürdig schöne Stimme, einen besondern guten Geschmack im Vortrage gehabt hätte. Zum Beschluß machte man indessen eine Sinfonie, deren erstes Allegro in Ansehung der Lebhaftigkeit gut gesetzt und von den Instrumenten gut gespielt ward.

Charles Burney (1726–1814)

Petrarcas Haus (Palazzo Molin, Nr. 4144) Siegesbotschaft

Am 4. Juni dieses Jahres 1364, gegen Mittag, stand ich am Fenster und sah auf die hohe See hinaus, in Gegenwart des Erzbischofs von Patras, der zu Beginn des Herbstes an seinen eigenen Sitz übersiedeln will und diesen Sommer noch, in seiner durch die Gunst des Glücks nicht veränderten Liebe zu mir, hier in meinem, vielmehr in seinem Haus verbringt.

Da fuhr plötzlich eines der Kriegsschiffe, die man Galeeren nennt, mit grünenden Zweigen rings bekränzt, im Ruderschlag in die Hafeneinfahrt ein, und dieser unerwartete Anblick unterbrach unser Gespräch. Sogleich nahmen wir es als günstiges Vorzeichen dafür, daß dieses Schiff irgendeine frohe Nachricht brächte. Denn die Matrosen hatten die Segel gestrichen und fuhren munter durch die seichten Fluten der Lagune, und mit grünem Laub bekränzte Jünglinge mit fröhlichen Mienen schwangen Fahnen über ihrem Scheitel und begrüßten vom Vorderdeck her die siegreiche Vaterstadt, die von ihrem Sieg aber noch nichts wußte.

Schon hatte der Wächter vom höchsten Turm ein Signal gegeben und die Ankunft eines Schiffes aus der Fremde gemeldet, und ohne daß es irgendjemand befohlen hätte, strömte das Volk, nur um zu erfahren, was es gebe, aus der ganzen Stadt zum Ufer. Als aber das Schiff nun nahe herangekommen war und die Sache vor Augen lag, da bemerkten wir die Feldzeichen der Feinde, die vom Verdeck herabhingen, und schon gab es keinen Zweifel mehr, daß das Schiff ein Siegesbote war. Wir wagten aber noch gar nicht zu hoffen, daß es den siegreichen Abschluß des Krieges bedeute, sondern rechneten höchstens mit einem Sieg in irgendeinem Gefecht oder der Eroberung irgendeiner Stadt; noch hatten die Gemüter die ganze Wahrheit nicht erfaßt.

Sobald aber die Boten gelandet waren, erstatten sie im Rat Bericht, daß alles über jede Hoffnung, über jede Wahrscheinlichkeit glücklich abgelaufen sei. Denn die Feinde waren besiegt, erschlagen, gefangen und in die Flucht gejagt, Bürger waren aus der Gefangenschaft erlöst, Städte waren zum Gehorsam zurückgebracht, Kreta war das Joch wieder auferlegt, die siegreichen Waffen waren niedergelegt worden, ohne Blutvergießen war der Krieg beigelegt und ein glorreicher Frieden errungen.

Der Doge Lorenzo Celso, ein Mann, der – wenn mich meine Liebe zu ihm nicht trügt – wegen seiner Seelengröße, seiner feinen Sitten und seines Eifers für die Tugenden, vor allem aber wegen seiner einzigartigen Frömmigkeit und Vaterlandsliebe in Wahrheit als ein „Erhabener" (celsus) zu rühmen ist, wandte sich, als dies bekannt geworden war, mit dem ganzen Volk zu Lobpreisungen Gottes und Danksagungen an Ihn. Denn er war sich bewußt, daß nichts richtig und glücklich ausgehen könnte, wenn man nicht mit der Religion anfängt.

In der ganzen Stadt, mit besonderem Gepränge aber in der Basilika des heiligen Evangelisten Markus, der schönsten Kirche, die meines Wissens je gebaut worden ist, wurden herrliche Dankopfer abgehalten, so herrlich sie Gott von Menschen nur dargebracht werden können, und man veranstaltete eine Prozession vor und bei dem Gotteshaus. Nicht nur das ganze Volk war dabei und der ganze Klerus, auch auswärtige Prälaten, die hier Zufall oder Schaulust oder auch das bereits verbreitete Gerücht von dieser frommen Feier festhielt.

Als die religiösen Feierlichkeiten in herrlicher Weise durchgeführt waren, wandten sich alle Spielen und Schaustellungen zu. Es wäre zu mühsam aufzuzählen, was für verschiedene Arten von Spielen stattfanden, in welcher Form, mit welchem Aufwand, mit welcher Festlichkeit und Ordnung sie abgehalten wurden. Was nämlich dabei etwas sehr Seltenes und Wunderbares ist, nirgends war Tumult, keine Verwirrung, kein Zank, sondern alles war von Fröhlichkeit, Freundschaftlichkeit, Eintracht und Liebe erfüllt. (...)

Schon hatte der Doge in Begleitung einer unermeßlich großen Zahl von Vornehmen seinen Platz an der Stirnseite der Kirche über der Eingangshalle eingenommen, um von der marmornen Tribüne aus alles vor sich zu haben. Dies ist die Stelle, wo die berühmten vier vergoldeten ehernen Pferde stehen – ein Werk des Altertums, das von einem herrlichen Künstler, wer es auch gewesen sein mag, stammt – und die von der Höhe herab fast, wie wenn sie lebendig wären, schnauben und mit den Füßen stampfen. (...)

Dorthin ließ mich der Doge bitten, und ich saß zu seiner Rechten, eine Gnade, die er mir gelegentlich erweist. Ich erklärte mich aber nach zweitägigem Zuschauen für zufriedengestellt und entschuldigte mich für das übrige mit meiner niemandem unbekannten starken Beschäftigung.

Francesco Petrarca (1304–1374)

Campo Bandiera e Moro · Animalisches

Ich habe nur vier Stunden Zeit. Ich suche das enge Gassengewirr in der Gegend des Campo Bandiera e Moro auf. Hier, in diesen Gassen mit den düsteren Häuserfronten, der geheimnisvollen Dämmerung, dem schreienden Leben, packt mich Venedig immer am stärksten. Sie stacheln meine Sinnlichkeit. Alles elektrisiert mich: die Tabakladen, die Barbierstuben, die kleinen Volkscafés, die schmutzigen Lebensmittelgeschäfte. Alles strömt in seiner phantastischen Realistik Sinnlichkeit, Wollust aus. Ohne mich für einen Riesen zu halten, komme ich mir doch wie Antäus vor, wenn er die Erde wieder berührt. Die Instinkte erwachen ...

Die naive Schamlosigkeit des Volkes, sogar der Kinder, empfinde ich als wohltuend. Welche Ungeniertheit zeigt sich schon in der Anlage der völlig offenen Pissoirs an den Hauswänden! Oft fließt der Harn in Bächen über das Pflaster. In Italien lebt sich auch das Animalische freier und stärker aus als im reinlichen, gesitteten Norden. Darin liegt Kraft, Ursprünglichkeit und wahrer Lebenssinn. Die Furcht vor dem Anstößigen macht den Menschen unfrei. Der Italiener ist unbeherrscht; der Ärmste aus dem Volk genießt, wenn er sonst gar nichts hat, wenigstens noch den Augenblick, der ihn zum Tier macht. Und ich kann mir kein zum Glück und zur Kunst befähigtes Volk ohne kräftige tierische Instinkte vorstellen.

Wladimir von Hartlieb (1887–1951)

S. Giovanni in Bragora

Sankt Johannes im Kot heißt jene Kirche; Venedig
    Nenn ich mit doppeltem Recht heute Sankt Markus im Kot.

Johann Wolfgang Goethe (1749–1832)

Arsenal · Kochender Teer

(…) Vom Gipfel sahn wir dort

Der Unheilsbuchten nächsten Schacht sich spalten,
Fruchtloser Tränen voll und neuer Qual,
Und sahn ein sonderbares Dunkel walten.

Wie man zur Winterszeit im Arsenal
Venedigs sieht den Teer zähflüssig kochen,
Neu zu kalfatern lecker Schiffe Zahl,

Weil dann die Schiffahrt ruht –: hier stehn und pochen
Am neuen Fahrzeug diese, andre heilen
Die Rippen dem, das oft in See gestochen,

Am Stern und Bugspriet Zimmrer sich beeilen,
Man hockt, zerfetzte Segel auszuflicken,
Hier schnitzt man Ruder, dort dreht man an Seilen –:

So ist ein zäher Pechsee zu erblicken,
Durch Gottes Wunder kochend, nicht durch Glut,
Um sich am Rande klebrig zu verdicken.

Doch keinen Inhalt sah ich in der Flut,
die siedend hochquoll, setzend sich verdickte
Und Blasen quirlend auftrieb in dem Sud.

Dante Alighieri (1265–1321)

Gerümpel und goldene Schiffe

Und nun zum Arsenal, das so berühmt ist, daß ich anfangs etwas enttäuscht war. (...) Hier das Hauptsächlichste, was ich behalten habe:

Lagerstände mit bronzenen und eisernen Kanonen – darunter ein paar wahre Riesen – in so fabelhafter Menge, daß mehr Kanonen als Gewehre und Pistolen da liegen müssen; die Drehbänke, auf denen sie innen ausgeglättet werden; das Geschütz, das vor den Augen Heinrichs III. gegossen wurde, voller Ornamente und schöner Skulpturen. – Ferner: eine Sammlung riesiger Anker und entsprechend großer Mastbäume. – Säle mit Werkstätten jeder Gattung. – Drei dicke Brunnenhahnen, aus denen Wein fließt, von dem sich die Arbeiter holen dürfen, soviel sie wollen. Gegen dreitausend Arbeiter treiben sich hier fast den ganzen Tag faulenzenderweise herum; dafür kann man sich aber darauf verlassen, daß sie prachtvolle Schaffer sind und Tag und Nacht durcharbeiten, wenn Not an Mann ist. Wann das ist, wissen sie sehr genau, weil man dann ihren Lohn verdoppelt.

Die Kabelstrickerei ist ein schöner Holzbau. – Die überdachten Werften, in denen zur Zeit achtzehn große Fahrzeuge auf Stapel liegen, und die großen Kanäle, in die man sie von Stapel laufen läßt. – Zu guter Letzt die Peoten oder die vergoldeten Gondeln der Republik, und die Bucentaurusschiffe. So ein Bucentaurus ist wirklich für meinen Geschmack eins der schönen und sehenswerten Dinge des Weltalls: eine große Galeasse oder riesengroße Galeere, deren sämtliche Außenwände höchst geschmackvoll geschnitzt und vergoldet sind, wunderbar gearbeitet! Das Innere ist ein großer getäfelter Saal mit ringsherum laufenden Sofas und einem Thronsessel für den Dogen am einen Ende. Eine lange Reihe vergoldeter Bildsäulen längsschiffs in der Mitte tragen die Decke oder besser gesagt das Deck, das wiederum vergoldet und mit Bildschnitzereien verziert ist. Die Fensterleibungen, das Gallion an der Achtergalerie des Schiffes, ja sogar Ruderbänke und Steuer sind in gleichem Geschmack gearbeitet, und das Ganze überspannt ein Zeltdach von feuerfarbenem, goldgesticktem Sammet.

Charles de Brosses (1709–1777)

Löwen

Ruhig am Arsenal stehn zwei altgriechische Löwen;
  Klein wird neben dem Paar Pforte wie Turm und Kanal.
Käme die Mutter der Götter herab, es schmiegten sich beide
  Vor den Wagen, und sie freute sich ihres Gespanns.
Aber nun ruhen sie traurig; der neue geflügelte Kater,
  Überall schnurrt er, und ihn nennet Venedig Patron.

Johann Wolfgang Goethe (1749–1832)

S. Pietro di Castello

Pietros Kirchweih, die ist unser eigen,
Und wer ne Liebste hat, mag sie da zeigen.
Wer neue Hosen hat, der bindet sie,
Wer keine Liebste hat, der findet sie.

Volkslied

Rustikales Feinschmeckerlokal

Ganz am Ende der Riva degli Schiavoni, jenseits der Giardini Pubblici, bei der Punta di Quintavalle auf der Insel San Pietro befindet sich das Haus eines alten Fischers namens Ser Zuane, berühmt für seine Fischgerichte.

Wir machten einen Ausflug, um dort zu essen. Wir ließen die Gondel etwas mehr in die offene Lagune steuern und erfreuten uns entspannt an dem Schauspiel, dessen das Auge nicht müde wird, und wenn es täglich wäre, so höchst wunderbar, märchenhaft und immer neu ist es.

Wie auf der Leinwand eines Panoramas, zwischen Himmel und Wasser, sahen wir die Münze an uns vorbeiwandern, die alte Bibliothek Sansovinos, die Säulen der Piazzetta, den Dogenpalast, die Seufzerbrücke, das Hotel Danieli, die Riva degli Schiavoni, ganz mit Buden und Schiffen in höchst malerischer Wirkung gesäumt; die Fondamenta di Dio, die die Linie des Kais fortsetzen, und die Giardini Pubblici, deren Grün und Frische die Vorstellung widerlegen, es gebe in Venedig nur Wasser, Marmor und Ziegelstein. (...)

Wir ließen unsere Gedecke ganz nach hinten in den Garten tragen, unter eine von Reben und Feigenblättern beschattete Laube, aus der die Früchte einiger Kürbisse herabhingen, die man hatte hinaufklettern lassen. Der Garten, völlig zugewachsen mit Gemüse, Blumen und Unkraut, war genügend ungeschniegelt, um zauberhaft zu sein. Diese freie und wilde Vegetation gefällt uns mehr als eine allzu schmucke Anlage.

Ser Zuane war zwar etwas verstört von dieser den Leuten aus dem Volk immer unverständlichen Laune, eine Holzbank, einen Tisch auf Böcken unter grünen Bäumen einem roßhaargepolsterten Stuhl vor einem Mahagonitisch in einem Spiegelzimmer mit Kupferstichen aus der Rue Saint-Jacques vorzuziehen. Dennoch zeigte er sich uns gegenüber von leutseliger Herzlichkeit. (...)

Jedes Land hat seine Lokalgerichte. (...) Venedig hat die Pidocchi-Suppe, die besser ist als ihr wenig appetitlicher Name. Die Pidocchi (Meerflöhe) sind eine Art Miesmuscheln, die in der Lagune und selbst in den Kanälen gesammelt werden. Die besten sind die vom Arsenal.

Die Pidocchi-Suppe ist klassisch bei Ser Zuane, und jeder Reisende, der das Lokalkolorit liebt, schuldet es seinem Gewissen, eine zu essen, die von der Hand des alten Adriafischers zubereitet ist. Wir erklären, die Hand auf dem Magen, daß wir Krebssuppe oder Schildkrötensuppe lieber haben; indes hat die Muschelbouillon, gehörig mit Gewürz und aromatischen Kräutern serviert, ihren Zauber, besonders unter einer Weinlaube in Quintavalle.

Théophile Gautier (1811–1872)

Giardini Pubblici

26. Juni, ein Uhr nachts im Pavillon des Gartens, den der Vizekönig anlegte. – Ich bin schreibfaul. Ich betrachte das stille Meer und die ferne Landzunge des Lido, die das Meer von der Lagune trennt und gegen die das Meer mit dumpfem Gebrüll anbrandet. Eine helle Linie bezeichnet den Kamm jeder Woge; der volle Mond strahlt über diesem ruhigen Schauspiel; die Luft ist so rein, daß ich das Takelwerk der Schiffe in Malamocco auf dem hohen Meer sehe; und dieser romantische Blick eröffnet sich vor der zivilisiertesten Stadt. In zwölf Minuten fährt mich die Gondel an der ganzen Riva dei Schiavoni entlang, und ich lande an der Piazzetta vor dem Löwen von San Marco. – Venedig war weiter auf dem Wege zur Zivilisation als London und Paris. Heute hat es 50000 Arme. Der Palazzo Vendramin am Canale grande wird für 1000 Louisdor ausgeboten. Die Baukosten betrugen 25000, und im Jahre 1794 war er noch 10000 wert.

Stendhal (1783–1842)

Kunst-Biennale

Die Biennale von 1948 wurde allgemein als Neubeginn empfunden, und die ausländischen Pavillons versuchten, sich in Aufwand und Anspruch gegenseitig zu überbieten; nur der Eiserne Vorhang machte sich für einige Länder noch als arges Hindernis bemerkbar. Ich durfte meine Sammlung erst drei Tage vor der Eröffnung nach meinen Wünschen hängen. Glücklicherweise durfte ich alles selbst entscheiden, und man hatte mir eine Reihe tüchtiger Hilfskräfte zugeordnet, die meine ständigen Änderungswünsche und Neuanordnungen mit Fassung ertrugen (...)

Ich wußte, daß es bei der Eröffnungsfeier höchst förmlich zuging, aber wie gewöhnlich hatte ich weder Hut noch Strümpfe noch Handschuhe, und ich fand mich in einem ziemlichen Dilemma. Von einer Freundin mußte ich mir Strümpfe und Strumpfhalter ausborgen, und statt eines Hutes trug ich ein Paar extravagante Ohrringe, die wie riesige Margeritenblüten aussahen und aus venezianischen Glasperlen bestanden. Graf Eli Zorzi in seiner Funktion als Leiter des Presseamtes der Biennale hatte mir seinerzeit die offizielle Einladung zur Teilnahme an der Ausstellung überbracht. Nun gab er mir genaue Anweisungen, wie ich mich dem Staatspräsidenten Einaudi gegenüber zu verhalten hatte. Ganze fünf Minuten seien für die Besichtigung meiner Sammlung vorgesehen, und ich solle die Zeit nutzen, um dem Präsidenten so viel wie möglich über die moderne Kunst zu sagen. Kurz darauf erhielt ich völlig entgegengesetzte Instruktionen von Pallucchini, der mich zur Zurückhaltung mahnte, da der Präsident von physisch schwacher Konstitution sei und ihn das umfangreiche Besichtigungsprogramm gewiß sehr ermüden werde, zumal mein Pavillon der letzte in seinem Rundgang sei.

Als Seine Exzellenz schließlich bei mir eintrat, grüßte mich der Präsident und fragte: „Wo ist Ihre Sammlung? Ich wies auf meine Bilder und sagte: „Hier, bitte.“ Aber er hatte eigentlich fragen wollen, wo meine Sammlung zu Hause sei. Nun versuchte ich mich mehr an Graf Zorzis als an Pallucchinis Anweisungen zu halten und sagte einige Sätze über die Sammlung. Zum Glück strömten aber sogleich auch die Fotografen herein und machten Aufnahmen von den Anwesenden. Besonders stolz war ich nachher über ein Foto, das den Staatspräsidenten, den Erziehungsminister Gonella und mich unter meinem hübschen Calder-Mobile zeigte.

Peggy Guggenheim (1898–1979)

Soligo
Soligo
GAMBUZZA
GAMBUZZA
GAMBUZZA
GAMBUZZA
G.GANDOLFO
GAMBUZZA

KAUFLEUTE, KURTISANEN UND ANDERE VENEZIANER

Wie Wasservögel

Es wurde der Befehl erlassen, Istrien solle, da es dieses Jahr in den Genuß einer sehr reichen Ernte gekommen ist, Wein und Öl nach Ravenna senden.

Ihr besitzt in dem angrenzenden Gebiet zahlreiche Schiffe. Sorgt daher für einen raschen Transport der Waren, die Istrien zu schicken bereit ist. Ihr legt oft riesige Strecken zurück – seid also bereit zu einer Fahrt in Eurer Nachbarschaft! Ihr habt das Glück, daß euch ein Weg offensteht, der immer sicher ist. Denn wenn euch das Meer durch wütende Winde verschlossen ist, öffnet sich euch der Weg durch reizende Flußlandschaften. Eure Boote fürchten rauhe Winde nicht. Sicher erreichen sie das Land, und sie können im seichten Wasser nicht untergehen. Aus der Ferne glaubt man, sie glitten über die Wiesen hin, wenn man den Flußlauf nicht sehen kann. Von Seilen gezogen bewegen sie sich, die doch gewöhnt sind, mit Tauen am Ufer festgebunden zu sein, und – eine Verkehrung ihrer Bestimmung – die Menschen helfen ihren Schiffen mit den Füßen.

Mit Vergnügen erinnere ich mich an den Anblick eurer Wohnungen. Das ruhmreiche Venetien grenzt im Süden an Ravenna und an den Po, im Osten genießt es die Schönheit der Adriaküste. Von Flut und Ebbe wird das Land bald bedeckt, bald freigelegt. Hier habt ihr wie die Wasservögel eure Häuser. Was jetzt als Land erscheint, zeigt sich bald als Insel, so daß man glauben könnte, hier seien die Kykladen. Denn wie bei diesen scheinen eure Wohnsitze über weite Meeresflächen verstreut zu sein. Die Natur hat sie hervorgebracht, Menschenfleiß hat sie befestigt. Denn durch das Flechtwerk biegsamer Weiden wird hier fester Boden aufgeschüttet, und man zögert nicht, der Meeresflut so zerbrechliche Befestigung entgegenzustellen, da ja die flache Küste keine hohen Wogen an Land werfen kann.

Die Bewohner haben als einzigen Reichtum, daß sie sich allein von Fischen sättigen können. Arm und reich lebt hier mit gleichem Recht zusammen. Die gleiche Speise ernährt alle, alle Häuser gleichen sich, man kennt keinen Neid, und durch dieses Gleichmaß der Lebensweise entgeht man einem Übel, dem bekanntlich die ganze Welt preisgegeben ist.

Euer ganzes Bemühen gilt der Salzherstellung. Daraus zieht ihr allen Gewinn, da ihr damit etwas besitzt, was ihr nicht selber macht. Hier wird gewissermaßen die Münze für euren Lebensunterhalt geprägt.

Setzt also eure Schiffe, die ihr wie Tiere an eure Hauswände bindet, sorgfältig instand, damit ihr, wenn Laurentius, der zur Besorgung der Waren bestimmt ist, euch auffordert, sofort auslaufen könnt.

Magnus Aurelius Cassiodorus (um 485–um 580)

Das venezianische Image

In meinem Schreiben vom 30. ult. teilte ich Ihnen mit, daß die Mienen einiger dieser Lords weder Freundschaft noch Wohlwollen verrieten und daß eine Sprache gegen mich geführt wurde, die nicht nur an Anmaßung, sondern an Beschimpfung streifte; da ich dies in den vorigen Briefen nicht ausführlich dargestellt habe, halte ich es für angebracht, es jetzt zu erwähnen. Als ich mich bei Hofe befand und vertraulich über andere Angelegenheiten sprach, fragten mich zwei Lords, hochgestellte Persönlichkeiten des Königreichs, woher es komme, daß Eure Exzellenz so unbeständig in Ihrer Treue seien und bald die eine, bald die andere Partei begünstigten? Obgleich diese Worte mich erregen mußten, antwortete ich ihnen mit aller Höflichkeit, daß Sie Ihre Treue stets hielten und gehalten hätten, obgleich das Aufrechterhalten derselben Sie schon in große Nöte gebracht und Sie zu Kriegen von längerer Dauer veranlaßt habe, als Sie sonst erfahren hätten, wobei ich mich auf Einzelheiten einließ, um Eure Erhabenheit zu rechtfertigen. Darauf erwiderte einer von ihnen: „Isti Veneti sunt piscatores [diese Venezianer sind Fischer]." Wunderbar war die Selbstbeherrschung, mit der ich mich von Ausdrücken zurückhielt, die für Eure Herrlichkeit hätten schädigend wirken können; und ich erwiderte mit äußerster Gelassenheit, daß er, wenn er in Venedig gewesen wäre und unseren Senat und die venezianische Aristokratie gesehen hätte, vielleicht nicht so reden würde; und wenn er überdies gut in unserer Geschichte Bescheid wüßte, sowohl in bezug auf den Ursprung unserer Stadt wie auf die Größe der Taten Eurer Exzellenz, dann würde ihm weder das eine noch das andere als von Fischerleuten hervorgegangen erscheinen. „Aber davon abgesehen", sagte ich, „waren es Fischer, die den christlichen Glauben erkannten, und wir sind jene Fischerleute gewesen, die ihn gegen die Mächte des Unglaubens verteidigten; unsere Fischerboote waren Galeeren und Segelschiffe, unsere Angelhaken der Schatz von San Marco und unsere Köder das Herzblut unserer Bürger, die für den christlichen Glauben starben."

Sebastiano Giustiniani, Gesandter in London (1516)

Eine neue Art von Geschöpf

Dies Geschlecht hat sich nicht zum Spaß auf diese Inseln geflüchtet, es war keine Willkür, weiche die Folgenden trieb, sich mit ihnen zu vereinigen; die Not lehrte sie ihre Sicherheit in der unvorteilhaftesten Lage suchen, die ihnen nachher so vorteilhaft ward und sie klug machte, als noch die ganze nördliche Welt im Düstern gefangen lag; ihre Vermehrung, ihr Reichtum war notwendige Folge. Nun drängten sich die Wohnungen enger und enger; Sand und Sumpf wurden durch Felsen ersetzt, die Häuser suchten die Luft, wie Bäume, die geschlossen stehen, sie mußten an Höhe zu gewinnen suchen, was ihnen an Breite abging. Auf jede Spanne des Bodens geizig und gleich anfangs in enge Räume gedrängt, ließen sie zu Gassen nicht mehr Breite als nötig war, eine Hausreihe von der gegenüberstehenden zu trennen und dem Bürger notdürftige Durchgänge zu erhalten. Übrigens war ihnen das Wasser statt Straße, Platz und Spaziergang. Der Venezianer mußte eine neue Art von Geschöpf werden.

Johann Wolfgang Goethe (1749–1832)

Noble Bescheidenheit

Ein Gondolier, der keinen Kreuzer wert ist, unterhält sich mit dir an der Spitze seiner Gondel mit einer nobeln Bescheidenheit, er fühlt sich als Mensch, als Italiener, ohne deswegen indiskret zu sein. Handelt sich's ums Zahlen, so geht freilich die Indiskretion an, aber auch da zeigt sich der Kerl talentvoll, indem er die Rolle der gerechten Unzufriedenheit mit einer Art spielt, indem er ein hohes Trinkgeld mit einem Ausdruck der Verachtung in der Hand wiegt, daß du, so gut du dieses Spiel kennst, doch einen Moment an deinem Rechte zweifelst. Grundgescheit und aufgeweckt sind sie alle, verstehen einen Wink, wo man dem deutschen Jockel die Sache zehnmal sagen muß; nichts von dem vernagelten, kamelartigen Wesen, das ein oft noch so gescheiter junger Mensch in Deutschland an sich hat; alle Eigenschaften des Geistes, die auf das sinnlich Deutliche und Anschauliche gehen, stehen in der Blüte, aber die Tiefe, die Einkehr des Geistes in seine Tiefen fehlt.

Friedrich Theodor Vischer (1807–1887)

Keine Frühaufsteher

Morgens um neun, zehn und elf Uhr steht der Venezianer auf; dann fängt es in allen Straßen, auf den Kanälen und den Plätzen an zu leben und zu wimmeln; alle suchen jetzt im Winter die Sonne, da liegen, gehen, sitzen und stehen sie (und ohne Gefahr, überfahren zu werden, legt man sich mitten auf die Straße, denn Wagen und Reiter gibt es nicht, und die Fußgänger weichen aus). Dann beginnen die Geschäfte und alles in offenen Läden oder auf der Straße unter freiem Himmel; so dauert das fort (um drei, vier und fünf Uhr essen sie; um neun Uhr geht das Theater an und dauert bis zwölf) bis ein, zwei und drei Uhr in der Nacht; und gerade des Nachts nach neun bis ein Uhr fängt erst recht das Leben an. Alles ist glänzend erleuchtet und sieht gar lustig aus, wenn die gespickten Kapaunen ihr eigen Licht auf dem Schwanze tragen. So saust und treibt und schwirrt das also die ganze Nacht durch in allen Straßen, und trotzdem soll es in einigen Straßen nicht ganz geheuer sein (wenigstens früher, jetzt, sagen die Leute, sei die Polizei besser). Ich habe es in der Hinsicht hier gut getroffen, daß ich erst das Jubiläumsfest gesehen und dann ein Allerseelenfest. Da ich nun trotzdem, daß ich des Abends die Geschichte bis spät mitmachte, doch morgens um sieben und acht Uhr schon auf dem Markusplatz war, um Kaffee zu trinken, so sah ich auch dann das Leben. Um die Zeit sind nur Schiffer da, Wasser- und Brotträger, Stiefelputzer, die ihr Geschäft schon früh beginnen, usw.; diese verhöhnten mich nun meines frühen Aufstehens wegen gewaltig und meinten, ich sei ein Tedesco, die könnten nicht schlafen; ich saß aber gern, rauchte mein Pfeifchen, hörte dem Lachen zu, sah, wie die Sonne über das offne Meer in die Höhe stieg und allmählich alles wachrief mit ihrem Glorienwort; dann sah ich Schiffe kommen, und hin und wieder ging auf dem Markusplatz ein Fenster auf, und ein hübsches Gesicht, mit Augen, deren Glut die Sonne beschämen und besiegen wollte, streute Brosamen nieder, und tausend bunte, girrende Tauben sammelten sich und pickten und wurden so von einem Fenster zum andern gelockt.

Erwin Speckter (1806–1835)

Die Venetianer

Kaufmannsvölker erblickte die Welt oftmals und erblickt sie
Heut noch; aber es sind leidige Sammler des Gelds:
Ihr wart Helden und trugt im Gemüt die unsterbliche Großheit,
Welche das Leben verklärt durch die Gebilde der Kunst.

August Graf von Platen (1796–1835)

Artige Gesellen und diebische Bösewichte

Ich wollt, dass Ihr hie zu Venedig wärt; es sind so viel ärtiger Geselln under den Walschen, die sich je länger je mehr zu mir gesellen, dass es eim am Herzen sanft sollt dan. Vernünftig, gelehrt, gut Lautenschlacher, Pfeifer, verständig im Gemäl und viel edler Gemut, Recht, Dugend von Leuten und dund mir viel Ehr und Freundschaft.

Dorgegen fint er auch die untreuesten, verlogen, tiebisch Pöswicht, do ich glaub, dass sie auf Erdriech nit leben. Und wenns einer nit west, so gedächt er, es wären die ärtigsten Leut, die auf Erdriech wären.

Ich muss ihr je selber lachen, wenn sie mit mir reden. Sie wissen, dass man solich Posheit von ihnen weiss; aber sie frogen nix dornoch.

Ich hab viel guter Freund unter den Walschen, die mich warnen, dass ich mit ihren Molern nit ess und trink. Auch sind mir ihr viel Feind und machen mein Ding in Kirchen ab und wo sie es mügen bekummen. Noch schelten sie es und sagen, es sei nit antigisch Art, dorum sei es nit gut. Aber Giambellini, der hätt mich vor viel Gentillomen fast sehr gelobt. Er wollt geren etwas von mir haben und ist selber zu mir kumen und hat mich gepeten, ich soll ihm etwas machen, er wolls wohl zahlen. (...) Ich pin in zehn Dagen noch hie fertig. Dornoch wurd ich gen Polonia reiten, um Kunst willen in heimlicher Perspectiva, die mich einer leren will. Do wurd ich ungefähr in acht oder zehn Dagen auf sein gen Fenedig wider zu reiten. Dornoch will ich mit dem nächsten Poten kummen. O wie wird mich noch der Sunnen frieren. Hie pin ich ein Herr, doheim ein Schmarotzer.

Albrecht Dürer (1471–1528)

Feurige Redner

Man nennt den venezianischen Pöbel witzig. Man kommt als Fremder zu wenig mit gemeinen Leuten in Verkehr; aber man begreift in der leisesten Begegnung mit Leuten aus dem Volk, daß sie die Nordländer, wo nicht die Berliner unter den Italienern sind. Der Begriff Pöbel ist jedoch ein unstatthaftes Wort. Was sich hier in Lumpen herumschleift, der Müßiggang, der nicht arbeiten mag, weil er nicht braucht, alles, was sich hier im Sonnenschein des Behagens ohne Mühe bläht, das ist alles ein König gegen den Auswurf norddeutscher Race, die sich für germanisch hält, aber weit mehr slawisch ist. Was man in Italien gemeinen Mann nennt, das ist nach deutschem Maßstab noch Mittelschlag der Bildung. Welche Eloquenz, welche oratorische Begeisterung strömt über die Lippen des Küsters und Kirchendieners, der dir die Schätze seines Vaterlandes lobpreist. Es ist Prahlerei, der Patriotismus tritt hier in der Figur des Scharlatanismus auf. Aber man nehme nur unsern deutschen Spießbürger, bringe ihn vor ein Standbild Schillers und lasse ihn ruhmredig sein zu Deutschlands Ehre! Man müßte diesem Erdklumpen erst noch die prometheische Flamme dazu einhauchen oder ihm heimlich eine Sprungfeder ins Gehäuse setzen, damit seine feiste Natur elastisch wird. Der gemeine Mann in Italien ist elektrisiert, wenn er vom Glanz seines Vaterlandes eifert. In etwas marktschreierische Harlekinade gerät dabei der Mangel an Bildung stets; aber das hält man dem feurigen Redner zugut. Mischt sich doch auch in sein Wesen genug trauerndes Bewußtsein; denn der Glanz, von dem er spricht, ist ein längst verloschener, man steht auf Gräbern, wo auch die Denksteine, die die Nachwelt setzte, schon in Trümmer brechen und neue Inschriften die Inschriften deuten müßten.

Gustav Ferdinand Kühne (1806–1888)

Selbstgenügen

Ein Venezianer besichtigt niemals den Rest von Italien.

Paul Morand (1888–1976)

Betrogener Bräutigam

Zu Venedig hat man zwar schon in vorigem Jahr ein neues Edict vermuthet, worinne die Kleidung des Frauenzimmers reguliert werden soll, es ist aber biß dato noch nicht geschehen.

Anno 1699 wurde eben daselbst ein dergleichen Edict, und sonderlich wegen der Kopf-Zierathen und ihrer hohen Schuhe, welche man wohl Fußstelzen nennen möchte, publiciret. Und dieses Edict soll ein vornehmer Teutscher, der eine Venetianische Dame geheyrathet, veranlasset haben, denn als diese bey dem Schlaffengehen ihren Kopf-Aufputz und die hohen Höltzer/Schuhe abgeleget, habe sie so klein ausgesehen, daß sich der Hr. Bräutigam um die Helffte betrogen gefunden.

Historische Nachrichten (1728)

Begehrtes Blond

Die Frauen von Venedig fetten jeden Samstagnachmittag ihr Haar mit Öl oder anderen Salben ein, *capillaria unguenta,* um es blond, ja fast weißlich zu färben; denn das ist die Haarfarbe, die bei den venezianischen Frauen und Mädchen am meisten begehrt ist. Und sie verfahren wie folgt. Zuerst setzen sie sich einen großen Strohhut auf, der keine Krone, doch einen sehr breiten Rand besitzt. Dann begeben sie sich immer an denselben Platz in ihrer Kammer oder einem abgelegenen Raum des Hauses, und mit einem Spiegel zur Hand gehen sie daran, ihr Haar mit den eben erwähnten Salben einzureiben und zu verfärben. So vorbereitet, breiten sie es auf der Krempe ihres Hutes aus und lassen es gründlich von der Sonnenhitze bleichen und trocknen. Zuallerletzt legen sie es sorgfältig mit einem Kräuseleisen, das wir auf lateinisch *calamistrum* nennen, in Locken, von denen sie zwei auf ihrer Stirn wie kleine Hörner zuspitzen. Dies entspricht den Tatsachen, wie ich aus eigener Anschauung weiß. Als ich in Venedig war, wollte es ein glücklicher Zufall, daß ich eines Tages neben der Frau eines Venezianers und selbst einer geborenen Venezianerin stehen durfte, als sie sich ihr Haar in dieser Weise zurechtmachte: eine Gunst, die nicht jedem Fremden gewährt wird.

Thomas Coryate (1577–1617)

Karneval in Venedig

Ich weiß gar nicht, wie ich Ihnen eine umfassende Beschreibung der gegenwärtigen Tage geben soll, in denen der Karneval seinem Ende zugeht. Die gesamte Stadt scheint jetzt in ihrem närrischen Wesen derart trunken und rasend zu werden, daß ich vor Staunen und Schrecken ganz starr bin. Die Venezianer wetteifern derzeit so sehr miteinander, daß sie sich sogar in ihren Tollheiten noch zu übertreffen suchen und dabei die Grenzen zum Anstößigen überschreiten. Sie geben sich auch nicht mehr damit zufrieden, in ihren Masken verschiedene Personen nachzuahmen, wie etwa Schäfer und Schäferinnen, Gärtner, Bauern, Amerikaner, Afrikaner, venezianische Nobili und Ähnliches mehr, was der menschliche Verstand nur immer ersinnen kann; man schämt sich nicht einmal sich als Kranker, Verwundeter, Krüppel oder Aussätziger zu verkleiden, sondern umwickelt sich mit von Schmutz starrenden und blutbefleckten Lumpen und zeigt sich in dieser Aufmachung an den belebtesten Orten, damit man sich von den Vorübergehenden bestaunen oder vielmehr verabscheuen lassen kann. In solch ekelhafter Aufmachung verbringen diese Leute beinahe den ganzen Tag und scheren sich nichts um den, der doch alles sieht und alle ihre vorgetäuschten Gebrechen in einem einzigen Augenblick in echte verwandeln könnte, wie sie es auch wirklich verdient hätten. Was für ein bestialisches Vergnügen das doch ist! Absichtlich ahmt man nach, was die gesamte Menschheit von Natur aus verabscheut; schließlich wünscht sich doch ein jeder gerade Glieder und einen gesunden Körper, und dennoch schrecken manche Leute nicht davor zurück, die unendliche Barmherzigkeit und Güte Gottes zu beleidigen. Ich muß gestehen, daß mir bei diesem Schauspiel die Galle derart übergegangen ist, daß ich mir gewünscht habe, ihnen mit einem ordentlichen Rohrstock hundert tüchtige und wohlabgezählte Stockschläge als Almosen verpassen zu können, um sie damit für ihre Tollheiten zu belohnen. Ist es denn die Möglichkeit? Die Regierung hätte diesem ausschweifenden Maskentreiben leicht Zügel anlegen können, aber sie will oder darf es nicht. Falls ich hierüber eine Vermutung äußern soll: es scheint mir, daß die Republik absichtlich die Augen vor diesen Tollheiten verschließt, damit sie bei anderer Gelegenheit um so gehorsamere Untertanen hat; deshalb überläßt sie die Verantwortung für solch böse und ruchlose Handlungen jedem einzelnen selbst. Davon abgesehen findet man aber nicht selten auch reizvolle Verkleidungen, insbesondere bei den Darstellungen von Adels- oder Bauernhochzeiten, die mit großem Gefolge durch die Stadt ziehen und auf dem Markusplatz, wo man sich der vielen Masken wegen kaum mehr bewegen kann, mit ihren Einfällen prunken. Dies alles gehört zu den venezianischen Vergnügungen, und man findet hier an solchen Tändeleien mehr Geschmack als an sonstigen Dingen. Den Frauen ist das ja zu verzeihen, da sie abgesehen von bestimmten Tagen im Jahr ständig das Haus hüten und nur selten ausgehen. Da ich nun schon dabei bin, von einigen hier herrschenden Sitten zu berichten, will ich auch darauf eingehen, wie man sich kleidet. Die vornehmen verheirateten Frauen tragen Schwarz, die ebenfalls vornehmen jungen Mädchen hingegen die verschiedensten Farben; zur Karnevalszeit ist es jedoch allen gestattet, sich farbig zu kleiden. Was aber durch bescheidene Kleidung das ganze Jahr über eingespart worden ist, das wird dann freilich durch den großen Aufwand, den man während des Karnevals entfaltet, hundertfach wieder hinausgeworfen. Die Absicht der Regierung, die Familien möchten sich durch bescheidene Kleidung ihr Vermögen erhalten, erreicht ihr Ziel daher nicht, da niemand darauf verzichtet, seine Garderobe für die Maskenzeit, während der die Leute an jedem Tag ein andersfarbiges Kleid tragen, zu erweitern.

Johann Caspar Goethe (1710–1782)

Die Kurtisane

Venedigs Sonne wird in meinem Haar
ein Gold bereiten; aller Alchemie
erlauchten Ausgang. Meine Brauen, die
den Brücken gleichen, siehst du sie

hinführen ob der lautlosen Gefahr
der Augen, die ein heimlicher Verkehr
an die Kanäle schließt, so daß das Meer
in ihnen steigt und fällt und wechselt. Wer

mich einmal sah, beneidet meinen Hund,
weil sich auf ihm oft in zerstreuter Pause
die Hand, die nie an einer Glut verkohlt,

die unverwundbare, geschmückt, erholt –.
Und Knaben, Hoffnungen aus altem Hause,
gehn wie an Gift an meinem Mund zugrund.

Rainer Maria Rilke (1875–1926)

Paradies der Venus

Was die Zahl der venezianischen Kurtisanen anbetrifft, so ist dieselbe sehr, sehr groß. Man nimmt an, daß es in der Stadt und in den in der Nähe liegenden Ortschaften wie Murano, Malamocco und so weiter wenigstens zwanzigtausend gibt, von denen viele für so liederlich gehalten werden, daß sie ihren Köcher für jeden Pfeil öffnen. (...)

So unbegrenzt ist die Anziehungskraft dieser huldreichen Kalypsos, daß ihr Ruhm viele aus den entferntesten Gebieten der Christenheit nach Venedig lockt, um dort den Anblick ihrer Schönheit zu genießen und ihre gefälligen Tändeleien auszukosten. Sie haben so viele Köstlichkeiten darzubieten, daß es ihren Liebhabern an nichts fehlen kann, was zu den Wonnen des Lebens gereicht. Wenn du einen ihrer Paläste betrittst (in der Tat leben einige wenige der vornehmsten unter ihnen in Gebäuden, die so stattlich und würdevoll sind, daß sie dem Empfang eines großen Fürsten gerecht werden könnten), glaubst du, in das Paradies der Venus geraten zu sein. Die Pracht und der Glanz ihrer Gemächer ist herrlich anzusehen. Die Wände sind ringsum mit kostbaren gewirkten Tapeten oder mit vergoldetem Leder bekleidet. Du magst auch das vorzüglich gemalte Bild der nobeln Kurtisane erblicken, sie selbst kommt dir entgegen, angetan wie die Königin und Göttin der Liebe. (...)

Ihr Atem und ihr ganzer Körper ist, um dich noch verliebter zu machen, höchst wohlriechend parfümiert. Fernerhin wird die Kurtisane danach trachten, dich mit den Melodien zu entzücken, die sie mit einem so sicheren Fingergriff wie nur irgendein Mann, der im Reiche der Musik als ein Virtuose gilt, den vibrierenden Saiten ihrer Laute entlockt, oder sie wird dich mit dem herzerwärmenden, harmonischen Klang ihrer Stimme zu verführen suchen. Auch wirst du in einer auserlesenen venezianischen Kurtisane eine gute Rhetorikerin und eine gewandte Gesprächspartnerin finden, die deine Standhaftigkeit, wenn alle anderen Reizmittel versagt haben, mit ihrer Redefertigkeit bestürmen wird. Zu guter Letzt mag sie sich der strengsten Versuchung bedienen und dir ihre Ruhekammer zeigen, wo du vieles sehen wirst, was dir gefällt. Etliche schöne, buntbemalte Truhen stehen ringsherum, der milchweiße Betthimmel ist aus kunstvoller Handarbeit, die Steppdecke goldgestickt, und alles Bettzeug strömt einen süßen Wohlgeruch aus. Sehr seltsam nimmt sich unter all diesem verführerischen Zierat, diesen *irritamenta malorum,* ein Bild aus, das an Abtötung gemahnt und das unsere Liebe Frau mit Christus auf dem Arm darstellt und das eingeschlossen in ein Kristallglas neben ihrem Bett steht. (...)

Noch etwas höchst Bemerkenswertes, was die Kurtisanen von Venedig betrifft und mit dessen Erwähnung ich diese Abhandlung beschließen will, soll nicht vergessen werden. Sollte eine von ihnen ein Kind zur Welt bringen, was vorkommt, wenn auch selten; denn dem alten Sprichwort zufolge machen die geschicktesten Zimmerleute die wenigsten Späne, lassen sie es auf ihre eigenen Kosten großziehen oder aber in einem bestimmten Haus in der Stadt, das einzig dem Zweck dient, die Bastarde der Kurtisanen aufzunehmen. Es befindet sich östlich vom Markusplatz, in der Nähe des Meeres. In der Südwand, die dem Wasser zugekehrt ist, sah ich vor einer Höhlung in der Mauer ein eisernes Gitter. Zwischen diesem Gitter und einem darunterliegenden flachen Stein ist gerade genügend Platz, ein Kind durchzureichen und niederzulegen. Hierher bringt die Mutter oder jemand, der ihr behilflich ist, das Kind kurz nach der Geburt, und wenn es klein genug ist, um ohne Schaden zu leiden unter dem Gitter hindurch auf den bestimmten Platz gelegt zu werden, geschieht dies stillschweigend, ohne daß mit irgend jemand im Haus ein Wort gewechselt wird, und die Mutter ist von nun an jeder Sorge um das Kind enthoben. Sollte es jedoch zu groß sein, so wird es zu seiner Mutter zurückgebracht, und sie erzieht es, so gut sie kann. Die Kinder, die in diesem Haus Aufnahme finden, verbleiben dort, bis sie mündig sind. Die männlichen Sprößlinge ergreifen oft das Kriegshandwerk, oder sie dienen im Arsenal oder zur See auf den Galeeren oder werden sonst im öffentlichen Dienst zum Wohl des Landes verwendet. Die Mädchen treten meistens, sobald sie die Geschlechtsreife erreicht haben, in die Fußstapfen ihrer Mütter.

Thomas Coryate (1577–1617)

Hans-Jakob, laß die Frauen

Wer ihr auch sein mögt, die ihr einen Menschen bis auf den Grund kennenlernen wollt, leset furchtlos die zwei oder drei folgenden Seiten, und ihr werdet Jean-Jacques Rousseau bis auf den Grund kennen.

Ich trat in das Zimmer einer Kurtisane wie in das Heiligtum der Liebe und der Schönheit und glaubte in ihr deren Gottheit zu erblicken. Niemals hätte ich geahnt, daß man ohne Achtung und ohne Ehrfurcht solche Empfindungen haben könne, wie sie sie mir eingab. Kaum hatte ich in unseren ersten Vertraulichkeiten das Maß ihrer Reize und ihrer Liebkosungen erkannt, so wollte ich aus Furcht, deren Frucht schon vorher zu verlieren, mich beeilen, sie zu pflücken. Aber anstatt der Flammen, die mich verzehrten, fühle ich mit einem Schlage eine tödliche Kälte durch meine Adern rinnen, meine Beine zittern, und nahe daran, unwohl zu werden, setze ich mich nieder und fange an zu weinen wie ein Kind.

Wer könnte wohl die Ursache meiner Tränen und das erraten, was mir in diesem Augenblick durch den Kopf ging? Ich sagte mir, dieses Wesen dort, das mir zu Willen steht, ist ein Meisterwerk der Natur und der Liebe, ihr Geist, ihr Körper, alles an ihr ist vollkommen, sie ist gut und edelmütig, ist liebenswürdig und schön, die Großen der Welt, die Fürsten müßten ihre Sklaven sein und aller Reiche Zepter müßten zu ihren Füßen liegen, und dennoch ist sie eine elende, aller Welt preisgegebene Straßendirne, der Kapitän eines Kauffahrteischiffes verfügt über sie, und mir hat sie sich an den Hals geworfen, mir, von dem sie weiß, daß er nichts besitzt, mir, dessen Wesen und Wert sie nicht zu erkennen vermag und der in ihren Augen nichtig sein muß. Es liegt etwas Unbegreifliches darin. Entweder täuscht mich mein Herz, befängt meine Sinne und läßt mich vor einer unwürdigen Vettel zum Narren werden, oder irgendein geheimer mir unbekannter Umstand muß die Wirkung ihrer Reize zerstören und sie denjenigen verabscheuungswürdig erscheinen lassen, die sich eigentlich bis auf das Blut um sie streiten müßten. Ich begann mit einer absonderlichen geistigen Anspannung nach diesem Umstand zu forschen, aber der Gedanke, die Syph... möchte daran teilhaben, kam mir nicht einmal in den Sinn. Die Frische ihres Fleisches, der gesunde Schmelz ihrer Farben, das Weiß ihrer Zähne, die Süßigkeit ihres Atems, der Hauch von Sauberkeit, der über ihrem ganzen Wesen lag, hielt diesen Gedanken so völlig von mir fern, daß ich, der ich seit meiner Begegnung mit der Padoana meines Zustandes nicht ganz sicher war, sogar befürchtete, ich möchte nicht gesund genug für sie sein – jedenfalls bin ich völlig überzeugt, daß mich mein Vertrauen in diesem Punkte nicht täuschte.

All diese den Umständen so gar trefflich angepaßten Überlegungen erregten mich dermaßen, daß ich zu weinen anfing. Für Zulietta war dieses sicherlich ein in solchen Umständen völlig neues Schauspiel, sie blieb auch einen Augenblick lang ganz betreten, aber nachdem sie einen Gang durch das Zimmer gemacht und dabei an ihrem Spiegel vorübergeschritten war, begriff sie, daß Widerwille an meiner Wunderlichkeit keinen Anteil haben konnte, und meine Blicke bestätigten es ihr. Es ward ihr nicht schwer, meine Stimmung zu verscheuchen und die ihr angetane kleine Beschämung zu vergessen; aber in dem Augenblick, da mir die Sinne über ihrem Busen vergehen wollten, über einem Busen, der zum ersten Male Kuß und Hand eines Mannes zu erdulden schien, gewahrte ich, daß sie eine schiefe Brust hatte. Ich ward betroffen, sah näher zu und glaubte zu entdecken, daß die eine ihrer Brüste nicht gleich der anderen gebaut sei. Und von nun an zermartete ich meinen Kopf, wovon man wohl eine schiefe Brust bekommen könne; überzeugt, daß dies nur mit einem bedeutenden natürlichen Mißwachs zusammenhängen könnte, wandte ich diesen Gedanken so lange um und um, bis es mir schließlich klar wie der Tag war, daß ich in dem bezauberndsten

Wesen, das ich nur zu erdenken vermochte, nichts als eine Art Ungeheuer in den Armen hielte, den Auswurf der Natur, der Menschen und der Liebe. Ich trieb den Blödsinn so weit, ihr von dieser schiefen Brust zu sprechen. Sie faßte die Sache zunächst scherzhaft auf und sagte und tat in ihrer mutwilligen Laune Dinge, die mich hätten vor Liebe sterben lassen müssen, da ich jedoch im Innersten beunruhigt blieb und es ihr nicht zu verbergen mochte, sah ich sie endlich erröten, ihre Kleidung zurechtrücken, aufstehen und ohne ein einziges Wort zu sagen an ihrem Fenster niedersitzen. Ich wollte mich neben sie setzen, aber sie erhob sich sofort, ließ sich auf ein Ruhebett nieder, stand augenblicks darauf wieder auf, ging sich fächelnd, im Zimmer umher und sagte kalten und verächtlichen Tones zu mir: „Zanetto, lascia le donne, e studia la matematica."

Jean-Jacques Rousseau (1712–1778)

VON DER RIALTOBRÜCKE NACH S. SEBASTIANO

Der Bucklige vom Rialto

Durch einige schmale Straßen gelangt man, nachdem man die Treppe des Rialto hinabgestiegen ist, zu einem Marktplatze, auf welchem alle Lebensmittel, Fische, Fleisch, Gemüse und Früchte verkauft werden. Mitten aus den Körben voll grüner Kräuter, zwischen den Waagschalen der Fischhändler, die auf niedrigen Bänken ihr Gewerbe treiben, erhebt sich auf einem kleinen Piedestal die Marmorstatue eines Buckligen, lebhaft erinnernd an die Büste des Äsop in der Villa Albani.

Wir fragten, wer es sei.

„Il gobbo!" (der Bucklige) antwortete uns ein Fischhändler.

„Aber was hat der zu bedeuten?"

„Zur Zeit der Republik mußten die Diebe und Mörder ihn küssen, ehe sie in das Gefängnis geführt wurden", berichtete der Gefragte.

„Nein!" fiel ihm eine Hökerin ins Wort, „wer falsche Wechsel ausgestellt oder falsches Geld ausgegeben hatte, mußte ihn küssen."

„Warum nicht gar!" sagte ein Dritter, der hinzugetreten war. „Der gobbo ist die Staupsäule gewesen, an der die Verbrecher gezüchtigt wurden; konnten sie sich aber vorher an den Altar jener Kirche retten, welche Sie jetzt verschlossen sehen, so wurden sie begnadigt."

Ein lebhafter Streit über diese Tradition entspann sich zwischen den dreien, wir konnten sein Ende nicht abwarten, denn es war der letzte Tag unseres Aufenthaltes in Venedig, und nur noch acht Stunden trennten uns von der Abreise nach Triest.

Fanny Lewald (1811–1889)

Obst- und Gemüsemarkt

Nachts hatte ich fünfhundert Zechinen auf Ehrenwort verloren. Bei Tagesanbruch mußte ich mich beruhigen und ging zur Erberia. Der Platz, den man Erberia nennt, liegt am Ufer des Canal Grande, der die Stadt durchquert; man nennt ihn so, weil er tatsächlich der Markt für Gemüse, Früchte und Blumen ist.

Wer dort zu so früher Stunde spazierengeht, behauptet, er tue das wegen des unschuldigen Vernügens, in zwei- oder dreihundert Booten aller Art alles ankommen zu sehen, was die Bewohner der kleinen Inseln rings um die Hauptstadt an Gemüse, Früchten aller Art und Blumen der Jahreszeit hereinbringen und billig an die Großhändler verkaufen, die es mit einem Aufschlag an die Zwischenhändler weiterverkaufen, die es ihrerseits an die kleinen teuer abgeben, welche es schließlich zu noch höheren Preisen in der ganzen Stadt verteilen. Aber es ist nicht wahr, daß die Jugend von Venedig vor Sonnenaufgang zur Erberia kommt, um dieses Vergnügen zu haben; das dient ihnen nur als Vorwand.

Die dorthin kommen, sind Lebemänner und Frauen, die die Nacht in Villen, Gaststätten oder Gärten bei den Freuden der Tafel oder den Leidenschaften des Spiels verbracht haben. Die Neigung zu diesem Spaziergang zeigt, daß eine Nation ihren Charakter ändern kann.

Die Venezianer von einst, die im Frauendienst ebenso geheimnisvoll taten wie in der Politik, sind den modernen gewichen, deren vorherrschender Zug es ist, aus nichts ein Geheimnis zu machen. Die Männer, die in Gesellschaft von Frauen dorthin gehen, wollen den Neid von ihresgleichen dadurch erwecken, daß sie ihr Glück zur Schau tragen. Wer ganz allein hingeht, sucht Eroberungen zu machen oder Eifersucht zu erwecken; und die Frauen erscheinen dort mehr, um sich sehen zu lassen, als um selbst etwas zu sehen.

Es macht ihnen Vergnügen, wenn alle Welt erfährt, daß sie sich keinen Zwang antun. Die Putzsucht hat dort keinen Platz, weil die abendliche Aufmachung dahin ist. Es hat im Gegenteil den Anschein, als wollten die Frauen sich an diesem Ort unter der Devise der Unordnung zeigen, und als wollten sie, daß alle, die sie sehen, darüber reden. Die Männer, die sie am Arm führen, müssen die Unlust nach zu häufiger Willfährigkeit zeigen und so tun, als sei es ihnen gleichgültig, wenn man aus den Resten der Aufmachung vom Abend vorher, die ihre Schönen zur Schau tragen, die Anzeichen ihres Triumphes errät. Alle auf dieser Promenade müssen sehr erschöpft aussehen und den Wunsch erkennen lassen, zu Bett zu gehen.

Giacomo Casanova (1725–1798)

Fischmarkt

Ein Markt kommt einem guten Museum wie dem Prado oder der Accademia, wie sie jetzt ist, am nächsten, dachte der Colonel.

Er ging durch eine Gasse und war auf dem Fischmarkt.

Auf dem Markt lagen die schweren graugrünen Hummer mit den magentaroten Obertönen, die bereits ihren Tod im siedenden Wasser ankündeten, auf dem glitschigen Steinboden ausgebreitet oder in Körben oder in Kisten, die mit Henkeln aus Tauen versehen waren. Sie sind alle durch Hinterlist zu Gefangenen gemacht worden, dachte der Colonel, und ihre Scheren sind geknebelt.

Dort lagen die kleinen Seezungen und ein paar Albacore und Bonitos. Die sehen wie Kugeln aus mit 'nem Schiffsheck daran, dachte der Colonel, irgendwie würdevoll im Tod und mit dem riesigen Auge der Hochseefische.

Es war nicht ihre Bestimmung, gefangen zu werden; wären sie nur nicht so gefräßig gewesen! Die arme Seezunge lebt in seichtem Wasser den Menschen zur Nahrung. Aber diese anderen umherschweifenden Kugeln leben in großen Zügen im blauen Wasser und ziehen durch alle Ozeane und Meere.

Einen Nickel geb ich dir jetzt für deine Gedanken, dachte er. Wollen mal sehen, was es sonst gibt.

Da gab es viele Aale, die noch lebten, aber nicht mehr dreist auf ihr Aaltum vertrauten. Es gab schöne Garnelen, aus denen sich ein *scampi brochctto* machen ließ, aufgespießt und geröstet auf einem degenartigen Instrument, das man wie einen Brooklyner Eisspieß benutzen konnte. Es gab mittelgroße Krebse, grau und schillernd, die auch ihrerseits auf das siedende Wasser und ihre Unsterblichkeit warteten und deren ausgespulte Schalen bei Ebbe leicht auf dem Canal Grande hinausschwemmten.

Der behende Krebs mit Fühlern, länger als der Schnurrbart von jenem alten japanischen Admiral, da ist er, um zu unserem Wohl zu sterben, dachte der Colonel. Ach, du christlicher Krebs, dachte er, Meister des Rückzugs, mit deinem wunderbaren Sicherheitsdienst in jenen zwei leichten Antennen, warum hat man dich nicht über Netze belehrt und über die Gefährlichkeit von Lichtern aufgeklärt?

Muß irgendwas versagt haben, dachte er.

Jetzt musterte er all die vielen kleinen Schalentiere, die scharfrandigen Venusmuscheln, die man nur roh essen sollte, wenn man mit seinen Typhusinjektionen nicht im Rückstand war, und all die kleinen Köstlichkeiten.

Er ging an diesen vorbei und blieb stehen, um einen Händler zu fragen, wo er seine Muscheln herbekäme. Sie kamen von einer guten Stelle, wo keine Abwässer waren, und der Colonel ließ sich sechs öffnen.

Er trank den Saft und schnitt das Fleisch heraus; er schnitt mit dem gebogenen Messer, das ihm der Mann gereicht hatte, ganz dicht an der Muschel entlang. Der Mann hatte ihm das Messer gereicht, weil er aus Erfahrung wußte, daß der Colonel dichter an der Muschel entlangschnitt, als man es ihm selbst beigebracht hatte.

Der Colonel bezahlte ihm den Hungerlohn, den sie kosteten, der viel mehr betragen mußte, als der Hungerlohn, den die erhielten, die sie fingen, und er dachte: Jetzt muß ich mir noch die Fluß- und Kanalfische ansehen und dann ins Hotel zurückgehen.

Ernest Hemingway (1899–1961)

Palazzo Gozzi (Calle della Regina) · Selbstporträt

Ich habe das Glück, weder bucklig, noch lahm, noch blind, noch schielend zu sein. Ich sage, ich habe das Glück; aber auch wenn ich das eine oder andere oder alle diese Gebrechen hätte, würde ich sie doch mit derselben Heiterkeit in Venedig tragen, wie Scarron die seinen in Paris getragen hat.

Ich hasse alle Unsauberkeit; aber wenn ich je ein Gewand von modernem Schnitt auf dem Leib trug, so war es das Werk des Schneiders und geschah nicht auf meine Anordnung.

Meine Haarfrisur ist vom Jahr 1735 bis zum Jahr 1780, in dem ich dies schreibe, stets mit heroischer Beharrlichkeit dieselbe geblieben; und trotz der wohl hundertfachen vom Delirium des sogenannten guten Geschmacks und der launischen Mode an der Haartracht vorgenommenen Änderungen habe ich niemals auch nur ein Haar meiner Frisur anders getragen, als ich es gewöhnt war. Ich habe auch nie das Modell meiner Schuhschnallen geändert.

Die Wenigsprecher und Vieldenker, wie, mit Verlaub, ich einer bin, die stark mit ihren Gedanken beschäftigt sind, nehmen die schlechte Gewohnheit an, die Stirn zu runzeln, was ihnen einen finsteren, strengen, fast grimmigen Gesichtsausdruck verleiht.

Obgleich mein Gemüt stets heiter ist, wie man aus meinen Schriften ersieht, so haben doch die zahllosen Gedanken, die meinen Kopf durchkreuzen, die Wirren meiner Familie, das Nachdenken über meine gerichtlichen Prozesse, das Wiedergutmachen mancher Unordnung mir das Laster des Stirnrunzelns zugezogen.

In Gesellschaft mir neuer Personen erschien ich stets schläfrig, dumm und stumm, so daß ich die Charaktere und Denkweisen jener, die diese Gesellschaft bildeten, nicht kennen lernte. Nachdem ich aber die Charaktere und das Urteil jener Leute studiert hatte, war es mit meiner Schläfrigkeit und meinem Stumpfsinn vorbei. Immerhin kann ich versichern, daß ich kein Dummkopf gewesen bin.

Carlo Gozzi (1720–1806)

Stille zwischen Campo S. Polo und der Frari-Kirche

Als ich aber sah, daß ich allein war in meinem Zimmer, überkam mich doppelte Angst, und ich lief fort. Von der Frari-Kirche herüber hörte ich die Glocken schlagen. Zehn Schläge. Die Nacht war frisch, jedoch windlos. Schwarz stand das Wasser in den Kanälen. Die Jahreszeit war herbstlich geworden, ging es doch gegen Ende Oktober.

Als ich den Campo dei Frari erreichte, hob ich meinen Blick zum Himmel auf, der kalt und hoch war und voll von Sternen.

Hier war mir etwas leichter, in der Weite des Platzes, über dem die Dunkelheit nicht drückend war, sondern luftig, lose aus blauschwarzen Kristallen gefügt, deren Reiben und Knirschen ich zu hören vermeinte; das Geräusch besänftigte mich. Meine langsame Befriedigung und das Gefühl, selbst lose geworden zu sein und ohne strenge Kontur, nicht Körper mehr, sondern feines, sich ausdehnendes Gespinst, mochten freilich auch vom Genuß des Kokains herrühren, doch daran dachte ich nicht. Ohne recht zu wissen, was ich nun anfangen wollte, ging ich gegen Osten, in Richtung Campo San Polo und über diesen hinaus. Es war kaum jemand unterwegs. Die tiefe Stille, die über dem Viertel lag, wurde nur dann und wann von dem verworrenem Gelärm unterbrochen, das aus versteckten Wirtshäusern drang. Hatte ich sonst geradezu eine Vorliebe dafür, solche Schlupfwinkel aufzuspüren und mich, zumindest für eine kurze Stunde, unter die erregten, aufgepeitschten Menschen zu mischen, empfand ich heute keinerlei Neigung dazu. Im Gegenteil suchte ich diese Bezirke so schnell als möglich zu verlassen, um mich in völliger Stille wieder zu finden. Das Gefühl der Losigkeit war ständig in mir gewachsen. Ich vermeinte, aus flimmernden Partikelchen zu bestehen, eine fast körperlose Wolke von Atomen zu sein.

Was mag schöner sein als dies: Sonne sein und System; Feld spannungslos in andere Felder eingepaßt; Ahnung der Kraft an den Rändern, wo sich, in Wirbeln, das Feld mit dem nächsten mischt; Stillhalten, und doch von der großen Regung des Ganzen wissen, von der allmählichen Ausdehnung der Systeme, von ihrer atemgleichen und endlichen Kontraktion.

Mit einem Mal aber überkam mich die Furcht, ich könnte mich verlieren, ich könnte zerweht werden wie eine Ansammlung von Staub. Eben das, was mir vorher Ursache des Glücks gewesen war, die Losigkeit, war mir nun Quelle bedrohlicher Vorstellungen.

Mein Ziel? Hatte ich mein Ziel noch in mir selbst? Oder war ich, durch die wahnwitzige Hypertrophie der Teilchen in die Ströme fremder Kraftfelder geraten?

Peter Rosei (geb. 1946)

Casa Goldoni

Ich bin geboren zu Venedig, im Jahre 1707, in einem großen und schönen Haus, gelegen zwischen der Brücke de Nomboli und Donna Onesta, an der Ecke der Straße Là Cent' Anni, im Kirchspiele San Tommaso. (...)

Meine Mutter brachte mich fast ohne Schmerzen zur Welt und liebte mich deshalb nur desto mehr. Als ich das Licht zum erstenmal erblickte, kündigte ich mich nicht durch Schreien an. Dieses sanfte Wesen verriet gleich anfangs meinen friedfertigen Charakter, der sich in der Folge auch niemals verleugnet hat.

Ich war der Liebling des Hauses. Meine Wärterin rühmte meinen Verstand, meine Mutter sorgte für meine Erziehung, mein Vater für mein Vergnügen. Er ließ ein Marionettentheater bauen, das er selbst mit drei oder vier von seinen Freunden in Bewegung setzte, und ich fand in einem Alter von vier Jahren diesen Zeitvertreib ganz köstlich.

Im Jahr 1712 starb mein Großvater. Eine Lustpartie zog ihm einen Fluß auf der Brust zu, der ihn nach sechs Tagen in das Grab brachte. Meine Großmuter folgte ihm bald nach. Dies ist der Zeitpunkt einer schrecklichen Veränderung in unserer Familie, die aus dem besten Wohlstand in die unbehaglichste Mittelmäßigkeit herabsank.

Mein Vater hatte nicht die Erziehung erhalten, die er hätte erhalten sollen. Es fehlte ihm nicht an Verstand, der aber gänzlich vernachlässigt worden war. Er war nicht imstande, das Amt seines Vaters zu behalten, das ein schlauer Betrüger ihm mit guter Manier zu entreißen wußte. Die freien Güter in Modena waren längst verkauft, die substituierten verpfändet. Nichts blieb übrig als die venezianischen Güter, die das Heiratsgut meiner Mutter und das Leibgedinge meiner Tante ausmachten.

Zum Übermaß des Unglücks brachte meine Mutter ein zweites Kind zur Welt, meinen Bruder Giovanni Goldoni. Mein Vater geriet hierüber in nicht geringe Verlegenheit; da es ihm aber nicht lag, unter der drückenden Last trauriger Betrachtungen zu schmachten, war sein Entschluß bald gefaßt. Er tat, um sich zu zerstreuen, eine Reise nach Rom.

Meine Mutter blieb allein mit ihrer Schwester und ihren beiden Kindern an der Spitze des Hauses. Den jüngeren Sohn gab sie in Pension und beschäftigte sich einzig mit mir. Ihr Wille war, mich unter ihren Augen zu erziehen. Ich war sanft, still und gehorsam: in meinem vierten Jahr konnte ich lesen, schreiben, wußte meinen Katechismus auswendig und bekam einen Hauslehrer.

Ich liebte die Bücher sehr, lernte mit Leichtigkeit die Grammatik und die Anfangsgründe der Geometrie und Rechenkunst; allein meine Lieblingslektüre waren komische Schriftsteller. Die kleine Bibliothek meines Vaters war ziemlich damit versehen; ich verwendete jeden Augenblick, der mir verblieb, auf sie und schrieb sogar die Stücke, die mir das meiste Vergnügen machten, ab. Meine Mutter war zufrieden, daß ich mich nicht mit kindlichen Spielen beschäftigte, und bekümmerte sich nicht weiter um die Wahl meiner Lektüre.

Unter allen komischen Schriftstellern, die ich las und wieder las, gab ich dem Cicognini den Vorzug. (...) Er hat verschiedene Intrigenstücke verfertigt, die eine seltsame Mischung von weinerlichem Pathos und trivialer, komischer Laune sind. Er verstand die Kunst, die Erwartung hinzuhalten, und war besonders glücklich in den Entwicklungen der Handlung. Ich gewann ihn sehr lieb, studierte ihn fleißig und hatte die Verwegenheit, im achten Jahre meines Lebens selbst eine Komödie zu entwerfen.

Meine Wartfrau war die erste Person, der ich mich hierüber anvertraute. Sie fand meine Komödie vortrefflich. Meine Tante lachte mich aus, meine Mutter gab mir einen Verweis und umarmte mich zu gleicher Zeit; mein Lehrer behauptete, es wäre mehr Witz und Verstand darin, als sich mit meinem Alter vertrüge.

Carlo Goldoni (1707–1793)

Frari-Kirche · Tizian und Canova

Vom Palast Barberico gingen wir dann in die Kirche ai Frari, wo Tizian begraben liegt. Ein einfacher Stein im Fußboden mit einem Kreuz und seinem Namen bezeichnet die Stelle, unter der das Auge geschlossen ruht, dessen flammender Blick einst Farbenwelten schuf. Gerade diesem Stein gegenüber ist Canovas Monument, von ihm sich selbst gesetzt, oder, was ich aber nicht recht verstehe, dem Andenken Tizians gewidmet und nach seinem Tode von den dankbaren venetianischen Sklaven ihm geweiht. Wo Tizian schläft, das braucht die Welt nicht zu wissen, denn genug bezeichnet ist sein Leben – wenn längst sein Grab vergessen, werden seine Werke ewig wie Sterne am Himmel glänzen. Canova mußte sich aber selber einbalsamieren und ein Denkmal setzen, damit seinen Namen die Jahrhunderte nicht verlöschen. – In der Akademie ist Canovas rechte Hand und Meißel; gut ist, daß sie die Hand und nicht das Herz genommen, denn jene war ergiebiger doch.

Erwin Speckter (1806–1835)

Tizians Pesaro-Madonna

Der Hauptmann trat durch die Pforte der Maria gloriosa. (...) Der Herzog schien gedankenvoll in das Bild vertieft, während ihm seine Gemahlin mit entzückten Gebärden und einem Strom von Worten ihre Bewunderung des von ihr bis jetzt ungenossen gebliebenen Meisterwerks ausdrückte. – Einen Schritt abseits ließ sich Herr Waser von dem hinter ihm stehenden Küster mit leiser Stimme die verschiedenen Figuren des Bildes erklären und schrieb deren Namen in feiner Schrift über die Köpfe einer in Kupfer gestochenen winzigen Kopie, die er aus seiner Brieftasche gezogen hatte.

„Die edle Familie Pesaro", erläuterte in gedämpftem singenden Ton der Küster, während um seine Füße schmeichelnd ein weißes Lieblingskätzchen strich, das, ebenso heimisch im Dom wie sein Meister und ebenso scheinheilig wie er, ihm auf Schritt und Tritt folgte, „die edle Farmilie Pesaro, der allerheiligsten Madonna vorgestellt durch die Schutzpatrone St. Franziskus, St. Petrus und St. Georg." – Hier verbeugte er sich gegen die Heiligen und machte eine ehrerbietige Pause. Dann bat er im Flüstertone, auf das dem Beschauer zugewandte lieblich blasse Köpfchen der jüngsten, höchstens zwölfjährigen Pesaro hinweisend, den aufmerksamen Herrn

Waser, eine wundersame Eigenschaft ihrer durchsichtigen braunen Augen nicht außer acht zu lassen ... „Diese zaubervollen Blicke, Herr, richten sich unverwandt auf mich, von woher ich immer das süße kleine Fräulein beschaue. Sie begrüßen mich, wenn ich zum Altar trete, und wohin ich immer geschäftig mich wende, die leuchtenden Sterne verlassen mich niemals."

Während Herr Waser seine Stellung zu wiederholten Malen wechselte, begierig zu erfahren, ob sich diese Behauptung auch zu seinen Gunsten erprobe, wurde das Interesse der jungen Edelleute, welche sich, um die Herzogin ungestört ihrem Kunstgenusse zu überlassen, etwas im Hintergrunde hielten, durch ein anderes Augenspiel angezogen. Die Blicke, die sie fesselten, waren nicht die wunderbaren des von Tizian gemalten Kindes, auch durfte der Küster sich nicht erst bemühen, sie auf diesen natürlichen Zauber aufmerksam zu machen. Am Fuße des nächsten Pfeilers knieten ein paar Venezianerinnen. Jugendlich weiche Gestalten! Durch die das Angesicht verhüllenden schwarzen Spitzenschleier schienen schwärzere Brauen und Wimpern und flogen Blicke, deren schmachtendes Feuer zwischen der Himmelskönigin und ihren kriegerischen Beschauern sich teilten. Nicht zuungunsten der letzteren, die ihrerseits den Dank nicht schuldig blieben.

„Wie schön wäre diese Gruppe", sagte jetzt die ebenso kunstbegeisterte als gut protestantische Herzogin, indem sie den Arm erhob und mit dem geöffneten Fächer die Madonna mit den drei Heiligen ihrem Blicke verdeckte, „wie schön wäre diese Gruppe, wenn die gottesfürchtige Familie ihre Andacht ohne die Vermittlung dieses obern Hofstaates vor den Thron des Unsichtbaren brächte!"

„Ihr sprecht als gute Protestantin", lächelte der Herzog, „aber ich fürchte, Meister Tiziano wäre nicht mit Euch zufrieden. Ihr müßtet schließlich über die ganze heilige Kunst den Stab brechen; denn unser Himmel und was darinnen ist läßt sich nicht mit Linien und Farben darstellen."

Conrad Ferdinand Meyer (1825–1898)

Scuola Grande di S. Rocco · Tintorettos „Kreuzigung“

Ich muß es diesem Gemälde überlassen, selbst auf den Beschauer zu wirken; denn es ist über alle Beurteilung und über alles Lob erhaben.

John Ruskin (1819–1900)

Campo S. Margherita · Rechtschaffene Armut

Meine Uhr war stehengeblieben. Ich richtete sie später nach dem Glockenschlag. Zu allem fühlte ich mich zu schwach. Dennoch ging ich mittags zum Campo Margherita, um auf dem Markt etwas zu essen zu kaufen. Ein Lokal wollte ich nicht betreten, ich fürchtete die Nähe von Menschen.

Es war ein schöner Oktobertag, der Himmel hoch und blau und die Fassaden der Häuser mit ihren alten, ausgewaschenen Farben schön darin eingepaßt, desgleichen die Kirchtürme, strenger allerdings und dunkler. Ein frisches Wehen kam vom Meer her; noch waren die Mauern und die Steinplatten der Wege warm, so wohlig fühlte sich das an. Die Armen, die sommers dort herumscharwenzelt waren, wo Fremde sind, in der Hoffnung, ein wenig Geld zu machen, waren jetzt wieder in ihr Quartier zurückgekehrt. An jeder Ecke, in jedem Torweg lungerten sie herum und schwatzten.

Der Markt war in vollem Gang, als ich den Campo erreichte. Gleich am ersten Stand kaufte ich gebratene Fische, die mir der Mann in ein grünes Blatt einwickelte. Wie das duftete! Und wie herrlich das anzusehen war: die Fische und Tintenfische und Muscheln auf den sauberen Holztischen! Eben schüttete der Mann schwarze Muscheln aus einem Netz auf den Tisch. Das klang wie das Rasseln einer Kette. Grüne Algen waren auf den Muscheln.

Ich setzte mich auf die Stufen einer aufgelassenen Kirche und verzehrte die Fische. Niemand beachtete mich. Ich glich ja auch aufs Haar einem jener Nichtsnutze, wie sie in dieser Stadt so häufig sind. Und doch, man verstehe mich nur: Ich fühlte mich wie ein Gerechter! Es war alles so rechtschaffen in seiner Armut um mich herum, so aufrecht in aller Geflicktheit, so stolz in insgesamter Gebrechlichkeit, daß ich wie selbstverständlich mich dem allen anverwandelte und gut war. Was ist aber köstlicher zu kosten als unverdientes Gut-Sein?!

Den ganzen Tag über blieb ich auf dem Markt. Ich mag auch geschlafen haben, ich weiß es nicht. Als die Händler ihre Stände abbauten, tauchten wie auf Kommando Scharen von Hunden und Katzen auf, alle herrenlos. Niemand hinderte sie, sie durchstöberten die Abfallhaufen. Die Tischläden der Stände wurden geschrubbt. Als ich zusah, wie in Güssen Wasser darüber geschüttet wurde, fröstelte mich. Jetzt erfuhr ich beiläufig das Datum aus einem Gespräch Vorübergehender und schloß, daß ich zwei Tage und Nächte im Delirium verbracht hatte.

Peter Rosei (geb. 1946)

Campo dei Carmini 2615 · Sog. Othello-Haus

Tropfnaß das Gespann am Kai. Mit zuckender Mähne
hält sich der Leithengst, wenn's dunkelt, den Schlaf vom Leib.
Sanft heben und senken die Gondeln ihre Geigenhälse
zum lautlosen Schrei.

Schwindet der Argwohn des Mohren, so mehrt sich die Schwärze
der Schrift. Und die zärtliche Hand, statt zu würgen, liebkost
das steinerne Tüchlein, das Jago zerknüllte – sie herzt es:
so findet sie Trost.

Joseph Brodsky (1940–1996)

S. Sebastiano · Veronese verstehen

Die Kirchentüre von San Sebastiano schloß sich hinter mir, ich trat ins Freie. Dort war mir plötzlich Paolo Veronese verständlich und liebgeworden, dessen Werke noch mehr als die der andern Venezianer der heimischen Luft und Umgebung bedürfen, um völlig genossen zu werden. Dieser Genuß, den mir die Säle des Palazzo Ducale nur erst teilweise erschlossen hatten, war mir nun in ganzer Fülle in

S. Sebastiano zuteil geworden, wo um das Grab des Malers her eine Anzahl seiner üppig farbigen Werke von Wänden und Decke glänzt. Von der Lagune kommend, das Haar noch feucht vom Wasserduft, muß man diese Werke besuchen, während vor der Tür die Gondel wartet; dann erscheinen sie wie sorglos schöne, weiche Träume, reich und rechenschaftslos aus der schlummernden Fülle der Lagunenstadt aufgestiegen, dann reden sie ihre echte Sprache, die Sprache der unbekümmerten Lebensfülle, der Schönheit und des Genusses. Ganz Venedig spiegelt sich in ihnen, die Welt der flüssigen Konturen, der träumerischen, vom Wellenschlag begleiteten Musik, die Welt des süßesten Schmelzes, der in mattblauem Gewässer sich spiegelnden Abendröten, der Welt, welche vor den Stürmen des Landes durch ihren Wassergürtel und vor den Stürmen des Meeres durch den Gürtel ihrer Inseln gesichert, sich im Genuß einer reichen Gegenwart wiegt. Man begreift die mageren, melancholischen Engel der früheren Toskaner und alle Bilder der großen Meister, in denen Armut, Kampf des Lebens, rauhe Natur, Tod und Leid geschildert sind, nicht mehr, solange man unter dem einseitigen Eindruck dieser üppigen und glänzenden Kunst steht.

Hermann Hesse (1877–1962)

VON DER AKADEMIE ZUR PUNTA DELLA DOGANA

Wahrer Taumel

Die Meisterwerke der venezianischen Maler sind aus Kirchen und Klöstern in der Akademie vereinigt. Von dieser Herrlichkeit der Farbenkunst kann man sich nun an keinem Ort der Welt einen Begriff machen. Bei meinem ersten Besuch war ich in einem wahren Taumel; ich habe vor innerem Vergnügen vor mich hin gelacht, und unverständliche Interjektionen von mir gegeben, so daß mich verständige Leute für messo matto gehalten haben müssen. Wie kann man sich von dieser Schule aus den dürftigen Proben, die auswärts zerstreut sind, einen Begriff machen! Ich hatte den ganzen Morgen in dem einen Flügel zugebracht (ohne Katalog, um zu sehen, wieviel ich erraten könnte) und glaubte, dies sei alles; und dann fand ich erst, daß mir noch die größere Hälfte fehlte, darunter die zwei Riesensäle, in deren einem die Hochzeit zu Cana von Paul Veronese. Unter drei hohen Bogen einer Marmorhalle, durch die man drei Reihen weißer Marmorpaläste sieht; welch eine Versammlung, lauter hohe edle Gestalten; alles im vollsten schattenlosen Tageslicht, in den heitersten leuchtendsten Farben, und doch noch auf jedem Gewand ein Spiel von farbigen Glanzlichtern; und dieser Reichtum mit dem feinsten Sinn für Harmonie ausgeteilt.

Carl Justi (1832–1912)

Albertines Mantel

Carpaccio, den ich soeben nannte, und der der Maler war, den wir, wenn ich nicht in San Marco arbeitete, am liebsten aufsuchten, hätte beinahe eines Tages meine Liebe zu Albertine noch einmal neu belebt. Ich sah zum ersten Mal das Bild, das den Patriarchen von Grado darstellt, wie er mit der Reliquie einen Besessenen heilt. Meine Augen ruhten auf dem wundervollen rotvioletten Himmel, von dem sich die intarsiengleich darauf abgebildeten hohen Häuseressen abheben, deren nach oben ausladende Form und in der Röte des Tons tulpenähnliche Entfaltung an so viele venezianische Veduten von Whistlers Hand gemahnt. Dann schweiften meine Augen von dem alten, in Holz aufgeführten Rialto zu jenem Ponte Vecchio des fünfzehnten Jahrhunderts, seinen mit vergoldeten Kapitellen geschmückten Marmorpalästen, und verweilten dann wieder auf dem Kanal, auf dem die Gondeln von Jünglingen in rosafarbenen Röcken und mit Reiher geschmückten Kappen auf dem Kopf gelenkt werden, die jenem täuschend ähnlich sind, der in der so überaus glanzvollen „Josephslegende" von Sert, Strauß und Kessler wahrhaft noch einmal Carpaccio erstehen ließ. Endlich kehrten meine Blicke, bevor sie das Bild verließen, zu dem Ufer zurück, das mit wimmelnden Szenen aus dem venezianischen Leben jener Epoche angefüllt ist. Ich sah, wie der Barbier sein Rasiermesser abwischt, der Neger sein Faß trägt, die Muselmanen Gespräche führen, sah edle venezianische Herren in weiten Brokat- und Damastgewändern und mit Kappen aus cerisefarbenem Samt, als ich plötzlich am Herzen etwas verspürte wie einen leichten Stich. Auf dem Rücken eines der Calzabrüder, kenntlich an den Stickereien aus Gold und Perlen, die auf ihrem Ärmel oder Kragen das Emblem der fröhlichen Bruderschaft festhalten, der sie sich verschrieben hatten, erkannte ich plötzlich den Mantel, den Albertine umgelegt hatte, um mit mir im offenen Wagen an jenem Abend nach Versailles zu fahren, an dem ich noch weit entfernt war zu ahnen, daß kaum fünfzehn Stunden mich von dem Augenblick trennten, zu dem sie von mir fortgehen würde. Immer zu allem bereit, hatte sie an jenem traurigen Abend, den sie in ihrem letzten Brief von „vielfacher Dämmerung erfüllt" genannt hatte, „weil die Nacht niedersank und wir uns verlassen sollten", über ihre Schultern einen Mantel von Fortuny geworfen, den sie am folgen Tage mitgenommen und den ich niemals außer in meiner Erinnerung wiedergesehen hatte. Aus diesem Bilde von Carpaccio aber hatte der geniale Sohn Venedigs ihn entnommen und von den Achseln dieses Calzabruders hatte er ihn losgelöst, um ihn auf die so vieler Pariserinnen zu werfen, die gewiß ganz wie ich darüber in Unkenntnis waren, daß das Modell in einer Gruppe jener Edelleute im Vordergrund des „Patriarchen von Grado“ in einem Saal der Akademie von Venedig existierte. Ich hatte alles wiedererkannt, und da der vergessene Mantel mir, damit ich ihn recht betrachtete, noch einmal die Augen und das Herz desjenigen gegeben hatte, der an jenem Abend mit Albertine nach Versailles hatte aufbrechen wollen, wurde ich für ein paar Sekunden von einem verworrenen, bald wieder von mir weichenden Gefühl des Verlangens und der Schwermut heimgesucht.

Marcel Proust (1871–1922)

Giorgiones „Sturm“

Während Fabio noch übte, kam das Kind der Witwe herein, blieb, die Arme auf dem Rücken gekreuzt, an der Wand stehen und hörte zu. Es blickte ernst zu ihm auf, und Fabio warf ihm einen ernsten Blick zu; er lächelte nicht. Ihre Begegnungen verliefen immer ernsthaft, wie zwischen zwei Erwachsenen oder zwei Kindern; ein Kind, zu dem er sich als Erwachsener hätte verhalten müssen, wäre für Fabio bei den Violin-Exerzitien nicht zu ertragen gewesen. Übrigens kam die Kleine nicht, oder nicht in erster Linie seines Geigenspiels wegen zu ihm ins Zimmet. Sie hörte ihm zwar gerne zu, besonders wenn er klare, leichtverständliche Melodien spielte, aber was sie zum erstenmal und dann immer wieder in sein Zimmer gezogen hatte, war das Bild, eine kleine Abbildung von Giorgiones „Sturm“, die, ohne Rahmen, auf seinem Tisch stand, gegen die Wand gelehnt. Fabio hatte die Reproduktion in einem Bildergeschäft neben der Accademia gekauft, aber er besuchte auch in gewissen Zeitabständen die Galerie selbst, um sich das Original anzusehen. Er beobachtete, wie die kleine Serafina sich auch heute wieder, an der Wand entlang, lautlos zum Tisch hinschob und das Bild betrachtete. Sie hatte ein dreieckiges braunes Gesicht unter einem Wald von dichten braunen Haaren. Fabio wußte, daß Serafina am meisten von dem Akt des Stillens beeindruckt war, den die nackte Frau auf Giorgiones Bild an ihrem Säugling vollzog; Serafinas Mutter hatte ihm erzählt, daß die Kleine sie einmal gefragt hatte, warum sie nicht an ihrer Brust trinken dürfe. Aber heute fragte sie, als Fabio seinen Bogen abgesetzt hatte: „Ist der Mann da der Mann von der Frau?"

Fabio blickte auf das Bild und antwortete: „Wahrscheinlich."

„Warum steht er dann nicht bei seiner Frau?" fragte das kleine Mädchen.

„Der Fluß ist zwischen ihnen", sagte Fabio.

„Der Fluß ist gar kein Fluß, er ist nur ein kleiner Bach", sagte Serafina, „der Mann könnte ganz leicht hinübergehen, zu der Frau und zu seinem kleinen Kind."

„Siehst du nicht, daß er ein Mann ist, der zu seiner Arbeit geht?" fragte Fabio. „Er ist ziemlich sicher ein Fischer, er trägt eine lange Bootsstange."

„Er soll nicht fortgehen, wenn gerade ein Gewitter ist", sagte das kleine Mädchen. Es deutete auf den Blitz im Gewölk des Hintergrundes.

Fabio Crepaz blickte traurig auf die braunen Haare des Kindes, das nicht verstehen wollte, warum es keinen Vater hatte. Es war gerade so alt, daß es eben gelernt hatte, den Namen seines Vaters zu lesen; es las ihn, wenn es aus dem Hause trat, auf der großen Gedenktafel für die während des Krieges von der SS verschleppten und ermordeten venezianischen Juden; sie war an dem Haus angebracht, in dem Fabio bei Serafinas Mutter Wohnung genommen hatte, gegenüber der alten Synagoge. Fabio hatte dafür gesorgt, daß der Name seines Freundes Tullio Toledano dort eingetragen wurde, obgleich Tullio sogar zurückgekehrt war, heimgekehrt aus dem schalltoten Raum als ein Sterbender; fünf Jahre lang war er an einer Tuberkulose gestorben, die er sich in Maidanek geholt hatte. Für ihn, Fabio, hatte das Bild eine ganz andere Bedeutung als für die kleine Serafina. Für ihn war es die Darstellung der ewigen Trennung zwischen Mann und Frau. Auf dem einen Ufer saß die Frau, nackt und innig in ihren kleinen Fruchtbarkeits-Ritus verzaubert, hell beleuchtet, eine klare biologische Formel, während auf dem anderen Ufer der Mann stand, dunkel, schön, lässig, genießerisch, verliebt, er hatte ein Kind gezeugt, und das Glied spannte sich schon wieder im Lederbeutel der Tracht des Jahres 1500; jung und getrieben, geistig und rätselhaft, hatte er sich noch einmal umgewendet, aber das

Wasser – „er könnte ganz leicht hinübergehen" – lag unüberschreitbar dunkel und tief zwischen ihm und der Mutter mit ihrem Kind, indes der Wolkenhimmel aller Jahrhunderte von einem großen Blitz durchzuckt wurde; er illuminierte eine Stadt, einen Fluß und Bäume, wie es sie im Veneto gab, im Hinterland von Mestre und Dona di Piave, Gegenden, in denen Fabio zu Hause war.

Alfred Andersch (1914–1980)

Gesuati-Kirche · Triumph im Übermaß

Der Bootsführer legte an und behauptete, man müsse die Kirche der Gesuati sehen. Man gewahrt eine prunkende Fassade aus riesenhaften zusammengesetzten Säulen, dann ein Schiff, dessen korinthischer Säulengang sich anspruchsvoll in große Pfeiler einfügt, zu den Seiten kleine Kapellen, deren griechische Giebel gewölbte Konsolen tragen, eine bunte Marmorbekleidung, eine Unmenge flaue und sehr saubere Bildsäulen und Reliefs, an der Decke eine hübsche Boudoirmalerei, zarte nackte rosiggetönte Beine, kurz einen kalten Prunk, ein Schaugepränge kostbarer Niedlichkeiten. Das achtzehnte italienische Jahrhundert ist noch schlimmer als das unsere. Unsere Werke behalten immer irgend ein Maß, weil sie irgend eine Feinheit bewahren, sie aber lassen sich triumphierend in jeglichem Übermaß nieder.

Hippolyte Taine (1828–1893)

Ospedale degli Incurabili · Musik hinter Gittern

Es wäre ein schlimmes Versäumnis meinerseits, wenn ich in gegenwärtigem Brief nicht auf die vorzügliche Musik einginge, die hier von allen Fremden bestaunt und bewundert wird. Ich will daher berichten, daß es in verschiedenen Klöstern öffentliche Konzerte gibt, nämlich bei den Incurabili der Pietà und bei den Mendicanti. Gewöhnlich wird in jedem dieser Klöster zweimal in der Woche, samstags und sonntags, Instrumental- und Vokalmusik aufgeführt.

Ich habe zuerst die Kirche der Incurabili besucht; sie ist nicht sehr groß, länglich-rund, schön gewölbt und ohne Pfeiler, daher für solche Darbietungen sehr geeignet. Dort leben die guten Mädchen, die keinen anderen Vater kennen als die Liebe. (...)

Diese Mädchen leben nach strengen Regeln, legen aber kein Gelübde ab, da sie das Recht haben, sich zu verheiraten, wenn sich dazu Gelegenheit findet. Übrigens gibt es unter diesen Mädchen einige, die über 20000 Gulden besitzen, je nach der Mitgift, mit der sie von ihren natürlichen Vätern ausgestattet worden sind oder die sich die eine oder andere durch ihre Geschicklichkeit ehrbar erworben hat; sie werden im Kloster nämlich nicht nur in der Musik unterrichtet, sondern auch in allen anderen Künsten, die sich für das weibliche Geschlecht ziemen. Wenn sie diese Lebensweise aufgeben, ist es ihnen jedoch untersagt, auf den Theatern Venedigs oder denen eines fremden Fürsten aufzutreten, ganz so, als würden sie notwendigerweise nach Frömmigkeit stinken, nachdem sie einmal im Kloster gewesen sind. Wenn diese Mädchen nun musizieren, kann man sie nicht sehen, denn sie bleiben hinter Gittern versteckt, und wenn man nicht wüßte, daß es sich um Frauen handelt, würde man sie für die besten Männer in diesem Fach halten. Insbesondere zwei, die höchst kunstvoll Violine und Orgel spielen, sowie zwei Sängerinnen verdienen hohes Lob. Man kann sich leicht vorstellen, daß sich dort zahllose Musikliebhaber versammeln, um etwas so Göttliches zu hören; sogar der Kurprinz ist mehrmals gekommen, wobei er regelmäßig die Kanzel bestieg, um die Musikantinnen besser hören und wenn möglich auch sehen zu können. Während dieser geistlichen Konzerte erscheint eine Art Sakristan, der etwas für die Benutzung der Stühle einfordert. Es kostet zwei Soldi und wäre doch ebensoviele Dukaten wert; gibt aber jemand dem Kollektor ein Geldstück von höherem Wert, so erhält er erstaunlicherweise den Überschuß zurück, auch wenn er es gar nicht wünscht.

Johann Caspar Goethe (1710–1782)

S. Maria della Salute · Die Hochzeit zu Kana

S. Maria della Salute, am Canal Grande. Eines der frühesten Bauwerke der grotesken Renaissance, ausdrucksvoll durch seine Lage, seine Größe und allgemeinen Verhältnisse. Diese letzteren sind besonders gut, und hängt die Anmut des ganzen Gebäudes hauptsächlich von der verschiedenen Größe der beiden Kuppeln und der hübschen Gruppierung der beiden Campanile dahinter ab. Die Kirche della Salute ist ferner ausgezeichnet durch eine sehr schöne Treppe, die an der Frontseite zum Kanal hinunter führt; und ihre Fassade ist in ihrer Art prachtvoll und wurde von Turner zum Hauptgegenstand bei seinem wohlbekannten Bilde vom Canal Grande gewählt. Die Hauptfehler des Gebäudes bestehen in den dürftigen Fenstern an den Seiten der Kuppel und der lächerlichen Verhüllung der Strebpfeiler unter der Form von kolossalen Spiralen; auch sind die Strebepfeiler an sich eine Heuchelei, denn da die Kuppel, wie Lazari konstatiert, aus Holz besteht, so braucht sie keine. Die Sakristei enthält mehrere kostbare Bilder; die drei an der Decke von Tizian werden sehr gerühmt, sind aber ebenso schwach wie monströs; aber der kleine Tizian, „San Marco mit S. Cosmo und Daniano", war meiner Meinung nach, als ich es zuerst sah, das bei weitem hervorragendste Bild von Tizian in Venedig. Es ist inzwischen von der Akademie restauriert worden und schien mir gänzlich verdorben, aber ich hatte keine Zeit, es gründlich zu prüfen.

Am Ende der größeren Sakristei befindet sich die Lünette, die einst das Grabmal des Dogen Francesco Dandolo schmückte; und daneben einer der vollendetsten Tintorettos von Venedig, nämlich:

Die Hochzeit zu Kana. Ein riesiges Bild, etwa fünfundzwanzig Fuß lang und fünfzehn hoch, und wie Lazari sagt, eines der wenigen, die Tintoretto mit seinem Namen unterschrieb. Ich wundere mich nicht, daß er es in diesem Falle getan hat. Es ist augenscheinlich eines seiner Lieblingswerke gewesen, mit dem er sich besondere Mühe gegeben hat. Der Gegenstand läßt ja nicht viel Eigentümlichkeit oder Energie der Komposition zu. Es war ein bei den Veronesern stets sehr beliebter Vorwurf, da er den Figuren durch bunte Kostüme und heiteren Gesichtsausdruck Interesse verlieh; aber man staunt, daß Tintoretto, dessen Gemütsstimmung stets ernst war, und der in seinen Bildern nicht gern Brokatstoffe und Diademe anbrachte, seine ganze Kraft dem Entwurf eines Hochzeitsfestes widmete; er tat es aber, und sicherlich gibt es unter seinen Gemälden in Venedig kein einziges, dessen Frauenköpfe so herrlich ausgeführt sind wie die, welche hier den Mittelpunkt des Lichts bilden. Auch hat er in diesem Bilde alle landläufigen Regeln beobachtet, und ein Akademieschüler würde entzückt sein über die Strenge, mit der das Hauptlicht zu einer zentralen Masse angeordnet ist, die durch einen in der Mitte angebrachten tiefen Schatten geteilt und noch glänzender gemacht ist. (...) Nahe dem Beschauer hat sich eine Frau erhoben und beugt sich über den Tisch, um den Gegenübersitzenden den Wein in ihrem Glase zu zeigen; ihr dunkelrotes Gewand unterbricht und erhöht die gesammelte Lichtmasse (...).

Als Ganzes betrachtet ist dieses Gemälde vielleicht das Vollkommenste, was menschliche Kunst in der Verbindung von tiefstem und schärfstem Schatten mit reicher Lokalfarbe hervorgebracht hat. Bei allen anderen Werken Tintorettos, und mehr noch bei anderen Koloristen herrschen entweder Licht und Schatten, oder die Lokalfarbe vor; in dem einen Fall sieht das Bild aus wie bei Kerzenlicht gemalt, in dem anderen wirkt es ganz konventionell und nähert sich der Wirkung von Glasmalerei. Dieses Gemälde vereint Tizianische Farbengebung mit Rembrandtscher Kraft des Schattens und Lichtes, nur noch in bestimmterer Weise.

John Ruskin (1819–1900)

Punta della Salute

Hier möcht ich sterben, alt, wie Tizian starb,
doch in verhängter Gondel und allein.
Durch einen Spalt nur glühn im Abendschein
verwitterte Paläste glorienfarb.
Schlaftrunken schaut die Wasserfläche drein
und haucht mir eine Seelenruhe ein,
die niemals um ein ewiges Dasein warb.
So möcht ich sterben ... aber leben: nein!

Richard Dehmel (1863–1920)

VOM BAHNHOF ZUR FRIEDHOFSINSEL SAN MICHELE

Nichts als Touristen und Nepp

Franziska sah einen Bahnsteig voller Arbeiter, *Leute, die den Tag über in Venedig gearbeitet haben und jetzt nach Hause fahren, in Mestre umsteigen, nach Padua oder Treviso oder kleineren Orten, ob ich schon hier aussteige, was tue ich eigentlich dort drüben auf der Insel, auf der Insel habe ich wahrscheinlich gar keine Möglichkeiten, auf einer Insel komme ich nicht weiter, vom Festland aus komme ich weiter, das Festland bietet viel mehr Chancen, eine Insel, das ist etwas Abgeschlossenes, in Mestre gibt es sicherlich ein oder zwei billige Hotels,* aber da fuhr der Zug schon wieder an (...)

Sie verließ den Waggon als letzte. Langsam ging sie den Bahnsteig entlang und durch die großen Türen der Eingangshalle. Sie las die Aufschriften an den Mützen der Hotelagenten, die sie ansprachen. *Royal Danieli, Gritti, Europa e Monaco, Bauer-Grünwald,* ohne zu antworten ging sie an ihnen vorbei und in das große, nach der Halle hin offene Bahnhofsrestaurant. Sie bestellte einen Espresso, und während sie wartete, spürte sie, daß sie Hunger hatte, und ließ sich ein Salami-Sandwich geben. An der Bar stehend, blickte sie in die Schalterhalle hinaus, in der die Glasauslage des Souvenirgeschäftes wie ein Kaleidoskop glühte. Sie bezahlte und ging zur Information, wo sie um ein Hotelverzeichnis bat. Ehe sie das Büro verließ, studierte sie die Liste der Hotels zweiter und dritter Klasse und dann verlangte sie noch einen Stadtplan, aber sie wußte schon, daß es zwecklos war, in Venedig eine Adresse nach dem Stadtplan zu suchen. Sie betrachtete die Tafel mit den Abfahrtszeiten der Züge und stellte fest, daß noch mehrere Züge nach Mailand fuhren. Die ganze Nacht durch fuhren Züge von Venedig nach Mailand. Es war nun beinahe neun Uhr. Um ihren Weggang aus der Bahnhofshalle noch ein wenig hinauszuschieben, betrachtete Franziska die Anden-ken-Schaufenster, die mit Gondeln in allen Preislagen, Gondoliere-

Statuetten, unglaublich kitschigen Murano-Gläsern, Farbdrucken, Puppen von grauenerregender süßer Häßlichkeit, Seidentüchern, auf denen der Dogenpalast abgebildet war, und Bildern von der Taubenfütterung angefüllt waren, *es ist idiotisch gewesen, nach Venedig zu fahren, jeder andere Ort wäre richtiger gewesen als ausgerechnet dieses verkitschte Sightseeing-Zentrum, in dem es nichts gibt als Touristen und Nepp,* dann riß sie sich los und verließ den Bahnhof. Draußen, auf der großen Freitreppe, war es fast sogleich finster, sie mußte sich erst an die Dunkelheit gewöhnen, es war finster in einer leichten wässerigen Nebelluft. Außerdem war es kalt, feucht-kalt. Sie ging schnell zur Anlegestelle des Diretto, verlangte ein Bilett nach San Marco, es kostete achtzig Lire, sie wechselte ihre letzte Hundert-Lire-Münze, *nun habe ich noch 60 Lire Kleingeld und 18000 Lire in Scheinen.* Sie fröstelte leicht, in dem hölzernen Warteraum auf der Anlegebrücke sitzend, außer ihr war nur noch ein alter Mann da, der auf der Bank saß und vor sich hindämmerte, das erste Circolazione-Boot, das anlegte, fuhr in der entgegengesetzten Richtung, *ich bin mal die ganze Circolazione ausgefahren, durch den Hafenkanal, Giudecca, Zattere,* dann kam das richtige Boot, Richtung San Marco, und sie stieg ein. Das Boot schoß sofort in die Mitte des Canal Grande hinaus und unter der Brücke am Bahnhofsplatz hindurch.

Alfred Andersch (1914–1980)

Fondamenta Labia

Wie gelbe abgetropfte Kirchenkerzen,
Die sich im Wachse werfen und sich schwärzen,
Sind die gekrausten alten Fraun.
Sie hexen hin, die schlauen schwarzen Flämmchen,
Ihr Bauch ist riesig, doch ihr Hals ein Stämmchen,
Ein Wurzelstock, so krummgeschraubt und braun.
    Ich sah das nie.

Und nichts als Krüppel! Kranke atmen schwer
Der Buckel dort tritt feldherrnhaft einher

Ein Hinkender trägt hüpfend seine Laute
Behutsam unterm Arm verstaut.
Und doch, als ob der Laute vor ihm graute,
Gibt sie bei jedem Auffall Laut.
  Ich hörte das nie.

Im Ghetto vecchio gar ist es noch schlimmer
Aus einem Laden lacht gleichgültiges Gewimmer,
Ein Anzug an der Stange schachert stumm.
Die Einen tragen hier den Kopf verbunden,
Die Andern aber zeigen offne Wunden,
Ein Krückenbankert humpelt um.
  Hier war ich nie.

Die Bettelvölker, die im Tor versteckten,
Sie dringen schon wie langsame Insekten
Mit ihren runden Fühleraugen vor.
Und will man sie mit schwacher Hand verjagen,
So machen sie ein Fliegen-Flügelschlagen,
Und setzen schwärzlich summend sich ins Ohr.
  Sie weichen nie.

Am Himmel, an dem nächtlich schon vergrellten
Hängt Spiegelung von wohlbestelltern Welten,
Hängt prunkvoll der Piazza Abendbrand.
Ich aber kann mich von dem Ort nicht lösen,
Im Winkel kleb ich, im verfemten, bösen,
Als wär' er mir im fernsten Blut verwandt,
  Ich weiß nicht wie.

Franz Werfel (1890–1945)

S. Giobbe · Überquellender Schmuck

Der Gondelführer fuhr nordwärts den Kreis um die Stadt, und vor dieser Ebene von Licht vergaß man alle Widerwärtigkeiten und enttäuschten Hoffnungen. Man wird des Meeres nicht müde, des unendlichen Horizontes nicht, der kleinen fernen Erdstreifen nicht, welche unter ungewissem Laube auftauchen und der seltsamen, fast öden Volksstraßen nicht, in denen die vom Wasser benagten Ziegel der Häuser wackeln und die unteren mit Muscheln bedeckten Grundpfähle derartig abgeschliffen sind, daß man jeden Augenblick einen Einsturz befürchtet. San Giobbe taucht auf; es ist eine kleine Kirche der Renaissance, außer einer zartornamentierten und zierlichen Tür im Äußeren weiß und kahl. Das Innere quillt von Schmuck über, ein Denkmal von Claude Perrault, schwülstig, aber nicht banal, erhebt über einer schwarzen Marmorurne einen kleinen schlafenden, festen kräftigen Engel, den man mit den flämischen Cherubimen verwandt glauben möchte; darunter kauern gekrönte Löwen mit der grotesken Feierlichkeit heraldischer Tiere. Wie verziert und verdorben eine Kirche in Italien auch sei, sie birgt immer irgend etwas Schönes oder Seltsames, hier zum Beispiel ein gutes Bild von Paris Bordone, einen alten Heiligen mit weißem Bart, welcher zwischen zwei Gefährten sein Kreuz trägt und daneben ein hübsches, von Säulengängen umgebenes Kloster, dessen mit Akanthusblättern geschmückter Brunnen sich auf einem mit Fliesen gepflasterten Platze erhebt. Das ist das Angenehme dieser Spaziergänge: man weiß nicht, was man finden wird, als ganzes Gepäck hat man zwei oder drei Namen im Kopfe, man gleitet ohne Stoß und Lärm auf dem Wasser dahin, und niemand spricht zu einem; von einer vergoldeten, mit Figuren bedeckten Kirche kommt man in ein verfallenes einsames Viertel. Es ist, als sei man von seinem Körper befreit und als gefiele sich ein gütiger Genius darin, einem Schauspiele und Phantasmagorien an der Seele vorbeizuführen.

Hippolyte Taine (1828–1893)

Ghetto · Rote Hüte

Ich suchte den Stadtteil auf, in dem die ganze jüdische Gemeinde zusammenwohnt, der das Ghetto genannt wird und der eine Insel ist. Man nimmt an, daß es fünf- bis sechstausend Juden in Venedig gibt, die sich durch ihre Gewandung und durch ihre Kopfbedeckung merklich von den Christen unterscheiden. Manche tragen rote Hüte, und zwar diejenigen, die in den westlichen Teilen der Welt, wie Deutschland und Italien geboren sind. Die Juden aus dem Osten, auch levantinische Juden genannt, die aus Jerusalem, Alexandria und Konstantinopel stammen, tragen Turbane wie die Türken, nur daß die Turbane der Türken weiß sind und die der Juden von gelber Farbe. Unter Turban verstehe ich ein aufgerolltes Band von Leinen, das sie sich um ihre Köpfe wickeln und das ihnen einen Hut ersetzt. Auch in London sieht man zuweilen, daß Turbane getragen werden. Die Juden besitzen etliche Synagogen in ihrem Ghetto, mindestens sieben, eine besondere für jede Gemeinde, in denen sich ihre Männer und Kinder an ihrem Sabbat, unserm Samstag, versammeln, um ihre Andachtsübungen zu verrichten und Gott auf ihre Weise zu dienen. In der Mitte der Synagoge haben sie in der Form eines Vierecks mit abgerundeten Ecken eine Art Sitzgelegenheit aus Tafelwerk, in dem sich acht Öffnungen befinden. Zwei derselben an beiden Enden sind wie Türen, durch die man tritt. Der Levit, der ihnen das Gesetz vorliest, hat während des Gottesdienstes einen langen Streifen aus Pergament vor sich, der auf zwei mit Griffen versehenen Hölzern aufgerollt ist und auf dem der gesamte Inhalt der Lehre Moses in hebräischen Buchstaben geschrieben steht. Er unterscheidet sich von den gewöhnlichen Mitgliedern der Gemeinde nur dadurch, daß er eine rote Kappe trägt, während sie ihre roten Hüte aufhaben.

Thomas Coryate (1577–1617)

Geschmäht, getreten, angespuckt

SHYLOCK.
Signor Antonio, viel und oftermals
Habt Ihr auf dem Rialto mich geschmäht
Um meine Gelder und um meine Zinsen;
Stets trug ich's mit geduldgem Achselzucken,
Denn Dulden ist das Erbteil unsers Stamms.
Ihr scheltet mich irrgläubisch, einen Bluthund,

Und speit auf meinen jüdischen Rocklor,
Bloß weil ich nutze, was mein eigen ist.
Gut denn, nun zeigt es sich, daß Ihr mich braucht.
Da habt Ihr's; Ihr kommt zu mir und Ihr sprecht:
„Shylock, wir wünschten Gelder." So sprecht Ihr,
Der mir den Auswurf auf den Bart geleert,
Und mich getreten, wie Ihr von der Schwelle
Den fremden Hund stoßt; Geld ist Eur Begehren,
Wie sollt ich sprechen nun? – Sollt ich nicht sprechen:
„Hat ein Hund Geld? Ist's möglich, daß ein Spitz
Dreitausend Dukaten leihn kann?" oder soll ich
Mich bücken und in eines Schuldners Ton,
Demütig wispernd, mit verhaltnem Odem,
So sprechen: „Schöner Herr, am letzten Mittwoch
Spiet Ihr mich an; Ihr tratet mich den Tag;
Ein andermal hießt Ihr mich einen Hund;
Für diese Höflichkeiten will ich Euch
Die und die Gelder leihn"?

ANTONIO.
Ich könnte leichtlich wieder so dich nennen,
Dich wieder anspein, ja mit Füßen treten.
Willst du dies Geld uns leihen, leih es nicht
Als deinen Freunden (denn wann nahm die Freundschaft
Vom Freund Ertrag für unfruchtbar Metall?);
Nein, leih es lieber deinem Feind; du kannst,
Wenn er versäumt, mit bessrer Stirn eintreiben,
Was dir verfallen ist.

SHYLOCK.
Nun seht mir, wie Ihr stürmt!
Ich wollt Euch Liebes tun, Freund mit Euch sein,
Die Schmach vergessen, die Ihr mir getan,
Das Nötge schaffen, keinen Heller Zins
Für meine Gelder nehmen, und Ihr hört nicht.
Mein Antrag ist doch liebreich.

ANTONIO.

Ja, das ist er.

SHYLOCK.
Und diese Liebe will ich Euch erweisen,
Geht mit mir zum Notarius, da zeichnet
Mir Eure Schuldverschreibung; und zum Spaß,
Wenn Ihr mir nicht auf den bestimmten Tag
An dem bestimmten Ort, die und die Summe,
Wie der Vertrag nun lautet, wiederzahlt:
Laßt uns ein volles Pfund von Eurem Fleisch
Zur Buße setzen, das ich schneiden dürfe
Aus welchem Teil von Eurem Leib ich will.

William Shakespeare (1564–1616)

Rabbi im Totenhemd

(...) rechter Hand in eine Gasse, und dann weitete sich der bleiche Platz des Ghettos. Ein zugemauerter Brunnen erinnerte an eine marmorne Schildkröte, und Frauen saßen neben ihm auf Stühlen. Sonst war der weite Platz leer, umstellt von Häusern, die aussahen, als wären sie oben abgeschnitten worden. Sie erschienen wie Gebein, das Eugen schwärzlich, rötlich, schimmelig erschien. Ein nackter Platz, trocken und öde, von Elend kahl gemacht, ein Mühsal-Viertel, wo Eugen am anderen Tag nicht weit von der Rudermacherwerkstatt einen mageren Mann mit schmalem, weißhaarigem Schädel stehen sah, der „Ghetto" sagte und dem er hundertfünfzig Lire gab. Es war ein heller Morgen.

Der Mann führte Eugen in die Gasse, deutete auf einen Hauseingang. Innen war ein Vestibül, und eine schwarzhaarige Frau saß auf einer Bank. Ein Mann gab ihm ein Seidenkäppchen, das er sich mit widrigem Gefühl auf den Hinterkopf setzte; dann ging er über eine Treppe in die Höhe.

Oben war ein Saal mit roten Vorhängen vor hohen Fenstern, einem starken, von Licht durchschienenen Rot neben den verblichenen Tüchern des Altars, der gewundene Säulen hatte. Einige Leute sangen, ein Bub lief aus der Bank, einer unterhielt sich über die Rückenlehne. Dann kam der Rabbi im weißen Totenhemd, auf dem Kopf eine Mitra. Blieb stehen und redete mit einem dicken Mann, der einen gelben Strohhut trug, als träfen sie sich auf einem Platz; denn Feierlichkeit war nur nebenbei zu spüren, weil das Straßenleben in die Synagoge hereinströmte.

Hermann Lenz (1913–1998)

Madonna dell'Orto · Das Jüngste Gericht

Nur Tintoretto hat es vermocht, dieses unausdenkbare Ereignis (das jüngste Gericht) in seiner ganzen Wirklichkeit zu erfassen; weder typisch noch symbolisch, sondern so, wie es die sehen mögen, welche nicht schlafen, sondern verwandelt werden. Nur einen traditionellen Umstand hat er mit Dante und Michelangelo aufgenommen, den Nachen der Verdammten; aber sein ungestümer Geist kommt auch bei der Anwendung dieses Bildes zum Ausbruch; er ist weder bei dem mürrischen Fährmann des einen, noch bei dem Kehraus machenden und fortschleppenden Dämon des anderen stehen geblieben; sondern Hylas gleich, an den Gliedern ergriffen, und die Erde in seinem Todeskampf aufreißend, wird das Opfer in sein Verderben gerissen; auch ist es weder der langsam fließende Lethestrom, noch der feurige See, der das verdammte Fahrzeug trägt, sondern die Oceane der Erde und die Wasser des Firmaments vereinigen sich zu einem weißen schauerlichen Wassersturz; der Strom von Gottes Zorn braust hinab in den Abgrund, wo die Welt mit ihrer glühenden Hitze zerschmolzen ist, erstickt durch die Trümmer der Völker, und wo die Glieder seiner Leichen aus seinem Strudel herausgeschleudert werden wie Mühlräder. Fledermausgleich sammeln sich aus den Höhlen und Schlupfwinkeln und Schatten der Erde die Gebeine, und die Erdhügel heben sich polternd und kleben an halb zusammengekneteten Gerippen fest, die herauskriechen und auffahren und sich aus dem verfaulten Unkraut emporringen, während die Erde noch an ihrem klumpigen Haar festhängt und ihre Augen durch die Dunkelheit der Erde versiegelt sind, doch gleich den Augen dessen, der seinen Weg ohne zu sehen nach dem Teiche Siloha ging; nach und nach die Träume des Gefangenenhauses abschüttelnd, hören sie kaum das Trompetengeschmetter der göttlichen Heerscharen, geblendet beim Erwachen durch das weiße Licht des neuen Himmels, bis der große Wirbel der vier Winde ihre Körper hinaufträgt vor den Richterstuhl. Das Firmament ist ganz von ihnen erfüllt, ein wahrer Staub von menschlichen Seelen, der dahin treibt und schwebt und in das unendliche, unvermeidliche Licht versinkt; die lichten Wolken sind durch sie verdüstert, als ob sie von Schnee schwer wären; als lebendige Atome strömen sie durch die Arterien des Himmels, bald langsam höher und höher steigend, bis Auge und Gedanke nicht mehr zu folgen vermögen, flügellos emporgetragen durch ihren inneren Glauben und durch die unsichtbaren Engelskräfte, bald in zahllosen schauerlichen Wirbeln vor die Stimme ihrer Verdammung getrieben.

John Ruskin (1819–1900)

Tintorettos Haus · Fondamenta dei Mori

Man wird in der Welt kein gewaltigeres und fruchtbareres Künstlertemperament finden. In vielen Zügen ähnelt er Michelangelo. Er nähert sich ihm durch die wilde Ursprünglichkeit und Tatkraft des Willens. Nach wenigen Tagen wurde sein Meister Tizian, als er ein paar Skizzen von ihm gesehen hatte, eifersüchtig, erschrak und schickte ihn aus seiner Schule fort. So jung wie er auch war, beschloß er dennoch, ohne Hilfe etwas zu lernen und emporzukommen. Er verschaffte sich Gipsabgüsse nach der Antike und Werke Michelangelos, kopierte Gemälde Tizians, zeichnete nach dem nackten Modell, sezierte, verfertigte sich Gliederpuppen aus Wachs und Kreide, bekleidete sie, hängte sie in der Luft auf, studierte ihre Verkürzungen und arbeitete mit äußerster Hingebung. „Überall, wo ein Werk der Malerei ausgeführt wird, ist er gegenwärtig", und er lernte sein Handwerk, indem er es ausüben sah. In seinem Kopf gärte es, und seine Einfälle bedrängten ihn dermaßen, daß er in dem Bedürfnis, sich von ihnen zu befreien, mit den Maurern auf die

Burg stieg und Gestalten um die Turmuhr zeichnete. Währenddessen übte er sich mit Schiavone zusammen, und außerdem fühlte er sich als Meister; „seine Gedanken kochen"; er bot den Kirchenältesten der Madonna dell' Orto vier ungeheure Gemälde an, die *Anbetung des goldenen Kalbes* und das *Jüngste Gericht*, mehrere hundert Fuß Malerei, Tausende von Gestalten, einen Überstrom von Phantasie und Geist, und er will sie umsonst machen und nur seine Auslagen dafür bekommen; wessen er bedarf, ist ein Abfluß und eine Gelegenheit. Ein andermal, als die Brüder von San Rocco bei fünf berühmten Malern Kartons zu einem Gemälde, das sie ausführen lassen wollten, bestellt hatten, ließ er heimlich die Maße Ortes nehmen, vollendete das Bild in einigen Tagen, trug es an seinen Bestimmungsort und erklärte, daß er es San Rocco schenke. Vor dieser Erfindungs- und Schnelligkeitsraserei standen seine Mitbewerber verdutzt, und auf diese Weise arbeitet er stets; es ist, als sei sein Geist ein ewig voller, ewig speiender Vulkan gewesen.

Hippolyte Taine (1828–1893)

Campo S. Fosca · Denkmal für Paolo Sarpi (1552–1623)

Gründlich in fast allen Wissenszweigen, aber einzigartig bewandert, wie seine Stellung es erforderte, in den Spitzfindigkeiten des Kirchenrechts als der Schmiede (wie er oft sagte) all der römischen Verderbtheiten. Durch deren Untersuchung war er für den Papst schrecklicher als durch sein Wesen; das war sanft, und so waren auch seine Empfehlungen. Und um ihn kurz mit zwei großen Werkzeugen der Erleuchtung zu vergleichen: er hatte sicherlich viel von Melanchthon, aber wenig von Luther.

Henry Wotton (1568–1639)

Denkwürdige Sätze

Ich spreche nie eine Lüge aus, aber ich sage nicht jedem die Wahrheit.

Ich werde nie wagen, etwas zu bestreiten mit der Begründung, daß es unmöglich sei, denn ich bin mir sehr wohl der unendlichen Vielfalt in den Werken der Natur und Gottes bewußt.

Ich erkenne den Stil (das Stilett) der römischen Kurie.
(Als er von gedungenen Mördern verletzt wurde)

Paolo Sarpi (1552–1623)

Fondamenta Nuove · Nächtliche Szene

In der Gegend um den Fondaco dei Tedeschi änderte er seine Richtung, ging nunmehr nach Norden. Einem in die Geographie dieser Stadt nur wenig Eingeweihten wird es ungereimt vorkommen, bald nach Nordosten, bald nach Norden zu laufen. Tatsächlich war aber die Art, in der Allan seine Marschroute wählte, alles andere denn ungereimt, im Gegenteil, sie verriet beste Ortskenntnis. Ich selbst, der ich doch aufgrund meiner Spaziergänge mit der Stadt und ihrem Winkelwerk vertraut war, mußte die Sicherheit bewundern, mit der Allan stets den kürzesten Weg fand. Sein Ziel liegt im Norden, unweit der Sacca della Misericordia wahrscheinlich; so dachte ich, und so war es auch.

Die Fondamenta Nuove, die, kilometerlang, in gerader Linie die nördliche Begrenzung der Stadt bilden, enden abrupt an der fast quadratischen Ausnehmung der Sacca. Man vergegenwärtigte sich die Lage: vorne das weite Hafenbecken in seiner schmucklosen Symmetrie, dahinter ein Viertel elender, verkommener Häuser, eingefaßt durch die leeren, steinernen Kais der Fondamenta, und schließlich die Lagune, aus der sich, kaum eine Meile ab, die Friedhofsinsel erhebt. Nachts leuchten von dort, ein seltsamer Trost, die vielen Lichter herüber, die man für die Toten entzündet hat. An dem Ort machte Allan halt. Niemals hatte er sich auf seinem Weg umgesehen; er tat es auch jetzt nicht. Die Arme vor der Brust verschränkt, schaute er bald auf die Sacca, bald auf die Lagune hinaus.

Das Meer war ruhig, dunkel lag es in seiner dunklen Umgrenzung, die Lichter von San Michele schwebten als helle Wolke darüber, oder es war, als wichen sie auseinander, vergingen unter dem Nachtwind in der Finsternis. Selten, daß einmal ein Schiff vorbeifuhr, von Torcello oder sonstwo aus der nördlichen Lagune kommend oder dorthin kehrend. Was suchte Allan hier?

Dann fuhr ein Boot aus dem Hafen, nahm Kurs gegen Südosten, fuhr kaum einen Steinwurf entfernt an uns vorbei und an den Fondamenta hinab. *Das ist es,* dachte ich, doch nichts ereignete sich, wenn man ein paar Hantierungen an den Bordscheinwerfern außer acht läßt. Diese Hantierungen waren nicht weiter auffällig; bloß im Nachhinein wollte es mir so vorkommen, denn kurz nach der Passage des Bootes machte sich Allan wieder auf den Weg.

Es war lange nach Mitternacht, doch war die Nacht mondhell, und ich fürchtete, Allan könnte mich entdecken. Er mußte ganz nahe an mir vorbeikommen.

Peter Rosei (geb. 1946)

Gesuiti-Kirche · Narrheiten des Verfalls

Ich habe gestern eine andere ähnliche Kirche, die der Gesuiti gesehen. Auf den Wänden und dem Pflaster sind weiße und grüne Marmorarten ineinander eingelegt und bilden Blumen und Astwerk. Auf den Wölbungen malt gewundenes Gold Vasen, Troddeln und Schnörkel, das Ganze sieht aus wie eine vergoldete, sammetartig gewirkte Salontapete, deren Preis einen Reichgewordenen reizen könnte. Man kann die Urnen, Lyren, Flammenbüschel, Blätter und weißen Blumengirlanden, welche die Kuppeln bedecken, nicht zählen; gedrehte Säulen aus grünem weißgeschuppten Marmor tragen den Baldachin des Altars, wo hagere gefühlvolle Statuen, Christus mit seinem Kreuz, Gott Vater auf einem ungeheuren Globus aus weißem Marmor sitzend, von Engeln getragen paradieren; alle beide stehen unter einem geschuppten, derartig wunderlichen Marmordach, daß man sich nicht enthalten kann zu lachen. Grotesker Schwulst springt selbst aus den großen baukünstlerischen Linien hervor, sie haben sich mit gewöhnlichen Formen nicht zufrieden gegeben, sondern die Wölbung ihres Schiffes erweitert, bis sie eine niedrige Krümme gleich der einer Brücke bekam, und haben sie mit Kuppeln umgeben, die wie die Höhlung eines Schildes aussehen. Man empfindet die Anstrengungen der Einbildungskraft, welche im Leeren arbeitet, zu einer Prunkrednerei aus Superlativen und Blendereien gelangt und in hohlen Phrasen einen Kultus für Damen und Weltliche herstellt.

Alle diese Narrheiten des Verfalls verschwinden vor zwei Gemälden des großen Jahrhunderts. Das erste ist eine *Himmelfahrt Mariä* von Tintoretto. Rings um das Grab der Jungfrau beugen sich große Greise und erstaunen mit tragischen Gebärden. Sie haben jene herrischen und rohen Mienen, welche sich bei den venezianischen Malern so gut mit der heftigen Zerknitterung der Faltenbehänge und den mächtigen Wirkungen des Schattens, des Lichtes und der Farbe vereinigen. Darüber kreist die Jungfrau (...).

Das andere Bild, ein *Sankt Laurentius* von Tizian, sieht aus wie eine Phantasie eines italienischen Rembrandt, wie eine Vision in der Dunkelheit. (...)

Hippolyte Taine (1828–1893)

Die Leber des Laurentius

Gut! Komm, wir gehen zur Gesuiti Kirche. Kennst du sie? Nein? Es ist eine ganz erstaunliche, spätbarocke Kirche, nie dann offen, wenn man es erwartet, aber dies könnte die richtige Stunde sein, vielleicht kommen wir hinein. Wir nehmen einen Weg, der etwas abseits und nicht der kürzeste, aber sehr hübsch ist. Ich hoffe nur, daß wir nicht mitten in eine Messe geraten.

Willst du mir nicht erzählen, was diese Frau dir gesagt hat?

Ganz bestimmt nicht. Das wäre eine zweifache Indiskretion.

Er hängte sich eine ihrer Fototaschen über die Schulter und führte sie an den Fondamenta entlang in Richtung der Sacca della Misericordia. Dann wendeten sie sich von der Lagune ab, gingen im Zickzack durch Straßen in einem Arbeiterviertel, überquerten erst einen Kanal, dann noch einen, sahen sich jedesmal einem riesigen Palast gegenüber und gingen absurderweise wieder in Richtung der

Lagune. Auf einmal stand zur Rechten die Kirche vor ihnen, streng und abweisend.

Wir hatten recht, sagte er zu Lina. Siehst du die Tür in der Tür? Sie ist offen. Wenn das kein Wunder ist.

In der Sakristei saß sicherlich ein friedlich schlafender Wächter. Davon abgesehen waren sie allein. Lina beugte das Knie und bekreuzigte sich. Jesses, wisperte sie. Was ist dies graue und weiße Zeug? Ist das Seide?

Faß mal an, es ist Marmor. Mit wundervollen Intarsien und so lange geschliffen und poliert, bis er aussah wie Seide. Oder Tapete. So etwas habe ich nirgendwo sonst gesehen.

Ich möchte herumgehen.

Tu das. Die Tasche kannst du hierlassen. Ich warte solange.

Er setzte sich auf die Bank vor dem ersten linken Seitenaltar. Sie, eine Meisterin in superkurzen Rundgängen, war im Nu wieder da. Mistler steckte eine Fünfhundertliremünze in das Kästchen, das die Scheinwerfer einschaltete; er dachte, daß dies Linas Aufmerksamkeit fesseln würde, aber in Wirklichkeit waren die Scheinwerfer dermaßen schlecht eingestellt, daß sie an einem so klaren Nachmittag nur das Gegenteil bewirkten. Nach einem Moment fragte er:

Was hältst du davon?

Das ist wirklich allerhand. Hey, da will ich eine Aufnahme machen.

Das ist wohl verboten. Aber du kannst das Gemälde durch deinen Zoom betrachten. Der ist stärker als mein Fernglas.

Sie schraubte ein gewaltiges Rohr auf ihre Nikon, blinzelte hindurch und sagte: Ich wünschte, da wäre mehr Farbe oder mehr Licht. Es ist schwer zu erkennen. Was machen die mit dem Mann da links?

Sie rösten ihn und sehen nach, ob die Leber gut durch ist.

Thomas, also wirklich!

Im Ernst. Das ist Sankt Laurentius auf dem Rost, der Schutzpatron der Köche. Das Bild mußte düster sein, da hielt Tizian sich ganz an die Legende; aber ich glaube, Tizian hätte es sowieso gern düster gehabt. Er war ein relativ junger Mann, als er damit anfing – nicht älter als Gansevoort oder ich! Aber fertig wurde das Bild erst zehn Jahre später. Zu der Zeit sah er die Welt nicht mehr durch eine rosarote Brille. Erinnerst du dich an die Pietà, den sehr dunklen Tizian, der dir in der Accademia so gut gefallen hat? Das Bild, das wir gestern gesehen haben? Diese beiden Gemälde haben eines gemeinsam – sie sind ein einziger Schrei der Verzweiflung.

Was war mit St. Laurentius? Was erzählt die Legende?

Er war ein glühender Christ, der das Pech hatte, in der Regierungszeit des berüchtigten Kaisers Dezius zu leben, eines Rohlings, der die Zeituhr gern zurückgedreht hätte. Dezius war ein heidnischer Fundamentalist. Im Römischen Reich gab es mehr und mehr Christen. Alle, die er erwischen konnte, stellte er vor die Wahl, entweder dem christlichen Glauben abzuschwören oder das Martyrium auf sich zu nehmen. Laurentius wurde in der Nacht zu Dezius gebracht, und Dezius sagte: Opfere den Göttern, oder die Nacht wird für dich in Qualen enden. Laurentius antwortete ungefähr: Meine Nacht ist nicht aus Finsternis gemacht. Sie ist in ewiges Licht getaucht. Das fand Dezius nicht komisch, und er befahl zur Strafe den Grill. Kannst du es erkennen? Dieses Gerät, das aussieht wie ein Feldbett ohne Matratze. Der Mann, der darauffliegt und so elend aussieht, das ist der Heilige, und der Mann, der ihn anscheinend an den Schultern hält und eigentlich genauso unglücklich aussieht wie Laurentius – wahrscheinlich wegen der Hitze –, das muß einer der Folterknechte sein. Dann haben wir hier noch den hilfreichen Burschen, der am Boden kauert und ordentlich in die Kohlen bläst, damit sie auch heiß bleiben, und der stramme Typ mit der riesigen Fleischgabel auf der anderen Seite, der piekt Laurentius in die Leber.

Jesses!

Das kann man wohl sagen. Sie tun die Arbeit des Herrn. Ganz vertieft sind sie, die Folterknechte und der Heilige. Sieh mal, der Kontrast zu den anderen Gestalten ist auffällig. Zum Beispiel die beiden Intellektuellen weiter oben rechts. Sehr distanziert. Die könnten über Dichtung diskutieren. Mich fasziniert das helle Licht an der höchsten Stelle des Bildes: Ist das ein malerischer Effekt, eine elektrische Entladung beim Gewitter, oder ist es der Heilige Geist, der durch die Wolken späht und aufpaßt, daß das Werk des Herrn auch ordentlich gerät? Schau genau hin! Ich werfe noch eine Münze ein.

Sie starrte ihn ziemlich befremdet an, aber er war nicht gewillt, sich unterbrechen zu lassen. Das Licht schaltete sich wieder an.

Es könnte der Heilige Geist sein, weil das Licht dermaßen intensiv ist, fuhr Mistler fort, aber ich habe meine Zweifel. Soviel ich weiß, gehört es nicht zur religiösen Ikonographie, Gottvater oder Sohn als Zuschauer bei Martyrien zu malen. Mir fällt im Moment kein einziges Bild von der Kreuzigung oder der Kreuzabnahme ein, auf dem der Vater oder der Heilige Geist zu sehen ist. Und an den früheren Stationen des Leidensweges sind sie auch nicht zu sehen – wenn der Sohn ausgepeitscht oder mit Dornen gekrönt wird oder wenn er das Kreuz durch die *Via Dolorosa* schleppt. Sie sind nicht da. Man fragt sich, warum? Himmlische Prüderie? Oder ist es Achtung für die Logik derer, die voll des Glaubens sind? Die Sorge, daß der Glaube überstrapaziert wird und zerbricht, wenn der Himmlische Vater tatsächlich zugesehen hätte, wie Seinem Sohn solches angetan wurde, und Er nicht Einhalt gebot? Nicht einmal, als Er den gemarterten Leib Seines Sohnes unmittelbar vor Augen hatte? Natürlich, beim Jüngsten Gericht ist der Sohn immer da, auf dem Thron sitzend, Gerechtigkeit austeilend, was für die meisten Menschen gleichbedeutend mit Höllenqualen ist und der Vater sieht zu. Warum sieht der Vater zu? Um aufzupassen, daß der Sohn nicht Erbarmen zu spüren beginnt, wenn Er sich erinnert, was der Vater Ihm antun ließ? Oder um die Gerechtigkeit Seines Sohnes samt ihren Folgen zu besiegeln?

Thomas, hör auf! Wie kannst du sagen, daß diese Männer die Arbeit des Herrn tun? Das ist ja scheußlich.

Was? Daß ich sage, dies sei das Werk des Herrn, oder das, was diese Leute tun?

Beides. So wie du die Geschichte erzählst, hat der Kaiser die Martern befohlen.

Sie wischte sich eine Träne aus dem Auge.

Also, offenbar sind wir uns einig, daß es schlecht ist, Leute auf dem Grill zu rösten. Aber warum soll das nicht ein Werk des Herrn sein? Wer hat es in die Wege geleitet, wer hat den Dezius programmiert, wenn nicht Gott der Herr? Geschieht nicht alles nach Seinem Plan?

Menschen tun Böses. Sie tun es gegen den Willen Gottes.

Die Erklärung ist mir bekannt, aber ich kann mich nicht von dem Gedanken lösen, daß Sein Wille geschieht, wenn Er denn existiert, Gott der Allmächtige. Denk dir einen Mann mit Leberkrebs. Ist es nicht Gottes Wille, daß er die Krankheit haben soll? Natürlich, du kannst sagen, er müsse eben im voraus für seine Sünden büßen. Oder für Adams Sünde – Eva nicht zu vergessen. Das wirst du nicht bestreiten. Er muß wenigstens zulassen, daß all dies getan wird. Macht es einen Unterschied, ob man das Böse will oder es geschehen läßt, wenn man die Macht hat, es zu beenden? Wo liegt der Unterschied?

Es gibt den freien Willen. Menschen haben einen freien Willen.

Das ist die richtige Antwort für die Kirche, aber die habe ich noch nie akzeptieren können. Jedenfalls paßt sie nicht auf den armen Kerl mit dem Krebs auf seiner Leber. Warum wird er bestraft, bevor er vor den Richter kommt? Er lebt noch, er könnte doch noch bereuen. Ha! Du müßtest die passenden Prozeduren für Reue und Vergebung besser kennen als ich. Also, warum wartet man nicht wenigstens, bis der Kerl verurteilt wurde, bevor man ihm das Schalentier in den Leib setzt? Oder warum röstet man den Heiligen, der kein schlechter Mensch war? Ich kenne die Standardantwort. Er wird zum größeren Ruhm Gottes geröstet. Quatsch! Die Theorie des freien Willens hat eine herrlich komische Seite, weißt du das? Es ist, als würde man sagen, die Personen in einem Stück hätten Willensfreiheit. Die Schauspieler versuchen so zu spielen, daß du glaubst, es sei so, aber jedes Wort, das sie sprechen, jede Handlung – alles, was im Stück geschieht – ist in Wahrheit vom Stückeschreiber vorgeschrieben. Zum Beispiel im *König Lear:* Nicht Cornwall entschließt sich, Gloucester die Augen auszustechen. Shakespeare hat das beschlossen, aufgrund der Geschichten, die er gelesen hat, und aufgrund seiner eigenen Beobachtungen, die ihn gelehrt haben, wie man in dieser Welt handelt. Genauso ist es mit Gott und dem freien Willen. Ha! Ha!

Sie zischte ihn an. So darf man in einer Kirche nicht reden. Laß uns gehen, nur raus hier. Außerdem, du bist ja wohl krankhaft. Warum sagst du, der Mann piekt dem Heiligen in die Leber? Widerlich. Ich glaube, es ist der Hintern oder die Seite.

Das ist nicht ganz von der Hand zu weisen. Eigentlich hat man die Leber wohl rechts, auf der von der Fleischgabel abgewandten Seite, oder? Egal. Ich denke offenbar immer nur an die Leber.

Er war versucht zu sagen: Weißt du, ich habe ein Recht, krankhaft und unvernünftig und blasphemisch zu sein. Der Kerl mit dem Krebs, der bin ich. Daß ich sehr bald sterben werde, das habe ich am Spätnachmittag vor Anna Williams' Party erfahren, kurz bevor wir uns begegnet sind, du und ich. Psst. Das ist streng geheim. Nur meine Ärzte und mein Anwalt wissen es. Aber Mistler brachte es nicht über sich, davon zu sprechen. Noch nicht.

Louis Begley (geb. 1933)

San Michele

Im Mauerwinkel
Ein schwarzes Feuer,
Den Heimweg der Toten wärmend.
Während der Schatten ihrer Gebete
Über schlafende Wasser weht,
Schwingt eine Glocke,
Die du nicht hörst.
Jede Stunde geht durch dein Herz
Und die letzte tötet.

Gestern,
Unter den Mandelbäumen,
Legten sie Feuer
Ans dürre Gras.
Kaufe dich los
Im Anblick der Grube.

Die Nacht,
Der dunkle Aderlaß,
Verströmt ins Blei der Dächer.
Das ferne Venedig
Ist keinen Fischfang wert.

Peter Huchel (1903–1981)

Allerheiligen

Am Allerheiligentag schlenderte er unbekümmert (hätte man sagen können) – vollbrachte er die schwindelerregende Heldentat (um es genau zu sagen), ohne zu schwanken über die lange hölzerne Schiffsbrücke zum Friedhof auf die Insel S. Michele zu gehen. Es war eine letzte fromme Pilgerfahrt, mit dem heiligen und festen Vorsatz, für die Toten zu beten, damit sie wiederum für ihn beteten, für den kein Lebender mehr schnell eine Fürbitte sprechen konnte.

Der Ort war ein Garten. Von allen Seiten drängten sich die Eiligen, die Gräber ihrer Toten mit Wachskerzen, Lampen und Blumen zu schmücken. Der Ort war ein Garten, geheiligt durch Gebete, geheiligt durch menschliche Liebe. Auch dort, wo Gott sich herabließ, auf das Kreuz zu steigen und sich aus Liebe kreuzigen zu lassen, auch dort war ein Garten.

Langsam schritt er Zypressenwege entlang, zwischen Gräbern von kleinen Kindern mit blauen oder weißen Fahnen und zwischen Gräbern von Erwachsenen, die durch düstere Grabsteine gekennzeichnet waren.

Um ihn herum waren Patrizier, die Bündel von bemalten Kerzen und prächtige Girlanden aus Orchideen und Immergrün brachten, oder einfache Leute, die auf ihren Knien Unkraut jäteten und rührende Gebilde aus billigen Chrysanthemen und wertlosen Nachtlichtern gestalteten. Hier war ein Bäckerjunge und ein Telegraphenbote, die den Grabstein ihres Vaters aus einer Dose mit schwarzer Farbe und einer Flasche mit Goldfarbe neu bemalten. Dort war ein halbes Dutzend unflätige, käufliche, unehrliche, unanständige junge Gondolieri, ruhig und allein auf ihren bösen Knien um das Grab eines Kameraden geschart.

Und dort ging Zildo und verkroch sich schnell irgendwo, indem er sein Gesicht hinter einem Arm voll roten Rosen verbarg.

Nicholas wandte sich den offenen Toren von Privatkapellen zu, die ein byzantinisches Interieur zeigten mit goldgeflügelten Sonnen in türkisen Wölbungen, über Altären von Porphyr und violettem Marmor und Alabastereinlegearbeit mit Perlmutt in mattem Silber, und Altarbildern aus gehämmertem Silber, die mit Lapislazuli und Elfenbein besetzt waren; schlanke Kerzen brannten dort, Laternen aus gehämmerter Bronze leuchteten wie Sterne, taufrische Blumen bedeckten den Boden wie ein Teppich. Sogar die Loculi, die Grabstätten in der Friedhofsmauer hatten alle ihre Umrahmungen aus hellen Blüten, und Kerzen brannten davor auf dem Weg.

Jeden Morgen wurden in S. Michele und in der Kapelle von S. Christoforo Messen gelesen. Von Zeit zu Zeit ging ein Mönch in Chorhemd und Stola mit einer schwarz gekleideten Familie zu einer neuen Grabstätte, um den neuen Grabstein zu weihen.

Er befand sich an dem Platz, wo Venedig Fremde beerdigt, und suchte das Grab des Ingenieurs, der vor neun Monaten im Krankenhaus starb. Er erinnerte sich an die Stelle, aber sie war nicht beschriftet, völlig vernachlässigt, nicht wieder zu erkennen. Offensichtlich wurde das Grab nicht für die Ewigkeit gekauft; und die Gebeine waren bereits (oder werden noch) ins Beinhaus gebracht – wo niemand sie pflegte oder ihrer gedachte.

Er ging betend weiter und betrat das Columbarium. Hier war die schlichte marmorne Urne eines englischen Babys namens Lawrence, verbrannt und vergessen. Dort war die schlichte marmorne Urne eines anderen Engländers, der im März im Krankenhaus gestorben war: man hatte sich an ihn erinnert damals, mit roten Rosen und einem Liebesgruß: aber Blumen welken, und Liebe – Liebe kann die Sonne und die anderen Sterne versetzen. O getreue Liebe!

Frederick Rolfe, Baron Corvo (1860–1913)

TOTENSTADT

Nekropolis

Es steht eine Stadt im Flutenbraus,
Aus feuchter Tiefe gerufen,
Da spülen die Wasser um jedes Haus
Und küssen die marmornen Stufen,
Da stehen Paläste in Herrlichkeit,
Vergoldete Säulen und Mauern,
Doch über die Zinnen lagert sich breit
Zerstörung mit tödlichen Schauern.

Da rollt kein Wagen, kein Huf erdröhnt,
Und weckt den entschlummerten Löwen,
Nur leise vom Lido der Nachtwind stöhnt,
Und seewärts kreischen die Möwen,
Der Mond versilbert die tote Flut,
Drauf stille die Gondeln streichen,
Und Tang vom Meere, der treibt und ruht
Wie sturmverschlagene Leichen.

O Perle, wie keine das Meer gebar,
Du schaumentstiegene Schöne,
Wo sind deine Töchter mit goldenem Haar?
Wo sind deine fürstlichen Söhne?
Wo ist deines Goldes verschwendrische Pracht,
Mit dem du der Erde geboten?
Wo ist deiner Küste gesellige Macht?
Wo ist dein Reich? Bei den Toten.

Nur nächtlich den Großen Kanal entlang,
Den irrende Lichter streifen,

Da klingt's wie Flüstern und Liebesgesang
Von Schatten, die einsam schweifen.
Und auf der nahen Piazza schwirrt
Ein fröhliches Maskengewimmel,
Die waffenstarrende Riva klirrt,
Und Masten verdunkeln den Himmel.

Mir ist es, als sei aus Flut und Nacht
Das alte Venedig gestiegen.
Der Seewind regt sich, die Welle erwacht,
Den schönen Leichnam zu wiegen.
Es steigt das Meer, und vom Bett des Kanals
Andrängt sich's mit gierigen Armen,
Als sollt' an den Küssen des Jugendgemahls
Die tote Schöne erwarmen.

Isolde Kurz (1853–1944)

Beklemmung

Eine widerliche Schwüle lag in den Gassen; die Luft war so dick, daß die Gerüche, die aus Wohnungen, Läden, Garküchen quollen, Öldunst, Wolken von Parfum und viele andere in Schwaden standen, ohne sich zu zerstreuen. Zigarettenrauch hing an seinem Orte und entwich nur langsam. Das Menschengeschiebe in der Enge belästigte den Spaziergänger, statt ihn zu unterhalten. Je länger er ging, desto quälender bemächtigte sich seiner der abscheuliche Zustand, den die Seeluft zusammen mit dem Scirocco hervorbringen kann, und der zugleich Erregung und Erschlaffung ist. Peinlicher Schweiß brach ihm aus. Die Augen versagten den Dienst, die Brust war beklommen, er fieberte, das Blut pochte im Kopf. Er floh aus den drangvollen Geschäftsgassen über Brücken in die Gänge der Armen. Dort behelligten ihn Bettler, und die üblen Ausdünstungen der Kanäle verleideten das Atmen. Auf stillem Platz, einer jener vergessen und verwunschen anmutenden Örtlichkeiten, die sich im Innern Venedigs finden, am Rande eines Brunnens rastend, trocknete er die Stirn und sah ein, daß reisen müsse.

Thomas Mann (1875–1955)

Keine Nachtigall, kein Blumenduft

Die Liebe erschrickt vor dem Vergänglichen, vor Tod, vor Trauer und Verfall, weil sie in sich unendliche Lebenskraft fühlt und nach Unsterblichkeit verlangt; die Liebe bedarf auch eines tiefen Zusammenhanges mit der Natur, denn sie ist die Seelenblüte des vollendetsten Geschöpfes, das wir kennen. Man will in Liebesfreude grüne Bäume um sich sehen, lachendes Blau des Himmels über dem duftigen, blumendurchwirkten Teppich des frischen Rasens; man sehnt sich nach dem Gesang des Vogels, nach dem Liebesflöten, dem schmerzlichen Jubel der Nachtigall, um einen Widerhall zu hören von den Klängen in der eigenen Seele. Das alles aber entbehrt Venedig.

Kein Blatt, kein Baum, kein Grün in dieser ganzen Stadt, kein Vogelsang, keine Blüte, kein Duft von Blumen. Venedig zeigt den Triumph der menschlichen Willenskraft über die Ungunst der Verhältnisse; es beweist, daß der Menschengeist sich überall ein Vaterland, eine geliebte Heimat zu gründen vermag, wo er das Panier der Freiheit aufpflanzt. Aber Venedig ist doch zu sehr ein Produkt der Kunst. Man fühlt sich dort der Natur in ganz ungewöhnlicher Weise entrückt und kommt sich wie verzaubert vor, so fern von den gewöhnlichen Bedingnissen des Erdenlebens. Es ist, als ob man unter dem Wasserspiegel des Meeres wäre; man wird beklommen; und mir war zumute, wie einem Vogel unter der Luftpumpe sein mag, der allmählich das Schwinden des ihm angemessenen Elementes mit steigender Angst empfindet.

Fanny Lewald (1811–1889)

Marmorplatten, aber keine Sonne

Venedig ist, die Eigentümlichkeiten, die es zu Venedig machen und vor allen andern Städten der Welt auszeichnen, abgerechnet, die stinkendste, schmutzigste, häßlichste Stadt, die ich gesehen habe; es hat die engsten, krummsten Gassen, die man sich denken kann, die freilich mit Marmorplatten gepflastert sind, aber dadurch doch keinen Menschen, der an Licht und Luft gewöhnt ist, für Beraubung der Sonne und des Tageslichts schadlos halten können; denn beide können in die mehrsten Gassen das ganze Jahr lang nicht hinabdringen. Freilich sind hier Paläste von Palladio und Sansovino, die ihresgleichen in der Welt suchen, und Kirchen, die es wert sind, Tempel Gottes für Menschen zu sein; freilich ist die Aussicht übers Meer, über die Venedig rings umgebenden, mit schönen Kirchen und Klöstern bebauten Inseln, über die fernen Gebirge Tirols und über die ungeheure Stadt selbst, die man vom Markusturme hat, einzig in ihrer Art, aber Venedig hat keinen Frühling, keine Spaziergänge, keine Rosenlauben; sie ist eine Welt von Steinen, und ein ewiges Einerlei herrscht hier bei dem Wechsel der Jahreszeiten in der übrigen Welt. Keinem Bürger aus dieser, wenn er nicht, von den Wollüsten Italiens berauscht, sich und die Welt vergißt, wird es möglich sein, lange in dieser engbrüstigen, beklemmten Existenz auszuhalten; er wird sich bald wieder nach der Terra Ferma, nach ihren grünenden Fluren, ihren duftenden Wiesen und geräuschlosen Hütten zurücksehnen.

Carl Ludwig Fernow (1763–1808)

Hauptstadt des Schreckens

Diese schlafenden Wasser, deren düstere Stille den Fuß der alten Paläste benetzt, dieser schaurige Schatten, aus dessen Grunde man die Schmerzensschreie irgendeines berühmten Opfers zu hören glaubt, machen aus Venedig eine Art Hauptstadt des Schreckens: Sie hat den Eindruck des Unheilvollen bewahrt. Und doch, bei Sonnenschein, der Zauber des Canal Grande! Welche Spiegelungen in diesen Lagunen, wo das Wasser sich in Licht verwandelt!

Charles Gounod (1818–1893)

Venedig philosophisch betrachtet

Jedes innerlich wahre Kunstwerk, so phantastisch und subjektiv es sei, spricht irgend eine Art und Weise aus, auf die das Leben möglich ist. Fährt man aber den Kanal Grande entlang, so weiß man: wie das Leben auch sei – so jedenfalls kann es nicht sein. Hier, am Markusplatz, auf der Piazzetta, empfindet man einen eisernen Machtwillen, eine finstere Leidenschaft, die wie das Ding an sich hinter dieser heiteren Erscheinung stehen: aber die Erscheinung lebt wie in ostentativer Abtrennung vom Sein, die Außenseite erhält von ihrer Innenseite keinerlei Direktive und Nahrung, sie gehorcht nicht dem Gesetz einer übergreifenden seelischen Wirklichkeit, sondern dem einer Kunst, das jenes gerade zu dementieren bestimmt scheint. Indem aber hinter der Kunst, so vollendet sie in sich sei, der Lebenssinn verschwunden ist oder in entgegengesetzter Richtung läuft, wird sie zur Künstlichkeit. Florenz wirkt wie ein Werk der Kunst, weil sein Bildcharakter mit einem zwar historisch verschwundenen, aber ideell ihm getreu einwohnenden Leben verbunden ist. Venedig aber ist die künstliche Stadt.

Florenz kann nie zur bloßen Maske werden, weil seine Erscheinung die unverstellte Sprache eines wirklichen Lebens war; hier aber, wo all das Heitere und Helle, das Leichte und Freie, nur einem finstern, gewalttätigen, unerbittlich zweckmäßigen Leben zur Fassade diente, da hat dessen Untergang nur ein entseeltes Bühnenbild, nur die lügenhafte Schönheit der Maske übrig gelassen. Alle Menschen in Venedig gehen wie über die Bühne: in ihrer Geschäftigkeit, mit der nichts geschafft wird, oder mit ihrer leeren Träumerei tauchen sie fortwährend um eine Ecke herum auf und verschwinden sogleich hinter einer andern und haben dabei immer etwas wie Schauspieler, die rechts und links von der Szene nichts sind, das Spiel geht nur dort vor und ist ohne Ursache in der Realität des Vorher, ohne Wirkung in der Realität des Nachher. Mit der Einheit, durch die ein Kunstwerk jedes seiner Elemente seinem Gesamtsinn untertan macht, ergreift hier der Oberflächencharakter das Bild der Menschen. Wie sie gehen und stehen, kaufen und verkaufen, betrachten und reden – alles das erscheint uns, sobald uns das Sein dieser Stadt, das in der Ablösung des Scheins vom Sein besteht, einmal in seinem Bann hat, als etwas nur Zweidimensionales, wie aufgeklebt auf das Wirkliche und Definitive ihres Wesens. Aber, als habe sich dieses Wesen darunter verzehrt, ist alles Tun ein Davor, das kein Dahinter hat, eine Seite einer Gleichung, deren andere ausgelöscht ist. Selbst die Brücke verliert hier ihre verlebendigende

Kraft. Sie leistet sonst das Unvergleichliche, die Spannung und die Versöhnung zwischen den Raumpunkten wie mit einem Schlage zu bewirken, zwischen ihnen sich bewegend, ihre Getrenntheit und ihre Verbundenheit als eines und dasselbe fühlbar zu machen. Diese Doppelfunktion aber, die der bloß malerischen Erscheinung der Brücke eine tiefer bedeutsame Lebendigkeit unterlegt, ist hier verblaßt, die Gassen gleiten wie absatzlos über die unzähligen Brücken hinweg, so hoch sich der Brückenbogen spannt, er ist nur wie ein Aufatmen der Gasse, das ihren kontinuierlichen Gang nicht unterbricht. Und ganz ebenso gleiten die Jahreszeiten durch diese Stadt, ohne daß der Wandel vom Winter zum Frühling, vom Sommer zum Herbst ihr Bild merklich änderten. Sonst spüren wir doch an der blühenden und welkenden Vegetation eine Wurzel, die an den wechselnden Reaktionen auf den Wechsel der Zeiten ihre Lebendigkeit erweist. Venedig aber ist dem von innen her fremd, das Grün seiner spärlichen Gärten, das irgendwo in Stein oder in Luft zu wurzeln oder nicht zu wurzeln scheint, ist dem Wechsel wie entzogen. Als hätten alle Dinge alle Schönheit, die sie hergeben können, an ihre Oberfläche gesammelt und sich dann von ihr zurückgezogen, so daß sie nun wie erstarrt diese Schönheit hütet, die die Lebendigkeit und Entwicklung des wirklichen Seins nicht mehr mitmacht.

Es gibt wahrscheinlich keine Stadt, deren Leben sich so ganz und gar in einem Tempo vollzieht. Keinerlei Zugtiere oder Fahrzeuge reißen das verfolgende Auge in wechselnde Schnelligkeiten mit, die Gondeln haben durchaus das Tempo und den Rhythmus gehender Menschen. Und dies ist die eigentliche Ursache des „traumhaften" Charakters von Venedig, den man von je empfunden hat. Die Wirklichkeit schreckt uns immerzu auf; die Seele, sich selbst oder einem beharrenden Einfluß überlassen, würde in einem gewissen Gleichstand verbleiben, und erst der Wechsel ihrer Empfindungen weist sie auf ein äußeres Dasein, das diese Unterbrechungen ihrer Ruhelage verursacht. Deshalb werden wir von dauernd gleichmäßigen Eindrücken hypnotisiert, ein Rhythmus, dem wir unterbrechungslos ausgesetzt sind, bringt uns in den Dämmerzustand des Unwirklichen. Die Monotonie aller venetianischen Rhythmen versagt uns die Aufrüttelungen und Anstöße, deren es für das Gefühl der vollen

Wirklichkeit bedarf, und nähert uns dem Traum, in dem uns der Schein der Dinge umgibt, ohne die Dinge selbst. Ihrer eigenen Gesetzlichkeit nach erzeugt die Seele, in dem Rhythmus dieser Stadt befangen, in sich die gleiche Stimmung, die ihr ästhetisches Bild in der Form der Objektivität bietet: als atmeten nur noch die obersten, bloß spiegelnden, bloß genießenden Schichten der Seele, während ihre volle Wirklichkeit wie in einem lässigen Traum abseits steht. Aber indem nun diese, von den Substanzen und Bewegtheiten des wahren Lebens gelösten Inhalte hier dennoch unser Leben ausmachen, bekommt dieses von innen her teil an der Lüge von Venedig.

Georg Simmel (1858–1918)

Tiefe Schwermut

Wenn tiefe Schwermut meine Seele wieget,
Mag's um die Buden am Rialto flittern:
Um nicht den Geist im Tande zu zersplittern,
Such' ich die Stille, die den Tag besieget.

Dann blick' ich oft, an Brücken angeschmieget,
In öde Wellen, die nur leise zittern,
Wo über Mauern, welche halb verwittern,
Ein wilder Lorbeerbusch die Zweige bieget.

Und wann ich, stehend auf versteinten Pfählen,
Den Blick hinaus ins dunkle Meer verliere,
Dem fürder keine Dogen sich vermählen:

Dann stört mich kaum im schweigenden Reviere,
Herschallend aus entlegenen Kanälen,
Von Zeit zu Zeit ein Ruf der Gondoliere.

August Graf von Platen (1796–1835)

Oktoberabend

Vermählt hat sich das Gold den Schatten,
der Staub wärmt Marmor und Porphyr.
Vineta neigt sich still den Ratten,
das Meer geht durch verschlossne Tür.

Der Löwe kann der Zeit nicht wehren,
das Salz frißt lautlos Erz und Stein.
In schwarzen Gondelwiegen kehren
vom Styx die Träume ein.

Christine Busta (1915–1987)

Schönheit am Rand des Todes

Früh wurde die Stadt, nachdem sie aus der Macht – von den Alpen bis zum Peloponnes und Zypern – ausgeschieden war, als eine bunte Abgeschiedene geehrt, früh auch die Nähe des venezianischen Karnevals zum Après nous la déluge, ja zur Totenmaske bemerkt, früh auch die Verwandtschaft Venedigs zur „Musik“, diesem anderen Buntlicht zwischen Tag und Dunkel. So zeigt der Schein der città morta allerdings Realität an; denn die Schönheit hat sich hier am Rand des Todes angesiedelt und trägt, mindestens seit zwei Jahrhunderten, seit dem besiegelten Untergang der venezianischen Größe, dessen Farbe. Sie eben ist im akustischen Mondschein der edlen, elfenbeinernen, marmornen Stadt; sie ist das Licht, welches hier Traum macht und Tages- wie Geschichtsereignisse an Ort und Stelle zum Nachbild verfließen läßt. Der Fremde, der aus dem Lärm der Welt nach Venedig reist, kommt in eine Art Fruchtwasser der Stille und gestillten Erinnerungen (sogar dessen, was noch nie so war). Die Grenzexistenz Venedigs, dem festen Land fern, ist der Ort für jede „italienische Nacht“; vom Kitsch, wozu sie geworden ist, bis zum echten Todessymbol der bunten Lampe und ihres Spiegelbilds im schwarzen Wasser. Nicht zum wenigsten gehört hierher auch die erotische Atmosphäre der Stadt und das Erotikon selber, als das sie abgegriffen, unabgegriffen erscheint: Venedig die Blume, die Frau, die Königin, die Schaumentstiegene (und so leicht wieder Flüssige), die Szenerie der Liebespaare und romantischen Dichter. Noch hundert Schritte vom Teatro Fenice ist die Operlust vernehmbar, welche dort stattfindet im Liebesduett, und nirgends findet sie ungestörter ihre Umwelt, ihren Widerhall; so ruhig ist die durch und durch bewohnte Stadt, so sehr läßt sie der Musik Raum. Wasser schlägt an die Theatertreppen, an die Treppen und Mauern der Häuser, alles Oben und Unten von Druck und Last scheint verkehrt, leicht schwimmt die Stadt auf ihren bedrohten alten Pfählen, mit Kopflast nach oben. Gerade ihr Zentrum, der Dogenpalast, obwohl auf einer festen Insel und nicht auf Pfählen stehend, akzentuiert diese Umkehrung, dies schäumende und entstiegene Wesen: unten die leichte, durchbrochene Loggia über Säulen, oben erst, als „Krönung“, die schwere Mauer. So umkehrend trägt hier überall das Wasser, trägt in allen Gassen das steinerne Fluchtschiff, Heimatsschiff Venedig, macht ihm den Ursprung und heute den Spiegel seiner Entlegenheit. Hier erfährt man, was Dialekt ohne Erde ist, als weder blaß noch jenseitig; mit Recht starb der Tristanmusiker in der Ca' d'Oro [sic].

Ernst Bloch (1885–1977)

Stille in nächtigem Zimmer

Stille in nächtigem Zimmer.
Silbern flackert der Leuchter
Vor dem singenden Odem
Des Einsamen;
Zaubrisches Rosengewölk.

Schwärzlicher Fliegenschwarm
Verdunkelt den steinernen Raum
Und es starrt von der Qual
Des goldenen Tags das Haupt
Des Heimatlosen.

Reglos nachtet das Meer.
Stern und schwärzliche Fahrt
Entschwand am Kanal.
Kind, dein kränkliches Lächeln
Folgt mir leise im Schlaf.

Georg Trakl (1887–1914)

LA GIUDECCA UND S. GIORGIO MAGGIORE

Insel der Armut

Auf der Giudecca ist es, wo möglich, noch ärmlicher als in der Stadt; aber eben deswegen sind dort nicht so viele Bettler, weil vielleicht niemand hoffen darf, dort nur eine leidliche Ernte zu halten. Die Erlöserkirche ist daselbst die beste, und ihre Kapuziner sind die einzigen, die in Venedig noch etwas schöne Natur genießen. Die Kirche ist mit Orangerie besetzt, und sie haben bei ihrem Kloster, nach der See hinaus, einen sehr schönen Weingarten. Diese, nebst einigen Oleastern in der Gegend des Zeughauses, sind die einzigen Bäume, die ich in Venedig gesehen habe. Die Insel Sankt George hält bekanntlich die Kirche und das Kapitel, wo der jetzige Papst gewählt wurde, und wo auch noch sein Bildnis ist, das bei den Venetianern von gemeinem Schlage in außerordentlicher Verehrung steht. Der Maler hat sein Mögliches getan, die Draperie recht schön zu machen. Die Kirche selbst ist ein gar stattliches Gebäude und, wie ich schon oben gesagt habe, mit Batterien umgeben.

Johann Gottfried Seume (1763–1810)

Garteninsel

Ray (...) steckte den Brief in den Umschlag und adressierte ihn an Edward Coleman im Hotel Bauer-Grünwald, aber er klebte ihn noch nicht zu, weil er vielleicht noch etwas hinzufügen wollte. Den Umschlag schob er in die Deckeltasche seines Koffers.

Gleich danach verließ er das Haus und machte einen Spaziergang über die Giudecca, die „Garteninsel", wo es viele Bäume gab, doch die Gärten lagen anscheinend hinter den Häusern und waren für die Allgemeinheit nicht zugänglich. Es war wärmer als gestern, und

Ray machte es Spaß, auf der großen Insel umherzulaufen, die so nahe dem Festland von Venedig lag, getrennt nur durch den breiten Giudecca-Kanal, der ihm jetzt ganz schutzverheißend vorkam. Das Haus von Signor Ciardi lag an der Südseite der Giudecca, vom Wasser nur durch eine Häuserreihe getrennt, vom Ufer aus sah man in der Ferne nahe dem italienischen Festland die sumpfigen Inseln, auf denen Ray nie gewesen war, und in der anderen Richtung die verschwimmenden Konturen des Lido. Ray ging quer über die Insel, bis er das venezianische Festland mit der Kirche Santa Maria della Salute erblickte; dahinter, jenseits des Canal Grande, lag das Herz der Stadt, wo auf dem Markusplatz der Campanile seine goldschimmernde Spitze erhob. Rechts fuhr ein schönes weißes Schiff vorbei, die *San Giorgio*, dem Adriatischen Meer zu, den blaugoldenen geflügelten venezianianischen Löwen auf dem Schornstein. In die andere Richtung tuckerte eine der kleinen stumpfnasigen Fähren, die zwischen dem Lido und dem Festland hin- und herfuhren; sie war so nahe, daß Ray den Namen lesen konnte: *Amminiara*. Die *Marianna II* fiel ihm ein. Es war wohl ratsam, wenn er auf seinen Gängen durch Venedig die Augen offenhielt und auch auf das Boot achtete, außer auf die sechs oder sieben Leute – Coleman, Inez, die beiden Smith-Peters, Antonio (wenn er noch hier war), die Amerikanerin vom Lido, deren Namen er vergessen hatte, Elisabetta und dann eben die *Marianna II*.

Zum Lunch ging er in eine Trattoria auf der Giudecca – nicht Mi Favorita – und aß ein nicht allzu zartes Bistecca zu einem unglaublich niedrigen Preis. Dann nahm er ein Boot zum Markusplatz und verbrachte den Rest des Nachmittags mit einem Besuch des Dogenpalastes.

Patricia Highsmith (1921–1995)

Hausbesetzer

Eines Tages erschien bei mir eine Dame von vertrauenswürdigem Äußeren, um von mir einen Mietsvertrag für ein Haus zu erbitten, das ich auf der Giudecca besaß. Ich willigte ein, und sie zahlte die erste Mietsrate. Von da an blieb sie trotz Mahnungen alles, was ich zu bekommen hatte, schuldig. Sie wohnte in meinem Haus drei volle Jahre, ich erhielt nicht einen Heller von ihr und mußte unglaubliche Beschimpfungen und Beleidigungen einstecken. Endlich bot ich ihr an, ihr die Schuld zu erlassen, wenn sie das Haus räume. Sie war empört über das Angebot. Ob sie nicht eine Frau von Ehre sei, rief sie. Sie sei gewöhnt, ihre Schulden zu begleichen, und nicht, Almosen zu empfangen! Endlich nahm ich meine Zuflucht zu einer Intervention durch einen Avvogadoro. Er verlangte, daß sie das Haus binnen acht Tagen verlasse.

Nach acht Tagen ging ich zum Haus, um es wieder in Besitz zu nehmen – sie war immer noch da, samt ihrer Familie, ganz als ob das Haus ihr gehöre. Ich appellierte an die Gerichte; Gerichtsdiener erschienen – und meine Mieterin wurde samt Anverwandten und Möbel auf die Straße gesetzt. Ich erhielt die Schlüssel meiner Besitzung und fuhr zur Giudecca hinüber, um eventuellen Schaden zu inspizieren. Ich betrachtete mich ja schließlich als Besitzer. Weit gefehlt!

Die respektable Dame war mit ihrer ganzen Familie über eine Leiter in die Wohnung gestiegen und verschanzte sich darin wie in einer Festung.

Irgendwie bin ich dann das lästige Insekt doch los geworden. Aber niemand kann sich vorstellen, in welchem Zustand sich das Haus befand: keine Schlösser, keine Riegel, keine Fensterscheiben, keine Türen: alles verwüstet!

Carlo Gozzi (1720–1806)

Il Redentore · Feierlichkeit von Ufer zu Ufer

Im Jahre des Herrn, 1576, wurde Venedig von einer schrecklichen Pestilenz heimgesucht, der wenigstens hunderttausend Menschen zum Opfer fielen. Endlich sah Gott in seiner Barmherzigkeit vom Himmel herab und gebot der Plage plötzlichen Einhalt. Woraufhin der Senat, um Gott für die Befreiung von einer so großen Seuche zu danken, das Gelübde ablegte, eine schöne Kirche zu bauen und sie Christus dem Erlöser zu weihen und ihn dort alljährlich an dem Tage, an dem die Pest plötzlich aufgehört hatte, mit deren Feierlichkeiten zu ehren. Dieser Schwur wurde erfüllt, und man erbaute im Süden der Stadt, jenseits des Wassers, an einem Ort, den man die Giudecca nennt, weil hier früher die Juden wohnten, eine prächtige Kirche. Zuerst gelobte man, zwölftausend Kronen für den Bau auszugeben, doch hörte ich, daß er zum Schluß achtzigtausend kostete oder vierundzwanzigtausend Pfund Sterling, und wirklich und wahrhaftig, man hat hier ein herrliches und kostbares Gebäude errichtet.

Es traf sich, daß dieses Fest während meines Aufenthaltes in Venedig gefeiert wurde, nämlich am zehnten Juli, einem Sonntag, an dem sich der Doge in seinem amtlichen Ornat, begleitet von den Senatoren in ihren Gewändern aus schwerem, rotem Damast und anderen angesehenen Persönlichkeiten wie Gesandten und Ordensrittern, in diese Kirche begab, um die Messe zu hören und Gott zu loben. Zu diesem Fest schlägt man eine breite Brücke über das Wasser, die aus geschickt zusammengefügten Booten besteht, über die man Bretter legt, um dem Volk den Weg zur Kirche und zurück zu erleichtern. Diese Brücke war so konstruiert wie die des Tyrannen Maxentius über den Tiber, die er in der Nähe des Pons Milvius über Boote zu legen befahl und auf der er durch die Heeresmacht Kaiser Konstantins zurückgetrieben wurde und den Tod im Tiber fand. Diese Brücke in Venedig, die man im Hinblick auf diese religiösen Feierlichkeiten ausrüstete, erstreckte sich bald eine Meile lang von Ufer zu Ufer, und ich sah große Menschenmengen über sie in die Kirche strömen. Über der Kirchentür hing von einer Seite zur anderen eine schöne Girlande aus frischen grünen Blättern und köstlichen Früchten, wie Melonen, Orangen und Zitronen, so man sie hier allgemein bei besonderen Festen im Sommer, wenn diese Früchte reifen, zum Schmücken zu gebrauchen pflegt. Diese Kirche gehört jetzt den Kapuzinern, die, ehe sie gebaut wurde, in einem kleinen, armseligen Kloster lebten, das mittlerweile vergrößert und mit neuen prächtigen Räumen ausgestattet wurde. Zur Zeit gibt es in diesem Kloster einhundertfünfzig Mönche, von denen zwanzig Adlige oder Söhne von Adligen sind. An diesem Tage war ich Zeuge einer feierlichen Prozession. Die Mitglieder aller Orden und religiösen Gemeinschaften in der ganzen Stadt trafen sich hier. Sie brachten ihre Kreuze und Leuchter aus Silber in die Kirche des Erlösers und trugen sie dann zurück in ihre Klöster. Außerdem fehlte es an diesem Tag in Venedig nicht an guter Geselligkeit. An vielen Stellen der Stadt wurden allerlei Sorten von Wein ausgeschenkt und Kuchen und andere Leckereien verteilt, genug, um hundert gute Kameraden fröhlich, doch nicht ausgelassen zu stimmen. Ich kann davon aus eigener Erfahrung berichten. Ein Buchhändler aus der Stadt, ein gewisser Giulio Guerilius, begegnete mir zufällig in der Kirche des Erlösers, und nachdem er mir dort alle Sehenswürdigkeiten gezeigt hatte, nahm er mich mit auf einen Platz, wo man uns sehr guten Wein, Backwerk und andere Delikatessen kosten ließ und wo wir von einem Priester bedient wurden.

Thomas Coryate (1577–1617)

S. Giorgio Maggiore · Farbe der Reinheit

Es sind auch jene Kirchen sehr zu loben, die in Kreuzform angelegt sind. Sie haben ihren Eingang in dem Teil, der den Fuß des Kreuzes ausmacht. Dem gegenüber liegen Hauptaltar und Chor. Und in den zwei Querschiffen, die sich beiderseits wie Arme erstrecken, gibt es zwei zusätzliche Eingänge oder zwei weitere Altäre. Da dieses Gebäude in der Form eines Kreuzes errichtet ist, stellt es den Betrachtenden jenes Holz vor Augen, in dem das Geheimnis unseres Heils begründet liegt. In dieser Gestalt habe ich die Kirche von S. Giorgio Maggiore in Venedig errichtet.

Die Tempel müssen weite Portiken mit Säulen haben, die größer sind als jene, die sich zu anderen Bauwerken schicken. Und es ist gut, wenn sie groß und prächtig sind – aber nicht größer, als es der Größe der Stadt entspricht – und wenn sie mit großartigen und prächtigen Proportionen errichtet sind. Da sie für den göttlichen Kult gemacht sind, steht ihnen jede Großartigkeit und Pracht zu. Man muß die Tempel mit den prächtigsten Säulenordnungen schmücken, und man muß jeder Ordnung die zu ihr passenden und die sich zu ihr schickenden Verzierungen geben. Man erbaut sie aus dem besten und kostbarsten Material, damit man mit der Tempelgestalt, mit den Verzierungen und dem Material der Gottheit alle nur mögliche Ehre erweist. Und wenn es möglich ist, so sollte man es so machen, daß der Tempel eine solche Schönheit besitzt, daß man sich nichts Schöneres vorstellen kann. Er sollte in allen Teilen so angeordnet sein, daß die Eintretenden staunen und bei der Betrachtung seiner Anmut und Wohlgestalt im tiefsten Herzen berührt stehen bleiben.

Von allen Farben paßt keine so gut zu den Tempeln wie das Weiß, da die Reinheit dieser Farbe und die Reinheit im menschlichen Leben im höchsten Maße Gott angemessen ist. Aber wenn die Tempel bemalt sind, so schicken sich jene Bilder nicht gut hierher, die mit dem, was sie darstellen, den Geist von der Betrachtung göttlicher Dinge ablenken. Halten wir uns doch nicht in den Tempeln auf, um von dem Ernst und von dem abzulassen, was wir im Geiste erblicken, wenn unsere Seelen für den göttliehen Kult und für gute Werke entflammt werden.

Andrea Palladio (1508–1580)

Papstwahl

Im Jahre 1800, nach dem Tode Pius' VI., fand das Konklave in Venedig im Kloster San Giorgio statt, da Rom damals Republik war. Zwei mächtige Rivalen, die Kardinäle Mattei und Albani, teilten sich in die Stimmen. Eines Tages begegneten sie sich im Klostergarten. Obwohl sie Feinde waren, sprachen sie mit einer gewissen Höflichkeit zu einander, als sie am Ende der Allee den guten Chiaramonti, in sein Brevier vertieft, auftauchen sahen. Sogleich sagte Mattei zu Albani: „Weder Sie noch ich werden Papst werden, Sie werden niemals über mich die Oberhand gewinnen, und ebensowenig ich über Sie. Machen wir doch diesen braven Mönch zum Papst, der auch Bonaparte gefällt und der uns Frankreich wiedergewinnen kann. „Ausgezeichnet", erwiderte Albani, „doch er hat keinerlei Geschäftskenntnis; er müßte den jungen Consalvi, den Sekretär des Konklaves, zum Minister machen." Man machte dem Kardinal Chiaramonti Mitteilung davon, und er versprach, dem Monsignore Consalvi sein Vertrauen zu schenken; am nächsten Tage huldigte man ihm.

Stendhal (1783–1842)

Sonnenuntergang

Große violette Wolken durchqueren den Himmel über Venedig. Der Turm von San Marco, die Kuppeln von Santa Maria und diese ganze Baumschule von Spitzen und Minaretten, die sich überall in der Stadt erheben, zeichneten sich als schwarze Nadeln auf dem glitzernden Farbton des Horizontes ab. Der Himmel ging durch eine wunderbare Abstufung von Schattierungen von Kirschrot zum Smalteblau über; und das Wasser, ruhig und klar wie Eis, spiegelte genau dieses unendliche Schillern wider. Unter der Stadt schien es wie ein großer Spiegel aus rotem Kupfer. Noch nie hatte ich Venedig so schön und so märchenhaft gesehen. Diese schwarze Silhouette, hingeworfen zwischen den Himmel und das glühende Wasser wie in ein Feuermeer, war eine der erhabenen Verirrungen der Architektur, die der Dichter der Apokalypse wohl auf den Stränden von Patmos schweben sah, als er von seinem neuen Jerusalem träumte und es mit einer schönen, am Vorabend frisch vermählten Frau verglich. Nach und nach verdunkelten sich die Farben, die Konturen wurden kräftiger, die Tiefen geheimnisvoller. Venedig bot den Anblick einer riesigen Flotte, dann eines hohen Zypressenwaldes, in den die Kanäle wie große silberne Sandwege eindringen.

George Sand (1804–1876)

DIE LAGUNE UND IHRE INSELN

Komm mit hinaus

Mit melancholischen Gedanken
quäl dich nicht allzu sehr!
Komm, wir nehmen eine Gondel
und fahren hinaus aufs Meer!

Volkslied

Spiegelungen

Das Wasser der Lagune, dessen Grundfarbe ein der Rheinfärbung sehr ähnliches Hellgrün ist, hat durchaus die Lichtqualitäten matter Edelsteine, namentlich des Opals. Die Spiegelung ist sehr unscharf, starke Lichter dagegen erwecken auf der scheinbar stumpfen Oberfläche wahrhaft überraschende Reflexe. Man ist erstaunt, diese milchig matte Fläche so enorm lichtempfindlich zu finden. Die Sonne verlieh ihr einen gleichmäßig matten Glanz, der aber an Stellen, die von Schiffen oder Ruderschlägen erregt wurden, in blendenden, goldenen Feuern aufloderte. Aber auch die bewegte, fast spiegelebene Lagune war unaufhörlich farbig belebt, und zwar ganz anders als das offene Meer, indem auch die lebhaftesten Farben nie die transparente Klarheit des Meerwassers annahmen, sondern alle wie durch einen gemeinsamen milchweißen Grund gedämpft und ins Zartere, Differenziertere, Flüchtigere getönt waren.

Venedig wäre nicht Venedig, wenn es im freien Meere läge; an jenem Morgen empfand ich den enormen Unterschied von Meer und Lagune. Die leuchtend frischen, jubelnden Farben des bewegten Meeres würden Venedig seinen eigensten Schmuck rauben: das Verschleierte, Traumhafte, verborgen Schillernde der Farben. Es ist kein Zufall, daß so viele Venezianer, namentlich der brillante Crivelli und später Paris Bordone, in ihren Gemälden mit besonderer Liebe und mit vollendetem Raffinement den verfeinerten koloristischen Reizen der Edelsteine, des Atlas, des Sammet und der Seide nachgingen – sie hatten auf der Lagune stündlich dieselben Farbenreize eines aparten Materials vor Augen.

Am häufigsten fiel mir das durch jeden Licht- und Bewegungseinfluß leicht hervorgerufene Spiel der Irisskala auf, das wie ein Hauch zart und scheu über jede kleinste Wogenhöhung hin erschauert. Ich belauschte den flüchtig schönen Hauch unzählige Male. Dann ward mir durch das langsame Vorbeifahren eines großen, frisch mit Zinnober gestrichenen Lastschiffes ein ganz köstlicher Genuß. Das durchdringende Rot drängte sich dem sonst schlecht spiegelnden Wasser fast gewaltsam auf und glänzte unvermischt und unverändert aus den Wellen zurück, in der Harmonie grünlichblauer, unsicherer Perlfarben der einzige feste, grelle Ton.

Die Lagune als Ganzes aber hat noch ein wichtiges Farbenmoment, das sich von meinem niederen Augenpunkt aus nicht beobachten ließ. Das sind die sumpfigen Stellen und·Schlammbänke, auch bei hohem Wasserstand kenntlich durch die sie umgebenden hohen Pfosten, deren Linie den Schiffen die fahrbare Bahn bezeichnet. Schon vom Schiff aus fällt ihre vom tiefen Wasser abweichende Färbung auf, am besten beobachtet man sie, wie überhaupt die Lagune im ganzen, vom Kampanile von San Giorgio Maggiore aus. Bei trübem Wetter erscheinen sie meist rostbraun, auch schmutzig graugrün, bei Sonne aber liegen sie als schimmernd farbige Inseln in der einheitlich grünen Lagune. Sonne und Wolken verändern ihre farbige Erscheinung sehr rasch, daher ist es ein eigenartiger Genuß, sie bei klarem Himmel aus der Höhe jenes Kampanile zu betrachten. Von dort aus sah ich sie in mattem Braunrot, in kräftigem Karmin, die entfernteren in blauen Tönen bis zum sattesten Violett.

Ich stand einmal in einer glänzenden Mittagsstunde dort oben, die helle Stadt mit ihren drei grünen Baumgärten lag schweigend in der heißen Sonne, die Lagune, von bunten Segeln bevölkert, schimmerte matt, die Schlammbänke brannten in unbeständigen, kräftigen Farben. Mehr als alle Kunstgenüsse lag diese leuchtende Stunde und jene vormittägliche Lagunenfahrt mir im Sinn, als ich am Ende meiner Reisezeit schweren Herzens von Venedig und Italien Abschied nahm.

Hermann Hesse (1877–1962)

Venetianisches Lied

In der Gondel gestern abend
Ich mein schönes Blondchen führte;
Vom Vergnügen, das sie spürte,
Sank in Schlaf das arme Kind;
Schlief, an diesem Arme liegend,
Und ich weckt' es immer wieder,
Doch der Nachen, leise wiegend,
Wiegt' es wieder ein gelind.

Von dem Himmel, halb enthüllet
Aus Gewölkchen schaute Luna
In die spiegelnde Laguna,
Und zur Ruhe war der Wind.
Nur ein einzig Lüftchen säuselnd
Trieb mit ihren Löckchen Spiele,
Hob den zarten Schleier kräuselnd,
O wie reizend war das Kind!

Leise, leise schaut' ich nieder
Auf das Antlitz meiner Holden,
Auf die Locken golden, golden,
Auf den Busen atmend lind.
Und ich fühlte süße Gluten
In der Brust, wie soll ich sagen?
Stille ringsum auf den Fluten!
O wie rann die Nacht geschwind.

Friedrich Rückert (1788–1866)

Schutz vor dem wilden Elemente

Den 9. Oktober [1786]

Ein köstlicher Tag, vom Morgen bis in die Nacht! Ich fuhr bis Pelestrina gegen Chiozza über, wo die großen Baue sind, Murazzi genannt, welche die Republik gegen das Meer aufführen läßt. Sie sind von gehauenen Steinen und sollen eigentlich die lange Erdzunge, Lido genannt, welche die Lagunen von dem Meere trennt, vor diesem wilden Elemente schützen.

Die Lagunen sind eine Wirkung der alten Natur. Erst Ebbe, Flut und Erde gegeneinander arbeitend, dann das allmähliche Sinken des Urgewässers waren Ursache, daß am obern Ende des Adriatischen Meeres sich eine ansehnliche Sumpfstrecke befindet, welche, von der Flut besucht, von der Ebbe zum Teil verlassen wird. Die Kunst hat sich der höchsten Stellen bemächtigt, und so liegt Venedig, von hundert Inseln zusammengruppiert und von hunderten umgeben. Zugleich hat man mit unglaublicher Anstrengung und Kosten tiefe Kanäle in den Sumpf gefurcht, damit man auch zur Zeit der Ebbe mit Kriegsschiffen an die Hauptstellen gelangen könne. Was Menschenwitz und Fleiß vor alters ersonnen und ausgeführt, muß Klugheit und Fleiß nun erhalten. Das Lido, ein langer Erdstreif, trennt die Lagunen von dem Meere, welches nur an zwei Orten hereintreten kann, bei dem Kastell nämlich und am entgegengesetzten Ende, bei Chiozza. Die Flut tritt gewöhnlich des Tages zweimal herein, und die Ebbe bringt das Wasser zweimal hinaus, immer durch denselben Weg in denselben Richtungen. Die Flut bedeckt die innern morastigen Stellen und läßt die erhöhteren, wo nicht trocken, doch sichtbar.

Ganz anders wäre es, wenn das Meer sich neue Wege suchte, die Erdzunge angriffe und nach Willkür hinein und heraus flutete. Nicht gerechnet, daß die Örtchen auf dem Lido, Pelestrina, St. Peter und andere, untergehen müßten, so würden auch jene Kommunikationskanäle ausgefüllt und, indem das Wasser alles durcheinander schlemmte, das Lido zu Inseln, die Inseln, die jetzt dahinter liegen, zu Erdzungen verwandelt werden. Dieses zu verhüten, müssen sie das Lido verwahren, was sie können, damit das Element nicht dasjenige willkürlich angreifen, hinüber und herüber werfen möge, was die Menschen schon in Besitz genommen, dem sie schon zu einem gewissen Zweck Gestalt und Richtung gegeben haben.

Bei außerordentlichen Fällen, wenn das Meer übermäßig wächst, ist es besonders gut, daß es nur an zwei Orten herein darf und das übrige geschlossen bleibt, es kann also doch nicht mit der größten Gewalt eindringen und muß sich in einigen Stunden dem Gesetz der Ebbe unterwerfen und seine Wut mindern.

Übrigens hat Venedig nichts zu besorgen; die Langsamkeit, mit der das Meer abnimmt, gibt ihr Jahrtausende Zeit, und sie werden schon, den Kanälen klug nachhelfend, sich im Besitz zu erhalten suchen.

Johann Wolfgang Goethe (1749–1832)

Lebendiges

Ich kehre noch einmal ans Meer zurück! Dort habe ich heut die Wirtschaft der Seeschnecken, Patellen (Muscheln mit *einer* Schale), der Taschenkrebse gesehen und mich herzlich darüber gefreut. Was ist doch ein *Lebendiges* für ein köstlich herrliches Ding. Wie abgemessen zu seinem Zustande, wie wahr! wie *seiend!* Und wieviel hilft mir mein bißchen Studium, und wie freu ich mich, es fortzusetzen!

Johann Wolfgang Goethe (1749–1832)

In den Sand geschrieben

Ich richtete Liebesworte an die Wellen, meine Gefährten: gleich jungen Mädchen, die sich bei einem Rundtanz an der Hand halten, hatten sie mich seit meiner Geburt umgeben; ich liebkoste diese, ich tauchte meine Hände in das Meer, ich führte sein heiliges Wasser an meinen Mund, ohne dessen Bitternis zu schmecken, dann ging ich am Strande einher, lauschte seinem schmerzlichen Rauschen. Ich fühlte in meinen Taschen Muscheln, aus denen die Venezianerinnen sich Halsketten aufreihen. Oft blieb ich stehen, um mit zärtlichen Blicken die ungeheure Fläche zu betrachten. Ein Mast, eine Wolke, das reichte aus, um meine Erinnerungen zu wecken.

Vor langen Jahren hatte ich dieses Meer überquert; in der Höhe des Lido überfiel mich ein Sturm; während jenes Gewitters sagte ich mir, daß ich schon ganz anderen Trotz geboten hatte, daß ich jedoch, als ich über den Ozean fuhr, jung war und daß Gefahren damals Vergnügungen für mich bedeuteten. Ich hielt mich also für recht jung, als ich gen Griechenland und Syrien reiste? Unter welcher Last von Tagen bin ich nun begraben?

Was betreibe ich jetzt am Strand der Adria? Alterstorheiten, die Kindereien ähneln; ganz nahe dem Wellenaufbrausen, wo die letzte Welle erstirbt, habe ich einen Namen geschrieben. Die Wellen, die nacheinander kommen, haben langsam den tröstlichen Namen ausgelöscht. Erst beim sechzehnten Überrollen haben sie Buchstaben auf Buchstaben weggenommen wie mit Bedauern: ich fühlte, daß sie mein Leben auslöschten.

François René de Chateaubriand (1768–1848)

Zu viel Vergnügen

Dies war *der* Ferienort aller Ferienorte. Der Lido mit seinen Quadratkilometern voll sonnengeröteter oder trikotbekleideter Leiber glich einem Sandstreifen voll wimmelnder Seehunde, die zahllos emporgetaucht waren, um zu hochzeiten. Zu viele Menschen auf der Piazza, zu viele menschliche Gliedmaßen und Rümpfe am Lido, zu viele Gondeln, zu viele Vaporettos, zu viele Dampfer, zu viele Tauben, zu viele Eiskrems, zu viele Cocktails, zu viele trinkgeldheischende Diener, zu viele durcheinanderschnatternde Sprachen, zu viel, zu viel Sonne, zu viel Geruch nach Venedig, zu viele Erdbeerladungen, zu viele Seidenschals, zu viele riesenhafte, rohfleischige Wassermelonen-Scheiben auf den Ständen: zu viel Vergnügen, viel zuviel Vergnügen!

Connie und Hilda gingen umher in ihren sommerlichen Kleidern. Es gab Dutzende von Leuten, die sie kannten, Dutzende von Leuten, denen sie bekannt waren. Michaelis tauchte auf wie eine falsche Münze. „Hallo! Wo wohnt ihr? Kommt mit, eßt ein Eis mit mir oder irgendwas! Kommt mit irgendwohin in meiner Gondel!“ Sogar

Michaelis *fast* sonnengebräunt: wiewohl „sonnengekocht" zutreffender war für das Aussehen der Massen menschlichen Fleisches.

In einer Weise war es vergnüglich. *Fast* war es zum Sichfreuen. Aber irgendwie – mit all den Cocktails, all dem Aalen in lauem Wasser, den Sonnenbädern in heißem Sand unter heißer Sonne, dem Jazztanz, Bauch an Bauch mit irgendeinem Mann in warmer Nacht, der Abkühlung mit Eiskrems – irgendwie war es ein reines Narkotikum. Und das war es, was sie alle wollten: eine Droge. Das träge Wasser: eine Droge; die Sonne: eine Droge; der Jazz: eine Droge; Zigaretten, Cocktails, Eiskrems, Wermut – alles war eine Droge, ein Gift. Genuß! Genuß!

D. H. Lawrence (1885–1930)

Erinnerung an Chioggia

Haus mit rissiger Haut
Palazzo
Altersflecken auf Schläfen und Stirn

Aber die Augen
weit offen
Ausschau haltend nach Booten
die nie kommen

Wie ein Kindertraum
zugeschüttet
der Kanal
Die Pflastersteine wecken
keine Hoffnung auf Zukunft

Schlaff hängt
das rostrote Segel im Hafen
und der geflügelte Löwe
mißt die Lagune
mit müdem Blick:
Venedig ist weit

Rudolf Riedler (1927–1987)

Murano-Spiegel

Ich komme eben von Murano, wo ich zugesehen habe, wie dort Spiegel gemacht werden. Sie sind kleiner und weniger weiß als unsere, dafür aber durchscheinender und bekommen nicht so leicht Fehler, sie werden nicht wie bei uns auf Kupferplatten gegossen, sondern wie Flaschen geblasen. Hierzu sind hochgewachsene und kräftige Arbeiter erforderlich, besonders um die schweren Glaskugeln an der hohlen Eisenrute, durch die man sie bläst, frei in der Luft zu halten. So ein Arbeiter holt eine beträchtliche Menge geschmolzenen Glases, das dickflüssig wie Gummi ist, aus dem Schmelztiegel, und bläst sie auf zu einer hohlen Kugel. Aus dieser Hohlkugel verfertigt er, immer wieder zum Ofen laufend, damit sie nicht starr wird – wobei er sehr rasch drehen muß, damit die wieder angehitzte Masse nicht nach einer Seite stärker abfließt wie nach der anderen – durch Hin- und Herschwenken in der Luft ein stark längliches Oval. Nun kommt ein zweiter Arbeiter mit einer Schere, die sich verbreitert, wenn man die Hand öffnet (wie sie zur Schafschur gebraucht werden), und sticht dies Oval am äußersten Ende mit der Scherenspitze durch. Jetzt dreht der erste, der das Oval an der Rute hält, sehr flink, indes der zweite ganz langsam die Hand, die die Schere zusammendrückt, aufmacht. Auf die Art öffnet sich das Oval hier völlig, wie ein gläsernes Gazeröckchen, wird darauf mit seiner Öffnung an einer zweiten, eigens dafür gearbeiteten Rute fest- und von der ersten Eisenrute losgemacht, nun auch am anderen Ende wie das erste Mal geöffnet, so daß schließlich ein langer gläserner Zylinder von großem Durchmesser zustande kommt. Noch einmal wird er nun, wieder unter beständigem Drehen, ans Feuer gehalten, um wieder etwas weich zu werden, dann mit einem einzigen Scherenschnitt in einem Augenblinken aufgeschnitten und geschwind auf einer Kupfertafel ganz platt ausgebreitet. Diese Platte wird nun in einem anderen Ofen noch etwas nachgeglüht, dann poliert und wie gewöhnlich verzinnt.

Charles de Brosses (1709–1777)

Burano-Spitzen

In Burano, wo an ihren Spitzen
Hundert schöne Mädchen fleißig sitzen,
Mit den weißen, allzu spitzen, raschen
Fingern eilig fügen feine Maschen,
Wo an wundervoll geschaffnen Stücken
Fremde schöne Damen sich entzücken,
In Burano bin ich heut gewesen,
Ein Geschenk dir, Gina, zu erlesen.
Ah, wie glänzten die brillanten, frischen
Zartgeblümten Zeuge auf den Tischen!
Ah, wie zart in tastend leisen Händen
Fühlte ich der feinen Nähte Enden!
Einen Spitzensaum und sieben Krägen
Ließ ich sorgsam mir beiseite legen;
Daß ein feiner Schmuck dich würdig ziere,
Gab ich gerne sechzehnhundert Lire.
Dann erblickte ich und ließ mir reichen
Weiße Seidenkissen, die mit weichen
Breiten Säumen edler Arbeit prangten,
Säume, deren Fries von reichgerankten
Spitzenkränzen und erhabnen Rosen
Mir verlockend schien, darauf zu kosen
Holde Liebesstunden. Zwölf Zechinen
Zahlte ich für jedes Stück von ihnen.
Eine Gondel ließ ich damit füllen
Und mit starkem Segeltuch verhüllen.
Diese Gondel, leider muß ich's sagen,
Ward hinaus ins offene Meer verschlagen,
Und ich fürchte, unsre schönen Sachen
Werden nun den Fischen Freude machen.
In den weißen Spitzenrankenkränzen
Werden schlanke Silberfische schwänzen,
Durch die Maschen, die so köstlich waren,
Wird der Thunfisch und der Hering fahren,
Und die seideweichen Liebeskissen
Werden von der Störe Brust zerschlissen.

Einzig eine kleine, arme Haube
Blieb mir über und entging dem Raube.
Nimm sie, Schönste, an der Schätze Stelle,
Die mir tückisch stahl der Gott der Welle.

Hermann Hesse (1877–1962)

Blicke wie Pfeile

Burano ist „ein typischer Fischerort", heißt es im Reiseführer. Seine Spezialität sind Spitzen, und nach dem Mittagessen (in einem „typischen" Restaurant, einer Art Billardsaal, das vornehmlich Fischgerichte bietet und mit Genrebildern ausgestattet ist, die der Besitzer von Kunstfreunden erworben hat) ist es Touristenbrauch, ein paar Häuser weiter die Spitzenwerkstatt in der Scuola dei Merletti zu besichtigen. Sie befindet sich im zweiten Stock eines kleinen gotischen Rathauses: ein langes, ziemlich spärlich beleuchtetes Doppelzimmer, wo unter der Aufsicht einer Nonne und eines Kruzifixes stumme Reihen kleiner Mädchen in Kitteln auf Bänken sitzen und Spitzen für die Gesellschaft der Jesurum herstellen, einen wohltätigen Verein von ehrenwerten Damen, die den Kindern für einen Achtstundentag vierhundert Lire (etwa derselbe Lohn wie 1913) für das Arbeiten von Burano- und venezianischen Klöppelspitzen bezahlen, die sich zu hohen Preisen im Laden der Gesellschaft an der Rio della Canonica, unweit der Seufzerbrücke, verkaufen lassen.

Ich will mich für diese Zahlen nicht verbürgen. Ich erhielt sie von einem zornigen Gondoliere aus Burano, der möglicherweise Kommunist war. Auf den venezianisch-roten Häuserfronten Buranos sieht man sehr häufig Hammer und Sichel, ebenso wie in den verwahrlosten Häusern der Lagunenstädte der Chioggia-Route – Malamocco, San Pietro in Volta, Pellestrina. Aber ich glaubte dem Gondoliere, weil das, was er sagte, zu den wilden Blicken der Kinder paßte, als sie ihre Handarbeitsrahmen der Nonne aushändigten, damit wir sie bestaunten. Wir traten lächelnd, zu drei Personen, ein und riefen innerlich „Was für ein reizendes Bild!". Aber als wir mit unserem Lächeln die Kinder anstrahlen wollten, rührte sich kein

Muskel in ihrem Gesicht; nur aus den erhobenen Augen schossen Blicke wie vergiftete Pfeile.

„Ja", sagte der Gondoliere, „es ist sehr schlecht für die Augen; nach einigen Jahren in der Spitzenschule werden viele arbeitsunfähig." „Wer ist verantwortlich?" „Wer bekommt das Geld?" fragten wir. Eine Dame in Venedig, erklärte er prompt, die Contessa Margherita. Ich wollte sehr gern diese „Contessa Margherita" sehen, die ich mir als Mitglied der eleganten Clique vorstellte, die jeden Sonntag, wie eine zwitschernde Vogelschar, zu einem Aperitif vor dem Mittagessen bei Florian erscheint und am äußersten Ende bei der Bocca di Piazza sitzt. Aber in Wirklichkeit gibt es diese Person gar nicht. Die alte, längst verstorbene Contessa Margherita gehörte früher einmal zum Patronat der Gesellschaft. Wer eigentlich profitiert, habe ich nie ermitteln können. Meine Signora, die sonst alles weiß, weiß es nicht; der Chef des venezianischen Gondolierevereins, ein alter Kämpfer des Antifaschismus im weißen Haar, weiß es nicht. Niemand kann mir eine klare Auskunft geben. Ich fuhr noch einmal nach Burano, um meinen ersten Eindruck zu kontrollieren, der unverändert blieb.

Mary McCarthy (1912–1989)

Torcello · Ein eigentlicherer Sinn

Kurz nach Murano hatte uns der Kapitän erlaubt, das Dach des Schiffes zu besteigen, wo wir nach allen Seiten hin freien Ausblick genossen. Die Lagune war überquert, das Dampfboot näherte sich schon den Inseln, und wir befanden uns bald auf einem engen Kanal, der sich dazwischen hindurchwand. Riesigen Flößen gleich zogen sie an uns vorüber, befrachtet mit Gärten und Häusern, die als zitternde Bilder im Wasser nochmals erschienen.

Wir verließen Burano. Immer kleiner werdend schwamm es von Norden nach Süden, und während wir noch mit rückwärts gewandten Blicken beobachteten, wie es unter der Last seiner alten Gehäuse, aus deren Mitte der Mastbaum eines schiefen Kirchturms emporstach, allmählich versank, hatten wir uns unversehens einer neuen Insel genähert. Das Fahrzeug stand still. Wir kletterten vom

Dach und überschritten als die einzigen Passagiere des Schiffes einen gebrechlichen Steg, der uns an ein stilles, verlassenes Ufer führte. Ein Feld mit laubenförmig gezogenen Reben dehnte sich aus. Ein schmaler Kanal, den an der einen Seite ein Pfad begleitete, zog sich landeinwärts. Doch auch hier entgingen wir nicht dem Schicksal, sofort als Reisende deckt zu werden.

„Heißer Weg, staubig und lang", rief uns jemand in unserer Muttersprache entgegen. Die Laute klangen seltsam und abgewandelt, als spräche sie ein gelehriger Papagei. Doch war es ein Schiffer, dessen Kahn, verborgen von dunklem Gebüsch, am gegenüberliegenden Ufer lag, und der zu uns herüberruderte und sich erbot, uns zu Schiff nach Torcello zu bringen. Auf Italienisch begann er den Preis zu erörtern. Ohne daß wir etwas entgegneten, begann er zu handeln, entwickelte eine lange, schwungvolle Rede, in deren Verlauf er seine Forderung um die Hälfte verminderte, und als er uns endlich zu Wort kommen ließ, war er nicht wenig erstaunt, daß wir nicht die geringste Neigung bewiesen, seinen Kahn zu gebrauchen. Aber das Wetter war herbstlich mild und keineswegs heiß; soweit wir den Pfad überblickten, war er auch keineswegs staubig, und vor der Länge fürchteten wir uns nicht.

Es war ein Weg, der nirgends etwas Auffallendes vorwies. Bescheiden zog er an einem schwarzen, reglosen Wasser entlang, führte an Feldern vorüber, an Artischockenbeeten und von der Ernte zerzausten Weingärten. Einmal kam ein baufälliges Haus, über dessen rosa verblichene Mauern dunkles Gewölk von Feuchtigkeit zog; ein Mandelbaumgärtchen folgte. An jedem anderen Orte wäre ich achtlos den Weg dahingegangen. Hier aber gewann dies alles einen eigentlicheren Sinn. Nie ist der Geist so wach und aufmerksam wie im Zustande einer Erwartung.

Eugen Gottlob Winkler (1912–1936)

Versunkene Insel

Die Insel hatte sich die Marchesa einige Kilometer südöstlich von Murano aufschütten lassen, einer plötzlichen Eingebung folgend, denn sie verabscheute das Festland – sie sagte, es sei ihrem seelischen

Gleichgewicht schädlich – und unter dem bereits vorhandenen Bestand an Inseln hatte sie keine Wahl treffen können, zumal da der Gedanke, sie mit jemandem teilen zu müssen, ihr unerträglich war. Hier nun residierte sie und widmete ihr Leben der Erhaltung des Altbewährten und der Erweckung des Vergessenen oder, wie sie es auszudrücken beliebte, der Pflege des Echten und Bleibenden.

Auf der Einladungskarte war die Gesellschaft um acht Uhr angesetzt, aber die Gäste wurden nicht vor zehn Uhr erwartet. Überdies erforderte es die Sitte, daß man in Gondeln kam. Auf diese Weise dauerte die Überfahrt zwar beinahe zwei Stunden, war zudem bei bewegtem Seegang beschwerlich, wenn nicht gar gefährlich – und in der Tat hatte schon mancher Gast sein Ziel nicht erreicht, dafür ein Seemannsgrab gefunden – aber nur ein Barbar hätte an diesen ungeschriebenen Stilregeln gerüttelt, und Barbaren wurden niemals eingeladen. Ein Kandidat, dessen allgemeiner Habitus auch nur die geringste Scheu vor den Tücken einer solchen Überfahrt verraten hätte, wäre niemals in die Gästeliste aufgenommen worden. Es erübrigt sich zu sagen, daß sich die Marchesa in mir nicht getäuscht hatte, – wenn ich auch, am Ende des Abends, in ihren Augen versagt haben mag. Diese Enttäuschung indessen hat sie nur um wenige Minuten überlebt, und das tröstet mich. (...)

Nachdem man eine Erfrischung in Form von Champagner und deliziösen Krustazeen zu sich genommen hatte, begab man sich in den Silbersaal, denn nun kam der Höhepunkt des Abends, eine Darbietung besonderer Art: die Erstaufführung zweier Flötensonaten des Antonio Giambattista Bloch, eines Zeitgenossen und Freundes Rameaus, den der Musikforscher Weltli – er war natürlich auch zugegen – entdeckt hatte. (...)

Während des zweiten Satzes der f-Moll-Sonate sah ich eine Ratte an der Wand entlang huschen. Das erstaunte mich. Zuerst dachte ich, das Flötenspiel habe sie angelockt, denn Ratten sind bekanntlich sehr musikalisch, aber sie huschte in der entgegengesetzten Richtung, floh also die Musik. Ihr folgte eine zweite. Ich sah auf die anderen Gäste. Sie hatten nichts bemerkt, zumal die meisten die Augen geschlossen hielten, um sich in seliger Entspannung den Klängen der Weltlischen Fälschung hingeben zu können. Nun vernahm ich ein dumpfes Rollen, es klang wie sehr fernes Donnern.

Der Fußboden vibrierte. Wieder sah ich auf die Gäste. Wenn sie etwas hörten – und irgend etwas mußten wohl auch sie wahrnehmen – war es aus den Posen beinahe formloser Versunkenheit jedenfalls nicht ersichtlich. Mich aber beunruhigten diese merkwürdigen Symptome.

Ein Diener trat leise ein. Daß er in der vornehmen, streng geschnürten Livree, die das gesamte Personal der Marchesa trug, wie eine Nebenrolle aus „Tosca" aussah, gehört nicht hierher. Auf Zehenspitzen hüpfte er auf die Vortragenden zu und flüsterte der Marchesa etwas ins Ohr. Ich sah sie erblassen – es war recht kleidsam im matten Kerzenlicht, und beinahe hätte man denken mögen, es sei in das Zeremoniell liebevoll eingeplant – aber sie faßte sich und führte gelassen das Andante zu Ende, ohne ihr Spiel zu unterbrechen, schien sogar die Endfermate noch um einiges zu verlängern. Dann gab sie dem Flötisten einen Wink, stand auf und wandte sich an die Zuhörer.

„Meine verehrten Gäste", sagte sie, „wie ich soeben erfahre, lösen sich die Fundamente der Insel und damit des Palastes. Die Meerestiefbaubehörden sind benachrichtigt. Ich glaube jedoch, daß es in unser aller Sinne ist, wenn wir mit der Musik fortfahren." Ihre würdevollen Worte wurden von lautlosen Gesten der Zustimmung belohnt. (...)

Auf dem Parkett bildeten sich kleine Pfützen. Das Rollen hatte zugenommen und klang näher. Die meisten Gäste hatten sich inzwischen aufgerichtet, und mit ihren bei Kerzenbeleuchtung aschfahlen Gesichtern saßen sie wie in geduldiger Erwartung eines Bildners, der sie in Posen letzter, euphorischer Fassung für eine bewundernde Nachkommenschaft verewigen werde.

Ich aber stand auf und sagte, „ich gehe", leise genug, um die Musiker nicht zu verletzen, aber laut genug, um den anderen Gästen zu bedeuten, daß ich mutig genug war, mein plötzlich wachgewordenes Gefühl der Distanz einzugestehen. (...)

Ich band die letzte Gondel los, die das fliehende Personal übriggelassen hatte, und stach in See. Durch die Fenster, an denen ich vorbeiruderte, stürzten nun die Fluten in den Palast und blähten die Portieren, nassen Segeln gleich. Ich sah, daß sich die Gäste von den Sitzen erhoben hatten.

Die Sonate mußte zu Ende sein, denn sie klatschten Beifall, zu welchem Zwecke sie die Hände hoch über den Köpfen hielten, denn das Wasser stand ihnen bis zum Kinn. Mit Würde nahmen die Marchesa und Monsieur Béranger den Beifall auf. Verbeugen konnten sie sich allerdings unter den Umständen nicht.

Nun erreichte das Wasser die Kerzen. Sie verloschen langsam, und mit zunehmender Dunkelheit wurde es still; der Beifall erlosch und verstummte, wie auf ein schreckliches Zeichen. Plötzlich setzte das Getöse eines zusammenstürzenden Gebäudes ein. Der Palazzo fiel. Ich lenkte die Gondel seewärts, um nicht von herabfallendem Stuck getroffen zu werden. Es ist sehr mühsam, ihn aus den Kleidern bürsten zu müssen, hat sich der Staub einmal festgesetzt.

Nachdem ich einige hundert Meter durch die Lagune in der Richtung auf die Insel San Giorgio hin gerudert war, drehte ich mich noch einmal um. Das Meer lag im Mondlicht spiegelglatt, als habe niemals irgendwo eine Insel gestanden.

Wolfgang Hildesheimer (1916–1991)

KOMM WIEDER

Bilanz I

Wir haben berühmte Bilder besichtigt, bis unsere Augen müde wurden und kein Interesse mehr an ihnen finden wollten. Ist das ein Wunder, wenn es zwölfhundert Bilder von Palma d. J. in Venedig gibt und fünfzehnhundert von Tintoretto? Und man bedenke, daß Werke von Tizian und anderen Künstlern in entsprechend großer Anzahl vorhanden sind. Wir haben Tizians berühmtes Gemälde „Kain und Abel" gesehen, auch „David und Goliath" und „Abrahams Opfer". Wir haben Tintorettos Kolossalgemälde gesehen, das vierundsiebzig Fuß lang ist und ich weiß nicht wie hoch, und fanden es ansehnlich. Wir haben Bilder von genug Märtyrern und genug Heiligen gesehen, um die Welt neu zu bevölkern. Ich sollte es eigentlich nicht aussprechen, aber da man ja in Amerika keine Gelegenheit hat, kritisches Kunstverständnis zu gewinnen, und da ich auch nicht hoffen konnte, es in Europa binnen weniger kurzer Wochen zu erwerben, darf ich es ruhig mit den angemessenen Entschuldigungen gestehen: nachdem ich einen dieser Märtyrer gesehen hatte, schien es mir, als kannte ich sie alle. Sie weisen alle eine ausgeprägte Familienähnlichkeit miteinander auf, sie sind alle mit groben Mönchskutten und Sandalen bekleidet, sie sind alle kahlköpfig, sie stehen alle in ungefähr der gleichen Haltung da, und alle ohne Ausnahme blicken himmelwärts, mit Gesichtern, welche die Ainsworths, die Mortons und die Williams' *et fils* als „ausdrucksvoll" bezeichnen. Mir bieten diese Phantasieporträts nichts Greifbares, und ich kann ihnen nichts abgewinnen. Wenn doch der große Tizian mit prophetischer Einsicht einen Märtyrer ausgelassen und statt dessen eine Reise nach England unternommen hätte, um für uns alle ein zuverlässiges Porträt wenigstens des jungen Shakespeare zu malen, hätte ihm die Menschheit bis zu den spätesten Generationen um des geretteten Dichters willen den verlorenen Märtyrer verziehen. Ich glaube, die Menschheit hätte einen weiteren Märtyrer entbehren können, um dafür von Tizians Hand ein großes historisches Gemälde aus seiner Zeit zu besitzen – etwa Kolumbus, der in Ketten von der Entdeckung einer Welt zurückkehrt. Die alten Meister haben einige Bilder aus der Geschichte Venedigs gemalt, und wir konnten uns nicht satt sehen daran, obwohl Darstellungen, wie verstorbene Dogen bei der Jungfrau Maria hoch über den Wolken förmlich eingeführt werden, ziemlich hart mit dem guten Anstand in Konflikt geraten, wie es uns schien.

Aber wie bescheiden und anspruchslos wir auch in künstlerischen Dingen sind, so ganz vergeblich sind unsere Streifzüge zwischen den gemalten Mönchen und Märtyrern nicht gewesen. Wir bemühten uns sehr zu lernen. Wir hatten einigen Erfolg. Wir haben uns einige Kenntnisse angeeignet, die in den Augen der Fachleute wahrscheinlich unwichtig sind, aber uns machen sie Freude, und wir sind ebenso stolz auf unsere kleinen Erfolge wie andere, die viel mehr gelernt haben, und bringen sie ebenso gern ans Licht. Sehen wir einen Mönch, der still zum Himmel aufblickt und einen Löwen bei sich hat, so wissen wir, das ist der heilige Markus. Sehen wir einen Mönch mit Buch und Feder, der still zum Himmel aufblickt und nach einem Wort grübelt, so wissen wir, das ist der heilige Matthäus. Sehen wir einen Mönch auf einem Felsen sitzen, der still zum Himmel aufblickt, nur einen menschlichen Schädel neben sich und ohne sonstiges Gepäck, so wissen wir, das ist der heilige Hieronymus. Denn wir wissen, er legte immer großen Wert auf leichtes Gepäck. Sehen wir jemanden, der still zum Himmel aufblickt und nicht merkt, daß sein Körper über und über von Pfeilen durchbohrt wird, so wissen wir, das ist der heilige Sebastian. Sehen wir andere Mönche, die still zum Himmel aufblicken, jedoch ohne Warenzeichen, so fragen wir immer, um wen es sich handelt. Das tun wir, weil wir in aller Bescheidenheit lernen möchten. Wir haben dreizehntausend heilige Hieronymusse gesehen, zweiundzwanzigtausend heilige Markusse, sechzehntausend heilige Matthäusse, sechzigtausend heilige Sebastiane, dazu vier Millionen diverse Mönche ohne nähere Bezeichnung, und wir glauben, annehmen zu dürfen, daß wir ein genauso großes Interesse für sie aufbringen werden wie unsere kultivierten Landsleute aus *Amérique*, wenn wir erst noch mehr von diesen verschiedenen Bildern gesehen und größere Erfahrung gewonnen haben werden.

Mark Twain (1835–1910)

Bilanz II

Frau M. Käsebier an Frau Kommerzienrat W. Liekefett in Neukölln.

18 febbraio.

My Darling!
Was sagst Du? Im Fluge von den blauen Wogen des Adriatischen Meeres hierher in das ewig schöne Firenze!

Ich bin so voll von übermächtigen Eindrücken, daß ich mich kaum zu sammeln weiß. Von der herrlichen Lagunenstadt riß ich mich nur mit blutendem Herzen los, denn was hier das Auge des Gebildeten erblickt und wovon hier die Seele zu träumen vermag, das ist unbeschreiblich!

Ja, Du hast recht in Deinem lieben, herrlichen Briefe, für den ich Dir innigst danke, daß wir in Venezia gewissermaßen erst die Sehnsucht erkennen, die geheimnisvoll in uns schlummert.

Wenn man so in einer Gondel sitzt und lautlos durch die Lagunen gleitet, kommt man sich selbst vor wie eine Katharina Cornaro, und man möchte an den Dogen, der hinter uns sitzt, ein Wort der Bewunderung richten.

Nur daß freilich mein husband die Illusion fortwährend durch seine Berliner Witze zerstörte.

Aber trotzdem, dieses Plätschern der Wellen, diese Palazzi mit ihren kühnen byzantinischen Formen, diese Rufe der Gondoliere wiegen uns immer wieder in Träume von der Vergangenheit. Man denkt an den Kaufmann von Venedig und glaubt, dem entsetzlichen Shylock begegnen zu müssen, und man denkt an das entzückende Buch vom Tod in Venedig, von dem jetzt doch so viel geschrieben wird. Ach, Darling, wenn man mit Richard M. Meyer, der doch so unglaublich viel gelesen hat, über den Rialto wandeln dürfte und seinen Ausführungen lauschen könnte!

Zwar findet man ja alles im Baedeker, aber dennoch, weißt Du, vom Standpunkte der höchsten Kultur aus den Geist der Geschichte beleuchtet zu sehen, das wäre der höchste Genuß, und nirgends sehnt man sich mehr nach einer gleichgesinnten Seele als gerade hier.

Eigentlich sollte man glauben, daß die Leute, welche immer hier leben dürfen, von der alten Kultur vollkommen durchdrungen sein müßten, aber man erkennt nur zu bald, daß dieses Volk eigentlich so gar nichts weiß von dem hehren Geiste, der um diese Stadt gelagert ist, und daß es vollkommen stumpf im Schatten der wundervollen Palazzi seinem alltäglichen Leben frönt.

Du solltest unsern Richard M. Meyer einmal fragen, woher es kommt, daß ein Volk so gänzlich ohne höhere geistige Interessen zu leben vermag, welches doch früher auf einer ähnlichen Kulturstufe stand wie wir jetzt.

Es wäre doch sehr interessant, von ihm eine authentische Auskunft zu erlangen.

Übrigens, Darling, sieht man hier sehr elegante Fremde, und die neuen Frühjahrstoiletten sind direkt süß.

Die neue hohe Form der Hüte ist entzückend; viele sind aus schwarzem Moiré mit Phantasiegestecken. Und die Mäntel, Minchen! Weißt Du, futterlos mit breiten Vorderteilen, innen mit Leinenanlage, große untergesteppte Taschen, und der Rücken nahtlos, oben mit schmaler, unten mit breiter Naht aufgesteppt! Sie sind tipptopp und très, très chic!

Am 17. mußte ich mich von Venedig losreißen.

Mit welchen Gefühlen, brauche ich Dir nicht zu schildern.

Es war ein Traum! (...)

Inviando a Lei una cordiale stretta di mano!

Was sagst Du zu meinem Italienisch?

Tausend Grüße und Küsse. La tua, la tua!

Mathilde.

Ludwig Thoma (1867–1921)

Bilanz III

Hätte man mir vor meiner Reise hierher ein Angebot gemacht, entweder mit den vier reichsten Herrschaftssitzen von Somerset, wo ich geboren bin, belehnt zu werden und Venedig nie zu sehen oder aber niemals diese zu besitzen und Venedig kennenzulernen, würde ich, obgleich diese Landgüter mir gewiß im Hinblick auf Status und Reichtum mehr eingebracht hätten als der Anblick von Venedig, doch jetzt und solange ich lebe sagen, daß der Besitz dieser vier Herrenhäuser nie vermocht hätte, meinen Geist so zufriedenzustellen und meine Wünsche so vollkommen in Erfüllung gehen zu lassen wie der Anblick von Venedig, seine herrliche Schönheit und sein Überfluß an altehrwürdigen und bemerkenswerten Sehenswürdigkeiten.

Thomas Coryate (1577–1617)

Bilanz IV

In Venedig war ein unermeßlicher Fremdenstrom unterwegs. Denn auch das ist ein Kulturphänomen, daß sämtliche Metzgermeister, Bäckerkönige und Fahrradhändler mit ihren Weibern aus der Schweiz, aus Tirol und auch aus den kleinen Städten Italiens nach Venedig und an die Riviera reisen. Tausend und Tausende. Manche finden das widerwärtig, aber ich in meinem Optimistengemüte nicht. Denn wenn sich diese Leute auch etwas merkwürdig gebärden, so dringt doch ein Schimmer des Schönen in ihre dumpfen Seelen ein, und keiner kann berechnen, was da in ihren Kindern einmal herauskommt.

Ludwig Curtius (1874–1954)

Numerus clausus

Gruppenreisen nach Venedig sind in Zukunft nur mit Voranmeldung bei der Stadtverwaltung möglich. Unangemeldete Omnibusse mit Ausflüglern können abgewiesen werden, wenn die Stadt – wie zu Ostern und am vergangenen 1. Mai – schon voll von Besuchern ist. Auf 50000 Menschen begrenzte die Stadtverwaltung von Venedig nach Zeitungsberichten vom Dienstag diese Art von „Numerus clausus". Die Maßnahme solle „in Kürze" in Kraft treten, hieß es. Ein genaues Datum wurde nicht festgelegt. Einzelreisende werden nicht kontrolliert, ob sie sich zu einem ein- oder mehrtägigen Besuch der Lagunenstadt angemeldet haben. Nach dem Eindruck der Verantwortlichen sind es vor allem die Busladungen mit Touristen und Schulkindern, die Venedig an bestimmten Tagen der Hochsaison verstopfen.

Süddeutsche Zeitung, 6. 5. 1987

Orientierung unmöglich

Noch kein normaler Mensch, einschließlich der geborenen Venetianer, hat sich in Venedig jemals ausgekannt. Ich selbst, der dort jahrelang das Gymnasium besuchte, habe zum väterlichen Palazzo, obwohl er keine drei Minuten vom Markusplatz entfernt lag, nur mit Mühe und manchmal erst nach stundenlangem Suchen heimgefunden. Wie oft erschien ein Professor nicht zum Unterricht, weil er sich verirrt hatte! Wie oft traf ich meine Mutter mit einer störrisch schluchzenden Magd – sie hatten beim Einkaufen den Weg verloren! Oder ich sah irgendwo meinen Vater, düster zu Boden blickend, am ergrauten Schnurrbart kauend und bisweilen heftig mit dem Stock gegen das Pflaster stoßend. „Geh nur nach Hause, mein Kind", pflegte er mir auf meine besorgten Erkundigungen zu antworten. „Ich lasse Mama grüßen, und sie möchte die Suppe auftragen lassen. In längstens fünf Minuten bin ich da." Aber nicht selten wurde es Abend, ja tiefe Nacht, ehe der übermüdete Mann sich endlich zur Mittagstafel setzen konnte.

Es gehört nämlich zu den sonderbaren Marotten jedes auch nur vorübergehend in Venedig Seßhaften, lieber obdachlos umherzuirren, als nach dem Weg zu fragen, geschweige denn sich führen zu lassen. Das würde auch gar nichts nützen. Immer wieder habe ich selbst Eingeborene der Lagunenstadt – darunter Briefträger und Polizisten oder städtische Ingenieure mit Meßlatten – wehklagend vor Madonnenbildern gefunden: falsche Scham verbot diesen Unglücklichen, Auskünfte über den Weg einzuholen. So wandten sie sich in ihrer Verzweiflung an die höheren Mächte, und die Kirche strich schmunzelnd manchen Batzen für die Gelübde der Verirrten ein. Übrigens bekommt man in Venedig außer den fehlerhaften Kursbüchern, die in ganz Italien zu stark herabgesetzten Preisen erhältlich sind, um ein wahres Spottgeld auch falsche Stadtpläne zu kaufen. Es ist ja doch alles eins. Sogar geistlos kopierte Schnittmuster werden dem naiven Reisenden als Stadtplan aufgeschwatzt.

Damit dürfte auch das auffallend rege Straßenleben der im Grunde nur wenig bevölkerten Stadt endlich eine Erklärung gefunden haben: es kommt von den vielen Verirrten.

Fritz von Herzmanovsky-Orlando (1877–1954)

Reisen Sie, gnädige Frau

Venedig übertrifft alles, was ich bisher von Herrlichem gesehen habe, selbst Rom, ja selbst das ewige Rom, was nämlich die Macht des ersten Eindrucks betrifft. Dieser Markusplatz, diese Markuskirche, dieser Markuspalast, diese Denkmäler einer Größe, die zwar auf dem Sterbebette liegt, aber doch noch in den letzten Zügen die Riesenglieder dehnt und streckt, indes Rom ganz tot und unbeweglich daliegt – bei Gott, gnädige Frau! Reisen Sie nach Italien! Tun Sies nicht, so begehen Sie ein Verbrechen an sich selbst und an allem Großen und Schönen.

Franz Grillparzer (1791–1872)

Größer als Rom

Aus Adrias Gewässern sah Neptun
Die hochgebietende Venetia steigen:
„Ha, Jupiter“, rief er, „wirst du mir nun
Noch stolz dein Kapitol und Marvors' Mauern zeigen?
Gilt dir dein Tiber höher als dies Meer,

So schau auf beide Städte her
Und sprich: Dies Rom läßt mich ein menschlich Wunder sehen –
Aus Götterhänden mußte jene gehen!"

Jacopo Sannazaro (1456–1530)/Eduard Mörike (1804–1875)

Assoziationen I

Wenn ich an Venedig denke, ist es mir, wie wenn ich schöne Musik gehört, ein gutes Buch gelesen oder mit einem lieben Menschen gesprochen hätte.

Anselm Feuerbach (1829–1880)

Assoziationen II

Wenn ich ein andres Wort für Musik suche, so finde ich immer nur das Wort Venedig.

Friedrich Nietzsche (1844–1900)

Sehnsucht

Werd ich je die Giudecca wiedersehn?
   mit den Lichtern davor; Cá Foscari, Cá Giustinian
oder die Cá, wie sie sagen, der Desdemona
oder die beiden Türme wo die Zypressen nicht mehr stehn
   oder die Kähne, die vor le Zattere vertäut sind
oder den Nord-Kai der Sensaria

Ezra Pound (1885–1972)

Adieu, Venise

Leb wohl, geliebter Campo San Moisè, wo wir so süße Stunden verlebt haben; ein Lebewohl den Sonnenuntergängen hinter der Salute, dem Spiel des Mondlichts auf dem Canal Grande, den schönen blonden Mädchen der Giardini Pubblici, den frohen Abenden unter den Reben von Quintavalle; ein Lebewohl der Kunst und der glanzvollen Malerei, den romantischen Palästen des Mittelalters und den griechischen Fassaden Palladios; ein Lebewohl den Möven der Lagune, den Bädern im Meer am Strand des Lido, den Fahrten zu zweit in der Gondel; leb wohl Venedig, und wenn's für immer ist, leb wohl, wie Byron mit stolzem Mund gesagt hat.

Die Eisenbahn nimmt uns fort, und schon hat die Venus der Adria ihren rosigen und weißen Körper wieder ins Blau des Meeres getaucht.

Théophile Gautier (1811–1872)

Einer, der nicht wiederkommen wollte

Venedig, d. 2. Jun. 1775

Meine Liebe!
Wir sind den 23ten vorigen Monats glücklich allhier angekommen. Wenn ich Ihnen aber erst heute schreibe, so ist die Schuld nicht sowohl an den Zerstreuungen, die ich täglich und stündlich gehabt, als vielmehr daran, daß ich mich die ganze Zeit hier in Venedig nichts weniger als wohl befunden habe. Endlich habe ich vorgestern zur Ader gelassen, (welches, wie Sie sich erinnern werden, ich schon in Wien tun wollte) und nun ist mir gestern und heute wieder so ziemlich wohl. Ich hoffe auch, daß sich alles wieder völlig geben wird, da wir morgen Venedig verlassen, und wieder in eine bessre Luft kommen.

Gotthold Ephraim Lessing (1729–1781)

Ende der Saison

Sie trugen die Koffer über die Treppen des Bahnhofs und stiegen in eines der überfüllten Verkehrsboote. Aus dem Wasser erhoben sich Palazzi, deren Farben aus dem Meer zu kommen schienen, gelbe und orangefarbene, weinrote und lachsfarbene mit steinernen Balkonen und geschlossenen, schweren Fensterläden. Schiffe fuhren ihnen entgegen oder an ihnen vorbei oder schaukelten zwischen blaugelben und tabakbraunen und weißen Pfählen mit goldenen Kugeln über den Spitzen.

Sie nahmen ein Hotelzimmer an der Rialto-Brücke, Männer in gelben Südwestern standen hochaufgerichtet in Lastenbooten, auf der Straße vor dem Kanal gingen vereinzelt Menschen mit bunten Regenschirmen. Nagl trat ins Freie und spazierte mit Anna das Wasser entlang. Alles kam ihm fremd und nicht für ihn bestimmt vor.

Das cremefarbene Albergo „Marconi & Milano" mit den goldenen Buchstaben hatte geschlossen. Die untere Hälfte der Fenster zum Gehsteig war mit einem Store verhängt, und Nagl schaute durch die Scheiben. Drinnen waren die Möbel mit Leinentüchern verdeckt. Je weiter sie die Straße am Kanal hinuntergingen, desto ausgestorbener erschienen die Häuser. Auch die Straßen waren leer. Er dachte daran, mit Anna in eines der ausgestorbenen Hotels einzudringen und sie auf den weißen Tüchern zu lieben.

Gerhard Roth (geb. 1942)

Nach dem Untergang

Nach dem Untergang Venedigs
werden sie sagen
(ihr wißt schon wer)
es hat nie eine Stadt
auf einer Lagune gegeben

Alles Erfindung

Und wer da Byzanz überfiel
das waren die Deutschen
wie von jeher
(Fränkische Ritter am Fallschirm)
Legenden beschreiben nur
einen erdachten Ort

Es ist bloß ein Begriff
für eine kanalisierte Anlage
doch nach einiger Zeit
am Horizont des Vergessens
am Horizont des Vergessens
tauchen die Kuppeln von San Marco auf
die Piazzetta mit den zwei Säulen trotzdem
und

die Gefängnisse füllen sich
mit den Leuten die glauben
auf dem Canale Grande gefahren zu sein.

Günter Kunert (geb. 1929)

Mein Venedig versinkt nicht

Venedig
meine Stadt

Ich fühle sie
von Welle zu Welle
von Brücke zu Brücke

Ich wohne
in jedem Palast
am großen Kanal

meine Glocken
läuten Gedichte

mein Venedig
versinkt nicht.

Rose Ausländer (1907–1988)

Venedig sehen und reden ...

Vedi Napoli e poi mori, vedi Venezia e po' discori.

Venezianisches Sprichwort

Venus & Venedig

Venus, die schöne Göttin,
Venedig, die schöne Stadt.
Mildes Gestirn, und Stadt, du Zauberin,
Perlen der Liebe und der Schönheit,
Ihr bettet euch in die bittere Flut,
Des Abends, als in eure Wiegen;
Denn ihr seid Schwestern, von dem einen Blut
Eurer Mutter, des Schaums der Wogen.

George Sand (1804–1876)

Wunderbarer verblichener Name

Venise: dieser wunderbare verblichene Name, durch den ein Sprung zu gehen scheint und der sich nur wie durch ein Wunder noch hält – dem heutigen Dasein jenes Reiches ebenso seltsam entsprechend, wie einst Venezia dem starken Staate entsprach, seiner Aktion, seiner Pracht: den Galeeren, den Gläsern, den Spitzen und den verschwenderischen Bildern von alledem. Während „Venedig“ umständlich und pedantisch schien und nur gültig für die kurze unselige Zeit österreichischer Herrschaft, ein Aktenname, von Bürokraten boshaft auf unzählige Konvoluts geschrieben, trist und tinten, so liest sich das: Venedig. (Und man sagte auch noch Venediger seinerzeit, statt Venezianer!)

Rainer Maria Rilke (1875–1926)

Komm wieder!

Mit Recht behaupten manche, der Name der Stadt Venezia stamme vom lateinischen „Veni etiam“ ab und bedeute also: „Komm immer wieder.“ Denn sooft du auch kommst, du wirst immer Neues erblicken und neue Schönheiten sehen.

Francesco Sansovino (1521–1586)

Autoren- und Quellenverzeichnis

Andersch, Alfred: Die Rote. Roman. Copyright © 1972 Diogenes Verlag AG, Zürich. *Seiten 22, 166, 174*

Aretino, Pietro: Brief an Tizian, Mai 1544. In: Hippolyte Taine: Reise in Italien, s. d. *Seite 57*

Ausländer, Rose: „Mein Venedig“ (Venedig/meine Stadt/...). Aus: dies., Wieder ein Tag aus Glut und Wind. Gedichte 1980–1982. © S. Fischer Verlag GmbH, Frankfurt a. M. 1986. *Seite 242*

Begley, Louis: Aus: Mistlers Abschied. Roman. Ü: Christa Krüger. © Suhrkamp Verlag, Frankfurt a. M. 1998. *Seite 186*

Bloch, Ernst: Verfremdungen II; Geographica. Gesamtausgabe Bd. 9. Suhrkamp Verlag, Frankfurt a. M. 1965. *Seite 504 f.*

Bonaparte, Napoleon: In: Marianne Langewiesche: Venedig; Geschichte und Kunst. Rowohlt Verlag, Reinbek 1962. *Seite 12*

Britting, Georg: Venedig. In: Der unverstörte Kalender; Nachgelassene Gedichte. Nymphenburger Verlagshandlung, München 1965. *Seite 77*

Brodsky, Joseph: (1) Ufer der Verlorenen. Aus dem Amerikanischen von Jörg Trobitius. © 1991 Carl Hanser Verlag, München–Wien. – (2) Venezianische Strophen. Aus: Römische Elegien und andere Gedichte. Aus dem Russischen von Felix Philipp Ingold. © 1985 Carl Hanser Verlag, München–Wien. *Seiten 120, 161*

Brosses, Charles de: Des Präsidenten De Brosses vertrauliche Briefe aus Italien an seine Freunde in Dijon 1739–1740. Aus dem Französischen von Werner Schwartzkopf. München 1918 und 1922. *Seiten 50, 72, 127, 223*

Burney, Charles: Tagebuch einer musikalischen Reise. Hrsg. von Eberhard Klemm. Heinrichshofen's Verlag, Wilhelmshaven 1980, jetzt Florian Noetzel Verlag, Wilhelmshaven. *Seite 122*

Busta, Christine: Die Scheune der Vögel. © Otto Müller Verlag, Salzburg 1995, 3. Auflage. *Seite 203*

Butor, Michel: Description de San Marco. © Editions Gallimard, 1963. Aus dem Französischen von Patrick Lang. *Seite 30*

Byron, George Gordon Noel Lord: (1, 2) Byron in seinen Briefen und Tagebüchern. Dargestellt von Cordula Gigon. Artemis Verlag Zürich und Stuttgart 1963. – (3) Childe Harolds Pilgerfahrt; Vierter Gesang. In:

Byrons Werke; Erster Band. Aus dem Englischen von Friedrich Brie. Leipzig und Wien o. J. *Seiten 60, 64, 116*

Casanova, Giacomo: Geschichte meines Lebens. Deutsch von Heinz von Sauter. © 1964/1985 Propyläen/Ullstein Verlag, Berlin. *Seiten 42, 94, 101, 151*

Cassiodorus, Magnus Aurelius: Variae XII 24. In: Monumenta Germaniae Historica; Auctores Antiquissimi. Hrsg. von Theodor Mommsen. Berlin 1894. Aus dem Lateinischen von Franz Peter Waiblinger. *Seite 134*

Chateaubriand, François-René de: Erinnerungen von jenseits des Grabes. © 1965 by nymphenburger in der F. A. Herbig Verlagsbuchhandlung GmbH, München. Aus dem Französischen von Sigrid von Massenbach. *Seiten 69, 220*

Coryate, Thomas: Auszüge aus: „Die Venedig- und Rheinfahrt A.D. 1608". © Goverts Krüger Stahlberg GmbH, Stuttgart 1970. Alle Rechte vorbehalten S. Fischer Verlag GmbH, Frankfurt a.M. *Seiten 98, 105, 141, 144, 177, 210, 236*

Curtius, Ludwig: Torso. Verstreute und nachgelassene Schriften. © 1957 Deutsche Verlags-Anstalt, Stuttgart. *Seite 237*

D'Annunzio, Gabriele: Feuer. Aus dem Italienischen von M. Gagliardi. München 1911. *Seite 65*

Dante, Alighieri: Die göttliche Komödie. Aus dem Italienischen von Richard Zoozmann. Leipzig o. J. *Seite 126*

Da Ponte, Lorenzo: Mein abenteuerliches Leben; Die Memoiren des Mozart-Librettisten. Bearbeitet von Walter Klefisch. Rowohlt Verlag, Hamburg 1960. *Seite 16*

Dehmel, Richard: Gesammelte Werke, Band 2. Berlin 1916. Abdruck mit Genehmigung von Tim Tügel, Hamburg. *Seite 171*

Dickens, Charles: Bilder aus Italien. Aus dem Englischen von Ulrich C. A. Krebs. München 1981. *Seite 26*

Dürer, Albrecht: Briefe an Willibald Pirkheimer vom 7. 2. und 13. 10. 1506. In: Schriftlicher Nachlaß, Band 1. Hrsg. von Hans Rupprich. Deutscher Verein für Kunstwissenschaft, Berlin 1956 (Schreibweise modernisiert). *Seite 138*

Enzensberger, Hans Magnus: Aus: Der Untergang der Titanic. © Suhrkamp Verlag, Frankfurt a.M. 1978. *Seite 89*

Faber, Felix: Evagatorium in Terrae Sanctae, Arabiae et Egypti peregrinationem. Stuttgart 1849. Aus dem Lateinischen von Franz Peter Waiblinger. *Seite 4*

Fernow, Carl Ludwig: Brief vom 17. 3. 1794. In: Deutsche Briefe aus Italien; Von Winckelmann bis Gregorovius. Hamburg 1965. Nachdruck München 1987. *Seite 198*

FEUERBACH, Anselm: Briefe an seine Mutter. Berlin 1911. *Seite 239*

GAST, Peter (Heinrich Köselitz): Brief an Friedrich Nietzsche vom 16. 2. 1883. In: Nietzsche: Briefwechsel; Kritische Gesamtausgabe. Hrsg. von Giorgio Colli und Mazzino Montinari. 3. Abteilung, 2. Band: Briefe an F. N. Januar 1880–Dezember 1884. Berlin 1981. *Seite 52*

GAUTIER, Théophile: Voyage en Italie. Paris 1912. Aus dem Französischen von Patrick Lang. *Seiten 128, 239*

GIULIANI, Giuseppe Andrea: Lettera al cittadino Bonaparte Generale in capo dell' armata Francese in Italia. Venezia 1797. Aus dem Italienischen von Franz Peter Waiblinger. *Seite 47*

GIUSTINIANI, Sebastiano: Brief vom 15. 4. 1516 an den Dogen. In: John Ruskin: Steine von Venedig, s. d. *Seite 135*

GOETHE, Johann Caspar: Reise durch Italien im Jahre 1740. Herausgegeben von der Deutsch-Italienischen Vereinigung, Frankfurt am Main. Aus dem Italienischen von Albert Meier. Deutscher Taschenbuch Verlag, München 1986. *Seiten 14, 83, 142, 168*

GOETHE, Johann Wolfgang: (1, 2, 4, 5, 8, 9) Italienische Reise. In: Goethes Werke; Hamburger Ausgabe, Band XI. Hamburg 1961. – (3) Venetianische Epigramme. In: Goethes Werke; Hamburger Ausgabe, Band I. Hamburg 1962. – (6, 7, 10) Römische Elegien; Venetianische Epigramme; Tagebuch der italienischen Reise. Reinbek 1961. *Seiten 2, 32, 72, 94, 111, 126, 128, 136, 219, 220*

GOLDONI, Carlo: Geschichte meines Lebens und meines Theaters. Aus dem Italienischen von G. Schaz. München 1968. *Seiten 99, 156*

GOUNOD, Charles: Mémoires d'un artiste. Paris 1896. Aus dem Französischen von Patrick Lang. *Seite 199*

GOZZI, Carlo: (1) Venezianische Liebesabenteuer. Aus dem Italienischen von W. Kastner. Berlin 1919. – (2) Bernhard Grun (Hrsg.): Einladung nach Venedig. © 1967 by Langen Müller in der F. A. Herbig Verlagsbuchhandlung GmbH, München. *Seiten 153, 209*

GRILLPARZER, Franz: Sämtliche Werke, Vierter Band. Hrsg. von Peter Frank und Karl Pörnbacher. München 1965. *Seiten 12, 36, 238*

GUGGENHEIM, Peggy: Ich habe alles gelebt. Aus dem Amerikanischen von Dieter Mulch. © 1982 alle deutschsprachigen Rechte by Scherz Verlag, Berlin, München, Wien. *Seiten 68, 130*

HARTLIEB, Wladimir von: Italien; Alte und neue Werte; Ein Reisetagebuch. Langen Müller Verlag, München 1927. *Seite 125*

HAUPTMANN, Gerhart: Sämtliche Werke. © 1965 Propyläen Verlag, Berlin. *Seite 99*

HEINSE, Wilhelm: Ardinghello und die glückseligen Inseln. Frankfurt a. M. o. J. *Seite 110*

HEMINGWAY, Ernest: Über den Fluß und in die Wälder. Deutsche Übersetzung von Annemarie Horschitz-Horst. Copyright © 1951, 1977 by Rowohlt Verlag GmbH, Reinbek bei Hamburg. *Seiten 80, 152*

HERDER, Johann Gottfried: Bloß für Dich geschrieben; Briefe und Aufzeichnungen über eine Reise nach Italien 1788/89. Berlin (DDR) 1980. *Seite 74*

HERZMANOVSKY-ORLANDO, Fritz von: Gesamtwerk. Hrsg. von Friedrich Torberg. © 1957 by Langen Müller in der F. A. Herbig Verlagsbuchhandlung GmbH, München. *Seite 237*

HESSE, Hermann: Aus: Sämtliche Werke. © Suhrkamp Verlag, Frankfurt a. M. 2001. *Seiten 92, 161, 216, 224*

HIGHSMITH, Patricia: Venedig kann sehr kalt sein. Aus dem Amerikanischen von Anne Uhde. Copyright © 1968 Diogenes Verlag AG, Zürich. *Seite 208*

HILDESHEIMER, Wolfgang: Aus: Lieblose Legenden. © Suhrkamp Verlag, Frankfurt a. M. 1962. *Seite 227*

HISTORISCHE NACHRICHTEN: Kurzgefaßte historische Nachrichten zum Behuf der Neuen Europäischen Begebenheiten. Herausgegeben in Regensburg. Jahrgang 1728. *Seite 140*

HOFMANNSTHAL, Hugo von: (1) Wege und Begegnungen. Mit einem Nachwort von Prof. Dr. W. Brecht. Reclams UB Band 7171. – (2) Der Tod des Tizian. Insel Verlag, Leipzig 1911. Abdruck mit Genehmigung des S. Fischer Verlages, Frankfurt a. M. *Seiten 12, 105*

HUCHEL, Peter: „San Michele". Aus: ders., Chausseen, Chausseen. © S. Fischer Verlag GmbH, Frankfurt a. M. 1963. *Seite 191*

JAMES, Henry: Die Flügel der Taube; Roman. Aus dem Englischen von Herta Haas. Kiepenheuer & Witsch Verlag, Köln 1962. *Seite 12*

JANASZ, J.-L. de: Les Lagunaires. Paris 1907. Aus dem Französischen von Patrick Lang. *Seite 55*

JUSTI, Carl: Briefe aus Italien. Hrsg. von Heinrich Kayser. Bonn 1922. *Seite 164*

KERR, Alfred: „Der neue Campanile". Aus: ders., Die Welt im Licht. Band 2. Berlin 1920. Alle Rechte vorbehalten S. Fischer Verlag GmbH, Frankfurt a. M. *Seite 32*

KÜHNE, Gustav Ferdinand: Sospiri; Blätter aus Venedig. Braunschweig 1841. In: Gotthard Erler (Hrsg.): Spaziergänge und Weltfahrten; Reisebilder von Heine bis Weerth. München 1977. *Seiten 27, 139*

KUNERT, Günter: Venedig II. Aus: Unterwegs nach Utopia. © 1977 Hanser Verlag, München–Wien. *Seite 241*

KURZ, Isolde: Gesammelte Werke, Erster Band. Langen Müller Verlag, München 1925. *Seite 196*

LAWRENCE, David Herbert: Lady Chatterley. Copyright für die autorisierte Übertragung aus dem Englischen © 1968 by Rowohlt Verlag GmbH, Reinbek bei Hamburg. *Seite 221*

LENZ, Hermann: Aus: Der Wanderer. © Insel Verlag, Frankfurt a. M. 1986. *Seite 180*

LEON, Donna: Venezianisches Finale. Commissario Brunettis erster Fall. Aus dem Amerikanischen von Monika Elwenspoek. Copyright © 1993 Diogenes Verlag AG, Zürich. *Seite 86*

LESSING, Gotthold Ephraim: Gesammelte Werke; Neunter Band, Briefe. Berlin/DDR 1968. *Seite 240*

LEWALD, Fanny: Italienisches Bilderbuch. Berlin/DDR 1983. *Seiten 150, 198*

LISZT, Franz: Correspondance de Liszt et de la Comtesse D'Agoult, 1833–1840. Paris 1933. Aus dem Französischen von Patrick Lang. *Seite 70*

MCCARTHY, Mary: Venedig. Für die deutsche Ausgabe © 1999 Droemer Knaur Verlag, München. Deutsche Übersetzung von Ursula von Zedlitz. *Seite 225*

MANIN, Daniele: Zitate in: Alvise Zorzi: Venedig; Geschichte der Löwenrepublik. Aus dem Italienischen von Sylvia Höfer. Claassen Verlag, Düsseldorf 1985. *Seite 92*

MANIN, Ludovico: Text in: Attilio Sarfatti: Memorie del dogado di Ludovico Manin. Venezia 1866. Aus dem Italienischen von Franz Peter Waiblinger. *Seite 44*

MANN, Thomas: Auszüge aus „Der Tod in Venedig". Aus: ders., Gesammelte Werke in dreizehn Bänden. Band VIII. Erzählungen. © S. Fischer Verlag GmbH, Frankfurt a. M. 1960, 1974. *Seiten 2, 197*

MANUTIUS, Aldus: In: Viaggiatori stranieri a Venezia; Itinerari tematici e iconografia. Genf 1981. Aus dem Lateinischen von Franz Peter Waiblinger. *Seite 93*

MAUPASSANT, Guy de: La vie errante. Paris 1890. Aus dem Französischen von Patrick Lang. *Seite 74*

MENDELSSOHN, Fanny: Italienisches Tagebuch. Hrsg. von Eva Weissweiler. Frankfurt 1982. *Seite 3*

MENDELSSOHN BARTHOLDY, Felix: Meeresstille und glückliche Fahrt; Reisebriefe an die Familie. München 1958. *Seite 3*

MEYER, Conrad Ferdinand: (1) Sämtliche Werke; (2) aus: Jürg Jenatsch. Berlin o. J. *Seiten 50, 158*

MISSON, Maximilien: Nouveau Voyage d'Italie. La Haye 1698. Aus dem Französischen von Patrick Lang. *Seite 77*

MOCENIGO, Tommaso: Text in: Heinrich Kretschmayr: Geschichte von Venedig, Band II. Gotha 1920. Aus dem Italienischen von Franz Peter Waiblinger. *Seite 41*

Mörike, Eduard: Venedig. In: Sämtliche Werke. München 1958. *Seite 238*
Morand, Paul: Venises. Editions Gallimard, Paris 1971. Aus dem Französischen von Patrick Lang. *Seite 140*
Musset, Alfred de: Gesammelte Werke; Fünfter Band, Gedichte und Biographie. Aus dem Französischen von Alfred Neumann. München 1925. *Seite 119*
Nicolai, Gustav: Italien wie es wirklich ist; Bericht über eine merkwürdige Reise in den hesperischen Gefilden, als Warnungsstimme für Alle, welche sich dahin sehnen. Leipzig 1834. *Seiten 6, 51, 89, 118*
Nietzsche, Friedrich: Sämtliche Werke; Kritische Studienausgabe. Hrsg. von Giorgio Colli und Mazzino Montinari. Berlin 1967–1977. *Seiten 15, 59, 239*
Nievo, Ippolito: Aus: Pisana oder Bekenntnisse eines Achtzigjährigen. Ü: Charlotte Birnbaum. Suhrkamp Verlag, Frankfurt a. M. 1956. *Seite 45*
Pagello, Pietro: In: Alfred de Musset: Ges. Werke, s. d. *Seite 118*
Palladio, Andrea: Die vier Bücher zur Architektur. Aus dem Ital. von A. Beyer und U. Schütte. Birkhäuser Verlag, Basel 1993. *Seiten 59, 212*
Patze, Christine: Reiseskizzen Italien. Boer Verlag, 2., veränderte Auflage München 1996. *Seite 112*
Petrarca, Francesco: (1) Ernest H. Wilkins: Petrarch's Later Years. Cambridge, Massachusetts (The Mediaeval Academy of America) 1959. – (2) Opere; Familiarum rerum libri. Firenze 1975. – (3) Epistole di Francesco Petrarca. A cura di Ugo Dotti. Torino 1978. Aus dem Lateinischen von Franz Peter Waiblinger. *Seiten 24, 40, 123*
Platen, August Graf von: Sämtliche Werke. Leipzig 1910. Nachdruck Hildesheim 1969. *Seiten 9, 138, 202*
Polgar, Alfred: Die Tauben von San Marco. Aus: Alfred Polgar, Kleine Schriften, Band II. Copyright © 1983 by Rowohlt Verlag GmbH, Reinbek bei Hamburg. *Seite 23*
Polo, Marco: II Milione. Die Wunder der Welt. Übersetzung aus altfranzösischen und lateinischen Quellen von Elise Guignard, S. 7 f. © Manesse Verlag, Zürich 1983. *Seite 100*
Pound, Ezra: Pisaner Cantos LXXIV–LXXXIV. Hrsg. u. übertr. von Eva Hesse. Copyright d. dt. Übers. © 1956, 1969, 1985, 2002 by Verlags AG Die Arche, Zürich 1956/1969. *Seite 239*
Proust, Marcel: Aus: Auf der Suche nach der verlorenen Zeit, Band 11 Ü: Eva Rechel-Mertens. © Suhrkamp Verlag, Frankfurt a. M. 1964. *Seiten 28, 164*
Raeber, Kuno: Gedichte. Claassen Verlag, Hamburg 1960. *Seite 29*
Riedler, Rudolf: (1) Mit den Haien schwimmen; Gedichte, Prosa. © 1983 by Schneekluth Verlag GmbH, München. (2) Annäherung an Komombo;

Gedichte. © 1980 by Schneekluth Verlag GmbH, München. *Seiten 27, 222*

Rilke, Rainer Maria: (1) Neue Gedichte. In: Werke in drei Bänden. Insel Verlag, Frankfurt a. M. 1966. (2) Briefe aus den Jahren 1906–1907. Herausgegeben von Ruth Sieber-Rilke und Carl Sieber. Leipzig (Insel) 1930. *Seiten 143, 243*

Roda Roda, Alexander: Aus dem großen Roda Roda Buch. © Paul Zsolnay Verlag Wien 1957. *Seite 52*

Rolfe, Frederick (Baron Corvo): The Desire and Pursuit of the Whole; A Romance of Modern Venice. New York 1934. Aus dem Englischen von Edith Peschke. *Seite 192*

Rosei, Peter: Wer war Edgar Allan? Von Hier nach Dort. Das schnelle Glück. Drei Romane. Klett-Cotta, Stuttgart 1992. *Seiten 154, 160, 184*

Roth, Gerhard: Auszug aus „Winterreise". © S. Fischer Verlag GmbH, Frankfurt a. M. 1978. *Seite 240*

Rousseau, Jean-Jacques: Bekenntnisse. Aus dem Französischen von Ernst Hardt. Frankfurt a. M. 1971. Abdruck mit Genehmigung von Tilla Goetz-Hardt. *Seiten 106, 146*

Rückert, Friedrich: Gesammelte Poetische Werke in zwölf Bänden, Fünfter Band. Frankfurt 1868. *Seite 218*

Ruskin, John: Steine von Venedig. Aus dem Englischen von Hedwig Jahn. Erschienen bei Diederichs im Heinrich Hugendubel Verlag, Kreuzlingen/München. *Seiten 84, 160, 170, 181*

Sand, George: (1) Lettres d'un voyageur. Paris 1869. – (2) L'Uscoque. Paris 1885. Übersetzungen von Patrick Lang. *Seiten 214, 243*

Sansovino, Francesco: Text in: Viagiattori stranieri a Venezia; Atti del Congresso dell'Ateneo Veneto 13–15 ottobre 1979. Genf 1981. Übersetzung von Franz Peter Waiblinger. *Seite 244*

Sarpi, Paolo: Zitate nach: Mary McCarthy: Venedig (Köln 1984) und Hugh Honour: Venedig; ein Führer (München 1985). *Seite 184*

Scarpa, Tiziano: Venedig ist ein Fisch. Aus dem Italienischen von Olaf Matthias Roth. © Verlag Klaus Wagenbach, Berlin 2002. *Seite 76*

Schoenaich-Carolath, Emil Prinz von: Gesammelte Werke. Leipzig 1907. *Seite 30*

Senatsbeschluss vom 30. 7. 1479: In: Christian Adolf Isermeyer: Verrocchio und Leopardi; Das Reiterdenkmal des Colleoni. Redam Verlag, Stuttgart 1963. *Seite 107*

Seume, Johann Gottfried: Spaziergang nach Syrakus. In: Prosaschriften. Mit einer Einleitung von Werner Kraft. Köln 1962. *Seite 208*

Shakespeare, William: Der Kaufmann von Venedig. Aus dem Englischen von August Wilhelm Schlegel. In: Shakespeares dramatische Werke in vier Bänden. Leipzig 1912. *Seite 178*

Simmel, Georg: Zur Philosophie der Kunst; Philosophische und kunstphilosophische Aufsätze. Potsdam 1922. *Seite 199*

Soldati, Mario: Der Stuhl vom Café Florian. In: Italienische Liebesgeschichten. Aus dem Italienischen von Theo Schuhmacher. Deutscher Taschenbuch Verlag, München 1986. *Seite 18*

Speckter, Erwin: Briefe eines deutschen Künstlers aus Italien. Leipzig 1846. *Seiten 137, 157*

Staël, Germaine de: Corinna oder Italien. Aus dem Französischen von Dorothea Schlegel. München 1979. *Seiten 7, 121*

Stahr, Adolf: Herbstmonate in Oberitalien. Oldenburg 1860. Abgedruckt in: Gotthard Erler (Hrsg.): Streifzüge und Wanderungen; Reisebilder von Gerstäcker bis Fontane. München 1979. *Seite 88*

Stendhal: Reise in Italien. Aus dem Französischen von Friedrich von Oppeln-Bronikowski. Jena 1911. *Seiten 130, 213*

Strauss, Johann: Eine Nacht in Venedig. Text von F. Zell und R. Genée. Stuttgart 1984. *Seite 75*

Suarès, André: Eine italienische Reise. Aus dem Französischen von Franz Blei. Leipzig 1914. *Seiten 26, 56*

Taine, Hippolyte: Reise in Italien. Aus dem Französischen von Ernst Hardt. Erschienen bei Diederich im Heinrich Hugendubel Verlag Kreuzlingen/München. *Seiten 36, 113, 168, 176, 182, 185*

Thoma, Ludwig: Gesammelte Werke, Band 4. Piper Verlag GmbH, München 1968. *Seiten 109, 234*

Trakl, Georg: In Venedig. In: Die Dichtungen. Salzburg 1938. *Seite 204*

Tschaikowski, Peter Iljitsch in seinen Briefen an Nadeshda von Meck: Geliebte Freundin. Aus dem Russischen von Ena von Baer. © 1964 Paul List Verlag Leipzig und München. *Seite 121*

Twain, Mark: Die Arglosen im Ausland. Ausgewählte Werke in zwölf Bänden. Bd. 2 hrsg von Karl-Heinz Schönfelder. © Aufbau-Verlag Berlin und Weimar 1969. *Seiten 5, 38, 116, 232*

Vasari, Giorgio: Künstler der Renaissance. Hrsg. von Fritz Schillmann. Wiesbaden/Berlin o.J. *Seiten 58, 108*

Verdi, Giuseppe: Auszug aus Giuseppe Verdi/Arrigo Boito, „Briefwechsel". Hrsg. von Hans Busch. © S. Fischer Verlag GmbH, Frankfurt a.M. 1986. *Seite 85*

Vesper, Bernward: Die Reise. Romanessay. Nach dem unvollständigen Manuskript herausgegeben von Jörg Schröder. März Verlag, Jossa 1977. *Seite 8*

Vischer, Friedrich Theodor: Briefe aus Italien. München o.J. *Seite 137*

Volkslieder: (1, 2) aus dem Italienischen von Carl Somborn, in: Das venezianische Volkslied; Die Villotta. Heidelberg 1901. (3) Aus dem Italienischen von Franz Peter Waiblinger. *Seiten 18, 128, 216*

Vollard, Ambroise: Souvenirs d'un marchand de tableaux. Editions Michel, Paris 1938. Aus dem Französischen von Patrick Lang. *Seite 21*

Wagner, Richard: Mein Leben. Hrsg. von Martin Gregor-Dellin. München 1969. *Seite 66*

Werfel, Franz: „Fondamenta Labia". Aus: ders., Gesammelte Werke. Das lyrische Werk. Hrsg. von Adolf D. Klarmann. © S. Fischer Verlag GmbH, Frankfurt a.M. 1967. *Seite 175*

Winkler, Eugen Gottlob: Die Dauer der Dinge. © 1985 by Schneekluth Verlag GmbH, München. *Seite 226*

Wotton, Henry, Sir: Logan Pearsall Smith: The Life and Letters of Sir Henry Wotton. Oxford 1907. Aus dem Englischen von Josef Schmidtlein. *Seite 183*

Einige der in diesem Band abgedruckten Texte, vor allem die Übersetzungen, sind redaktionell bearbeitet. Bei einigen älteren deutschen Autoren wurde die ursprüngliche Schreibweise beibehalten. Die Titel stammen im allgemeinen vom Herausgeber.

Wir danken den in den Quellenvermerken genannten Verlagen und Personen für die freundliche Genehmigung zum Abdruck der Texte. Nicht für jedes Zitat war die urheberrechtliche Situation zu klären. Die Rechtsinhaber werden gebeten, sich an den Verlag zu wenden.

Textsammlungen (Auswahl)

Battilana, Marilla: Scrittori inglesi e Venezia. 1350–1950. Venezia 1981.

Cacciapaglia, Giacomo: Scrittori di lingua tedesca e Venezia dal XV secolo a oggi. Venezia 1985.

Cole, Toby: Venice; A Portable Reader. New York City 1986.

Grun, Bernhard: Einladung nach Venedig. München/Wien 1967.

Ježower, Ignaz: Der poetische Cicerone; Städte und Länder in der Dichtung. I. Venedig. Berlin 1908.

Lorck, Carl von: Venedig; Briefe, Berichte und Bilder aus vier Jahrhunderten. Dresden 1938.

Maurer, Doris und Arnold E.: Venedig. 4. Aufl. Frankfurt 1992.

Otto-Wasow, Kurt: Venedig; Ein Farbbildbuch mit ausgewählten Texten berühmter Venedigfahrer. München 1959.

Viaggiatori stranieri a Venezia; Atti del Congresso dell'Ateneo Veneto 13–15 ottobre 1979; Itinerari tematici e iconografia. Genf 1981.

Zu den Bildern

Alle Fotos von Franz Peter Waiblinger.

Umschlagbild
Pescheria, von der Traghetto-Station am Campo S. Sofia aus gesehen. Die Halle für den Fischmarkt wurde 1907 in neugotischem Stil errichtet.

Seite 1
Blick vom Campanile von S. Marco auf die Piazzetta und den Molo. Vor 1175 war hier ein Hafenbecken.

Seite 11
Taubenfüttern auf dem Markusplatz, im Hintergrund die Alten Prokurazien (rechts, kurz nach 1500 begonnen) und der der Markuskirche gegenüberliegende Westflügel, die Ala Napoleonica, die an der Stelle der 1807 abgerissenen Kirche S. Geminiano errichtet wurde als Residenz Napoleons.

Seite 25
Kuppeln der Markuskirche. Bald nach der Überführung der Reliquien des heiligen Markus von Alexandria nach Venedig (828) wurde die erste Markuskirche errichtet. Der heutige Bau geht auf das 11. Jahrhundert zurück.

Seite 35
Dogenpalast. Im 9. Jahrhundert wurde der erste Dogenpalast errichtet, ein Holzbau, der ringsum von Wasser umgeben war. Im 12. Jahrhundert baute man den ersten Palast aus Stein. Das heutige Bauwerk erhielt seine Gestalt in der Zeit vom 14. bis 16. Jahrhundert.

Seite 49
Rialtobrücke. Die erste (hölzerne) Brücke wurde im 12. Jahrhundert errichtet. Nach ihrem Einsturz 1444 wurde wieder eine Holzbrücke gebaut, die im 16. Jahrhundert durch eine Steinbrücke ersetzt werden sollte. Neben anderen berühmten Baumeistern legte auch Andrea Palladio einen

Entwurf vor, realisiert wurde jedoch der Plan von Antonio da Ponte (1588–1591).

Seite 71
Gondeln am Molo. Eine Gondel besteht aus acht verschiedenen Hölzern, ist über 10 m lang und 1,40 m breit. Die rechte Seite ist 24 cm schmäler als die linke. Das Ruder liegt auf der Dolle (forcola), deren verschiedene Kerben unterschiedliche Manöver ermöglichen. An der Spitze der Gondel befindet sich der sog. Ferro. Der obere Teil soll die Dogenkappe symbolisieren, die nach vorne gerichteten Sporne die sechs „Stadtsechstel" (sestieri) Venedigs, der nach hinten zeigende die Giudecca.

Seite 79
Eingang zum Theater La Fenice. Das Opernhaus am Campo San Fantin (1792 eingeweiht) wurde durch Opern von Rossini, Bellini, Donizetti und Verdi berühmt. Zerstörung durch Feuer 1836 und 1996.

Seite 97
Denkmal für den Komödiendichter Carlo Goldoni (1707–1793) auf dem Campo S. Bartolomeo. Die Statue von Dal Zotto wurde 1883 aufgestellt.

Seite 115
Eingang zum Arsenal. In der staatlichen Werft, die 1104 gegründet wurde, waren nach mehrfacher Erweiterung des Geländes im 16. Jahrhundert durchschnittlich 16000 Arbeiter beschäftigt. Das Renaissancetor wurde 1460 erbaut. Die Löwen an den Seiten stammen aus Griechenland.

Seite 133
Obsthändler neben der Pescheria, der Halle für den Fischmarkt (siehe Umschlagbild).

Seite 149
Pesaro-Madonna in der Kirche S. Maria Gloriosa dei Frari, neben der Assunta eines der berühmtesten Werke Tizians, 1519–1526 entstanden.

Seite 163
Blick von der Akademiebrücke auf den Canal Grande und die Kirche S. Maria della Salute, die von Baldassare Longhena (1598–1682) entworfen wurde (Weihe 1687). Die Signoria hatte den Bau als Dank für das Ende der Pest des Jahres 1630 beschlossen.

Seite 173
Kanal im Ghetto. Der Name Ghetto wird von den Schmelzereien im Sestiere Cannaregio abgeleitet (gettare = schmelzen). 1516 wies der Senat den in Venedig anwesenden Juden das Ghetto nuovo, eine Insel, die nur zwei Zugänge hatte, als Wohnviertel zu. 1541 wurde das Ghetto vecchio und 1633 das Ghetto nuovissimo einbezogen. Am 10. Juni 1797 wurden unter der französischen Besatzung die Ghetto-Tore beseitigt.

Seite 195
Abseits vom Zentrum: Kanal im Sestiere Castello.

Seite 207
Blick von der Riva degli Schiavoni auf die Kirche S. Giorgio Maggiore, die von Andrea Palladio 1566 begonnen wurde.

Seite 215
Kanal auf Torcello. Im Hintergrund der Ponto del Diavolo. Torcello wurde schon im 5. Jahrhundert besiedelt, und als im 7. Jahrhundert der Bischofssitz von Altinum hierher verlegt wurde, entwickelte sich die Insel zum mächtigsten Ort der Lagune. Von der einstigen Bedeutung zeugen noch die 639 gegründete Kathedrale Santa Maria Assunta mit Mosaiken aus dem 11.–12. Jahrhundert und die Kirche Santa Fosca. Mit dem Aufstieg Venedigs verlor Torcello seine Macht und verfiel im Lauf der Jahrhunderte.

Seite 231
Blick vom Campanile auf die Tische und Stühle des Caffè Florian, das 1720 unter den Arkaden der Neuen Prokurazien eröffnet wurde.

Seite 245
Schaufenster mit venezianischen Masken.

Zeittafel

452	Flucht der Veneter vor den Hunnen auf die Laguneninseln.
ca. 550–751	Seevenetien unter byzantinischer Herrschaft.
697	In Heraclea wird der erste Doge gewählt.
811	Der Sitz des Dogen wird nach Rivo alto (Rialto) verlegt.
828	Überführung der Reliquien des Hl. Markus von Alexandrien in die Dogenresidenz.
1000	Eroberung Dalmatiens. Seither „Vermählung mit dem Meer“.
1104	Gründung des Arsenals.
1172	Einsetzung des Großen Rats (Maggior Consiglio).
1177	Papst Alexander III. und Friedrich I. in San Marco.
1204	Die Kreuzfahrer erobern für Venedig Konstantinopel.
1204	Kreta wird venezianisch (bis 1669).
1355	Enthauptung des Dogen Marino Falier.
1380	Niederlage Genuas bei Chioggia.
1423	Francesco Foscari 65. Doge; Machtzuwachs auf dem Festland.
1453	Die Türken erobern Konstantinopel.
1460–1526	*Vittore Carpaccio.*
1476/77–1576	*Tizian.*
1478–1510	*Giorgione.*
1486–1570	*Jacopo Sansovino.*
1498	Entdeckung des Seewegs nach Indien. Venedig verliert die Monopolstellung im Pfeffer- und Gewürzhandel.
1508–1580	*Andrea Palladio.*
1508	Liga von Cambrai gegen Venedig. Verluste auf dem Festland.
1518–1594	*Jacopo Tintoretto.*
1528–1588	*Paolo Veronese.*
1571	Sieg über die Türken bei Lepanto.
1575/76	Pest. Gelübde, Il Redentore zu bauen.
1598–1682	*Baldassare Longhena.*
1630	Pest. Beschluß, S. Maria della Salute zu bauen.
1696–1770	*Giovanni Battista Tiepolo.*
1712–1793	*Francesco Guardi.*
1718	Venedig verliert fast alle auswärtigen Besitzungen.

12. Mai 1797	Ludovico Manin, der 120. Doge, dankt ab. Ende der Republik. Napoleon besetzt Venedig.
1798–1866	Österreichische (1806–1815 französische) Herrschaft.
1846	Eisenbahnbrücke nach Venedig (Autostraße 1933).
1848/49	Aufstand unter Daniele Manin gegen die Österreicher.
1866	Venedig wird in das Königreich Italien eingegliedert.
1902	Einsturz des Campanile. Rekonstruktion 1903–1912.
1966	Flutkatastrophe.

Beschreibung der Spazierwege

AUF DEM CANAL GRANDE *(Seite 50–70)*
(mit dem Vaporetto vom Bahnhof nach S. Marco)
Palazzo Labia: links an der Einmündung des Canale di Cannaregio.
Fondaco dei Turchi: rechts gegenüber der Vaporettostation S. Marcuola.
Palazzo Vendramin-Calergi: links nach der Vaporettostation S. Marcuola.
Ca' d'Oro: links bei der Vaporettostation Ca' d'Oro.
Palazzo Bollani: links gegenüber den Fabriche Nuove an der Einmündung des Rio S. Giovanni Crisostomo (vorletzter Kanal vor der Rialtobrücke).
Fondaco dei Tedeschi: links vor der Rialtobrücke.
Palazzo Mocenigo: links, gegenüber der Vaporettostation S. Tomà.
Palazzo Giustinian: rechts nach der Einmündung des Rio di Ca' Foscari, verbunden mit der Ca' Foscari (Universität).
Palazzo Venier dei Leoni: rechts, etwa in der Mitte zwischen der Akademiebrücke und der Kirche S. Maria della Salute, nur bis zum ersten Stock ausgeführt, Garten am Kanal.
Ca' Giustinian: links an der Einmündung des Canal Grande in das Bacino di S. Marco, kurz vor der Vaporettostation Vallaresso.

VOM MARKUSPLATZ NACH WESTEN *(Seite 80–96)*
Vom Markusplatz durch die Ala Napoleonica (gegenüber S. Marco) in die Calle Vallaresso: am Ende links *Harry's Bar.*
Zurück zur Salizzada S. Moisè: in der Calle Vallaresso (S. Marco 1332) befand sich der *Ridotto.*
In der Salizzada S. Moisè links die Kirche *S. Moisè.*
Geradeaus weiter in die Calle larga XXII Marzo, von hier Abstecher nach rechts in die Calle della Veste zum *Teatro La Fenice.*
Zurück zur Calle larga XXII Marzo und weiter nach Westen, an S. Maria del Giglio vorbei zum Campo Morosini, von hier zum Campo S. Vidal, von hier nach links zum *Palazzo Pisani.*
Vom Campo Morosini zur Calle del Teatro und zum Ramo calle del Teatro, wo sich das *Teatro S. Samuele* befand.
Vom Campo S. Samuele zur Salizzada S. Samuele: Im Haus 3338 lebte *Paolo Veronese* (gestorben am 19. 4. 1588).

Durch die Piscina S. Samuele zum Campo S. Stefano und in den *Kreuzgang von S. Stefano.*
Von hier zum Campo S. Angelo und zum *Campo Manin (Denkmal für Daniele Manin).*
Durch die Salizzada S. Luca nach links in die *Calle del Carbon,* in der Casanova 1745 ein möbliertes Zimmer gemietet hatte.
Von hier zum *Teatro Goldoni.*

VOM MARKUSPLATZ NACH NORDEN *(Seite 98–114)*
Unter dem *Uhrturm* durch die Mercerie dell'Orologio bis zum Campo S. Salvador und zum Campo S. Bartolomeo, auf dem sich das *Denkmal für Carlo Goldoni* befindet.
Weiter durch die Salizzada S. Giovanni Crisostomo bis zur gleichnamigen Kirche, vor der Kirche rechts in die Corte Seconda del Milion, in der *Marco Polo* wohnte.
Auf der anderen Seite des Kanals befindet sich der *Palazzo Bragadin Carabba,* in dem Casanovas Gönner, Matteo Bragadin, lebte (Castello 6480).
Von hier über den Campo S. Marina zur Kirche *S. Maria dei Miracoli.*
Danach über den Campo S. Maria Nova zum Campiello Widman und über die Calle del Fumo und die Calle del Volto in die Calle della Pietà, in der *Tizian* 45 Jahre lang lebte und 1576 starb (Castello 5182–83).
Von hier zu den Fondamenta Nuove, rechts nach der zweiten Brücke in die Fondamenta dei Mendicanti zur Kirche *S. Lazzaro dei Mendicanti.*
Weiter zum Campo SS. Giovanni e Paolo mit dem *Denkmal für Bartolomeo Colleoni* und der Kirche *SS. Giovanni e Paolo.*
Durch die Salizzada SS. Giovanni e Paolo zum Campo S. Giustina mit der ehemaligen Kirche *S. Giustina.*
Von hier in südlicher Richtung zur *Scuola di S. Giorgio degli Schiavoni.*
Von dort in westlicher Richtung zum *Campo S. Maria Formosa*

VOM DOGENPALAST ZU DEN GIARDINI PUBBLICI *(Seite 116–131)*
Der Spaziergang beginnt auf der Piazzetta und führt zunächst am Molo und an der Riva degli Schiavoni entlang.
Nach der *Seufzerbrücke* am *Gefängnis (Palazzo delle Prigioni)* vorbei.
Im *Palazzo Dandolo* (vor dem Ponte del Vin) befindet sich seit 1822 das *Hotel Danieli,* in dem 1833–34 George Sand und Alfred de Musset wohnten.
Durch den Sottoportego S. Zaccaria zur Kirche *S. Zaccaria.*
Zurück zur Riva degli Schiavoni und weiter nach Osten: Vor der nächsten Brücke steht das *Londra Palace Hotel* (Castello 4168–79), in dem Tschaikowskij seine 4. Symphonie komponierte.

Kurz danach die Kirche *della Pietà,* die zu dem gleichnamigen Ospedale gehört, in dem Antonio Vivaldi tätig war.
Nach der Brücke der *Palazzo Molin* (Castello 4144), in dem Petrarca wohnte.
Durch die Calle del Dose zum *Campo Bandiera e Moro.*
Zurück und weiter ostwärts, nach Überquerung des Rio dell'Arsenale am Kanal entlang bis zum Eingang des *Arsenals.*
Zurück zur Riva S. Biagio und nach links in die Via Giuseppe Garibaldi bis zur *Isola di S. Pietro* mit der Kirche S. Pietro di Castello, die von 775 bis 1807 der Bischofssitz Venedigs war.
Nach einem Abstecher in die Calle lunga di *Quintavalle* über die Brücke zurück in die Fondamenta S. Anna, dann links in den Viale Garibaldi zu den *Giardini Pubblici* mit dem Gelände der *Biennale Internazionale d'Arte.*

VON DER RIALTOBRÜCKE NACH S. SEBASTIANO *(Seite 150–162)*
Von der Rialtobrücke zum Campo S. Giacomo di Rialto. Gegenüber der Kirchenfassade befindet sich die Statue des sogenannten *Buckligen vom Rialto* (gobbo di Rialto).
Von der Kirche S. Giacomo di Rialto zum *Obst- und Gemüsemarkt* (Erberia) am Canal Grande.
Von dort zum *Fischmarkt* am Campo della Pescheria.
Weiter am Canal Grande, durch die Calle del Campanile nach S. Cassiano, von dort über den Rio di S. Cassiano links in die Calle della Regina bis zum *Palazzo Gozzi.*
Über den Rio di S. Maria Mater Domini zum gleichnamigen Campo, von dort über den Rio del Ponte Storto zum *Campo di S. Polo.*
Durch die Salizzada di S. Polo in die Calle dei Saoneri und den Rio Terrà dei Nomboli zur *Casa di Goldoni.*
Weiter zum Campo S. Tomà und zur *Frari-Kirche* (S. Maria Gloriosa dei Frari).
Von hier zur *Scuola Grande di S. Rocco* und weiter über den Rio della Scuola di S. Rocco zum Campo S. Pantaleon und nach Überquerung des Rio Foscari zum *Campo S. Margherita.*
Von hier zum Campo dei Carmini, zum sogenannten *Othello-Haus* (Dorsoduro 2615).
Auf den Fondamenta del Soccorso am Rio di S. Margherita entlang und über die Fondamenta di S. Sebastiano zur Kirche *S. Sebastiano.*

VON DER AKADEMIE ZUR PUNTA DELLA DOGANA *(Seite 164–171)*
Von der Akademie nach Süden zu den Fondamenta delle Zattere und zur Kirche der *Gesuati.*

Von hier in östlicher Richtung zum ehemaligen *Ospedale degli Incurabili* (Dorsoduro 423), das 1807 aufgelöst wurde.
Weiter auf den Fondamenta delle Zattere zur *Basilica di S. Maria della Salute* und zur *Punta della Dogana*.

VOM BAHNHOF ZUR FRIEDHOFSINSEL S. MICHELE *(Seite 174–193)*
Vom *Bahnhof* an der Scalzi-Kirche vorbei zum Canale di Cannaregio, rechts in die *Fondamenta Labia*, dann nach links am Kanal entlang bis *S. Giobbe*.
Auf der anderen Seite des Kanals zurück bis zur Calle del Forno, die zum *Ghetto Vecchio* und zum *Campo di Ghetto Nuovo* führt.
Auf den Fondamenta degli Ormesini in östlicher Richtung, dann nach links über den Campo dei Mori zur Kirche *Madonna dell'Orto*.
Zurück zum Campo dei Mori in die Fondamenta dei Mori zum *Tintoretto-Haus* (Cannaregio 3399).
Über den Rio della Sensa zu den Fondamenta della Misericordia in östlicher Richtung, dann nach rechts über den Campo S. Marziale zum *Campo di Santa Fosca*.
Durch die Strada Nova nach Überquerung von zwei Kanälen in nördlicher Richtung zu den *Fondamenta Nuove*.
Von dort zur Kirche der *Gesuiti*, dann zur Vaporettostation Fondamenta Nuove und von hier zur Friedhofsinsel *S. Michele*.

Register

(bei Personen siehe auch das Autoren- und Quellenverzeichnis)